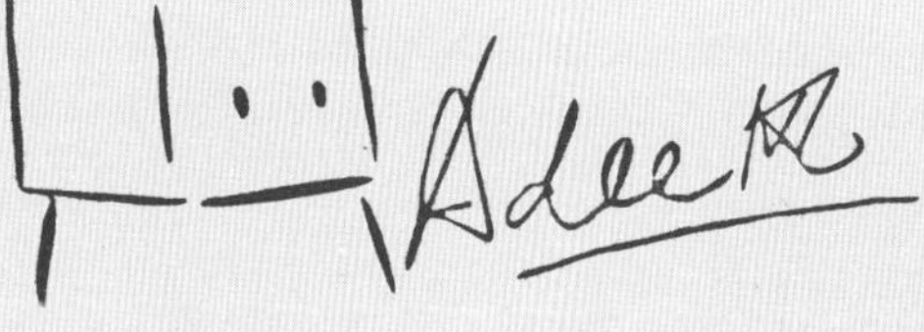

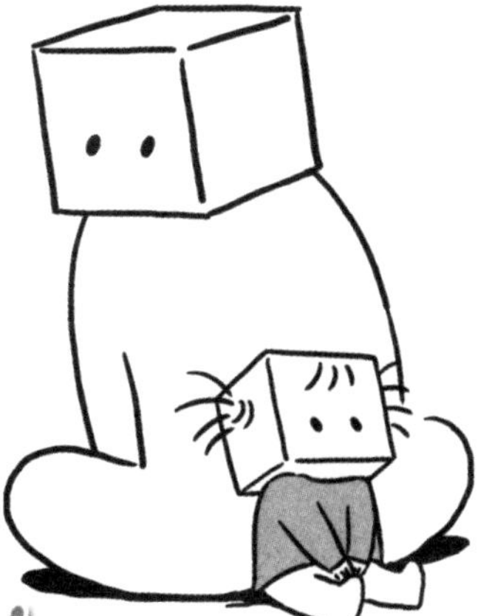

和女儿的日常

GROW UP WITH MY DAUGHTER

Adee风

陈缘风 著

長江出版傳媒 | 长江文艺出版社

给蓝蓝的一封信

亲爱的蓝蓝：

这是爸爸给你写的第一封信。

我是一个幸运的人，当在我最孤独的时候，想要一个陪伴。然后老天爷就让我奇迹般地遇见了你的妈妈。我一直都希望自己以后能有个女儿，然后老天爷有天突然就……

我跟他说：“多不好意思啊！不用那么客气了吧。”

但他还是说：“不怕不怕！”

然后把你硬塞给了我。对我来说你们两个就是我收到过的最美的礼物，没有什么比你们更珍贵。

写到这里，我就微微笑着回头看了下房间外面，想要看你们一眼。此时，你妈妈正在厨房准备材料包蟹黄瘦肉饺子，剁馅的声音和忙碌的背影都很温暖。而你……啊，怎么会坐在餐椅上脱了个光光还唱着歌！问你怎么回事，就跟我说是喝牛奶把衣服弄湿了。衣服湿了脱衣服就好啦，为什么还要脱裤子？啊，光溜溜的好羞啊！我还得停下来帮你重新换上一套干净衣服。

又是值得记录的一瞬间。真头疼！

从你出生的那天起，我跟你妈就开始记录着你成长的点点滴滴了。你婴儿时半夜的哭声，拉大便时发动的生化攻击，我工作时不讲理的骚扰，淘气时的大喊大叫……你每一次的顽皮对我和你妈来说都是一

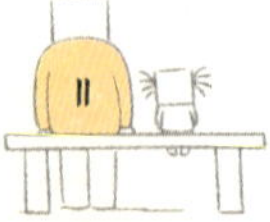

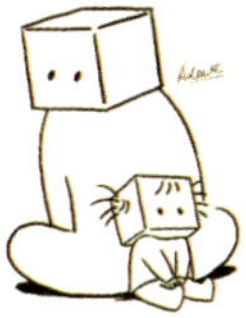

种头痛的折磨。但同时，你的第一次笑，第一次叫爸爸妈妈，第一次走路，第一次跳舞，第一次上学……你的每一点小成长又都是我们生活中最大的惊喜。这 3 年以来，我看着你一点一点长大。也因为你，渐渐学会了如何做一个可以和你一起长大的小朋友。也学会了如何去做一个有担当的父亲，去守护这个只有一个怀抱那么大的世界。

虽然不愿去想象，但等你渐渐长大，你会松开我们的手，去探寻自己的世界。然后有一天，你会一脸甜蜜地把你深爱的男人带回家，骄傲地告诉我们你真正的王子出现了。然后义无反顾地说要去组建一个属于自己的家庭，坚守你们自己的幸福。我也相信你，你会做到的。

但在此之前，我只想好好感受现在的每一刻。

我把我们之间许多美好的瞬间都定格在了照片里，用故事的方式描绘在了漫画里。所有的这一切，是想把你还没办法储存的记忆记录下来。这些漫画你现在还看不懂。但等你长大，真正能看懂这些画里画外所包含的故事之后，也许就能明白它的意义所在了。

信的最后，爸爸想再和你说一句以后未必能轻易说得出口的话：

我会永远爱你!

你爸：陈缘风

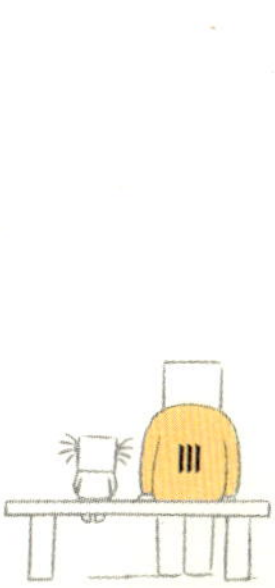

目 录

Part 1 我的使命就是陪你胡闹

Part 2 我的小情人

Part 3 磨人的小妖精

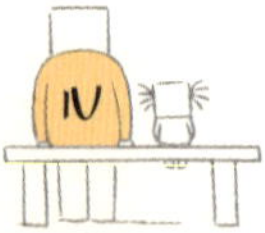

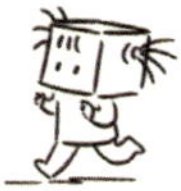

Part 4 跟你在一起有十个有趣那么有趣！

Part 5 傻傻的父爱

Part 6 我来做陪伴你的大树

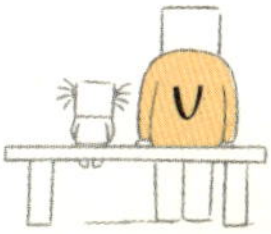

Part 7 简简单单的生活

Part 8 我们仨的小日子

Part 9 糙汉子也有颗柔软的心

Part 10 世界就这么大了

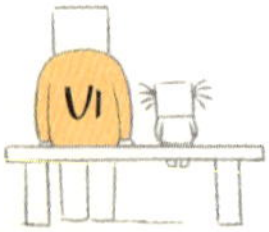

Part 1

我的使命就是陪你胡闹

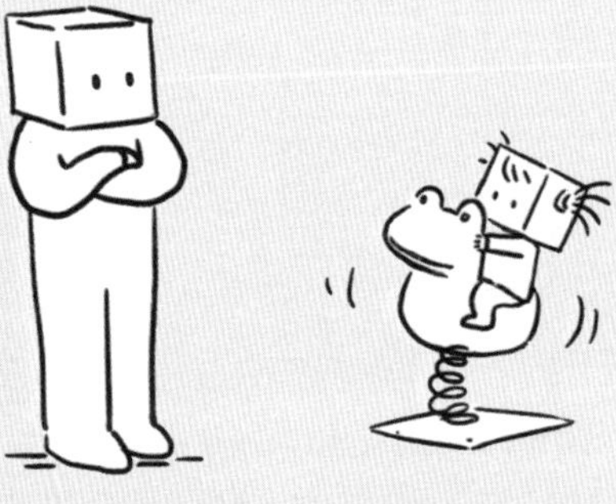

[1.一起画画]

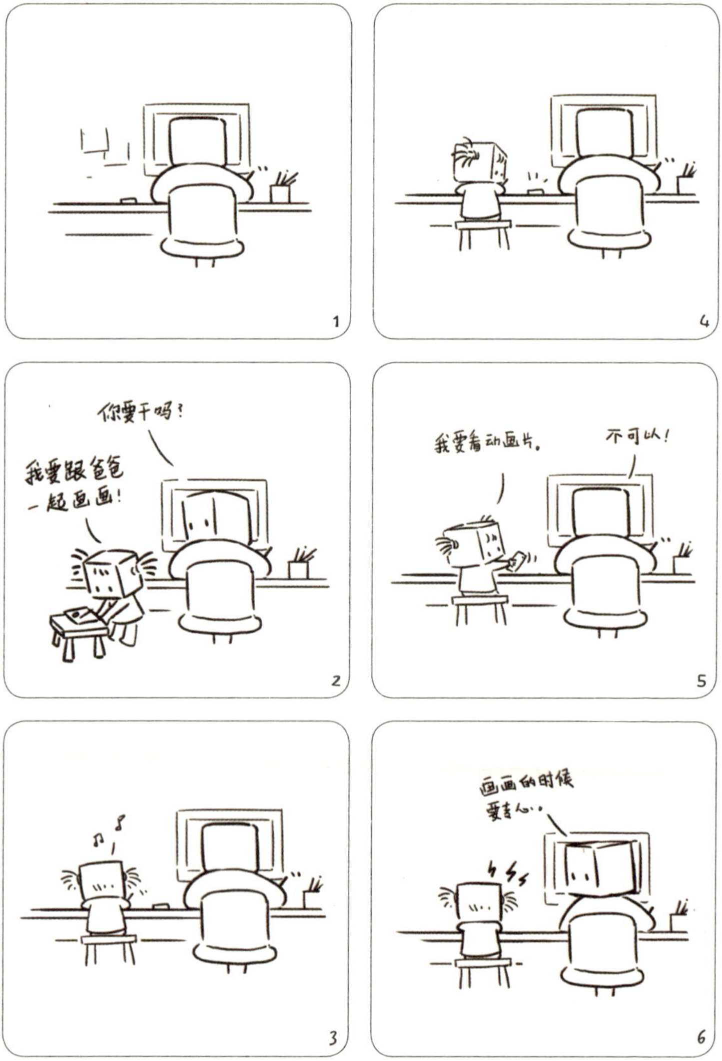

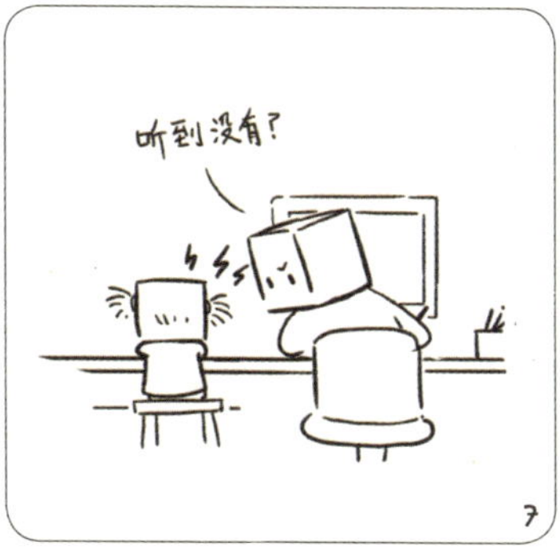
听到没有?
7

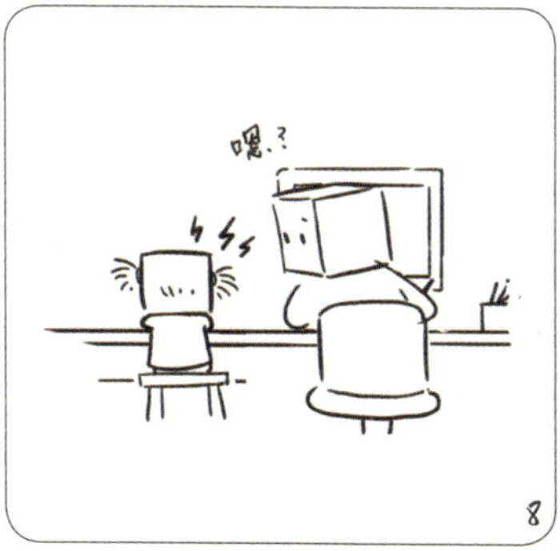
嗯.?
8

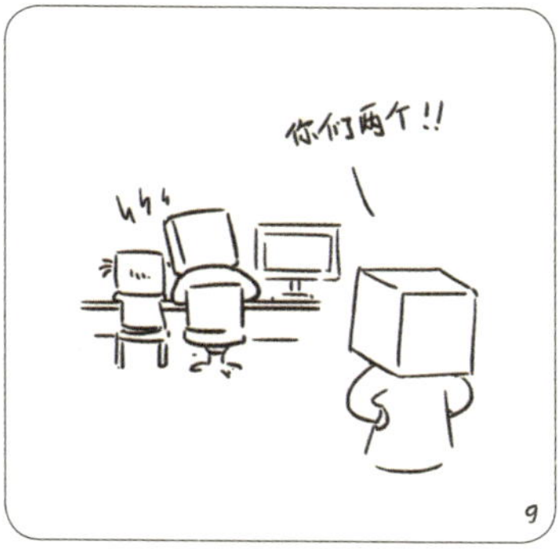
你们两个!!
9

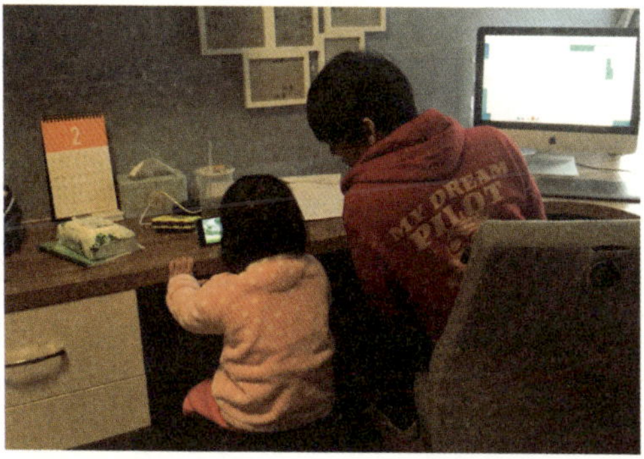
MY DREAM
PILOT

[2.荡秋千]

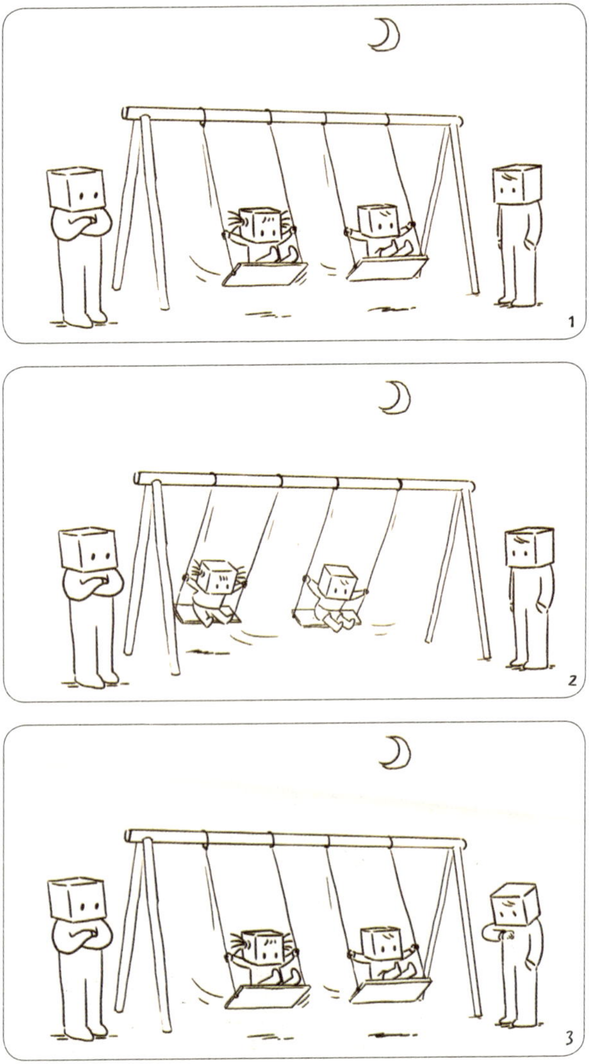

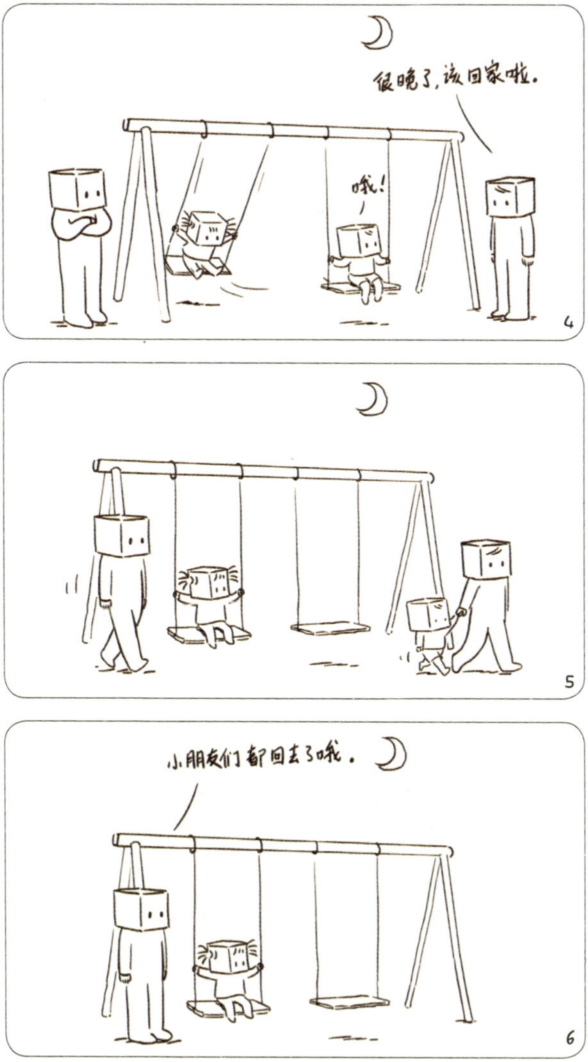
很晚了，该回家啦。
哦！
4
5
小朋友们都回去了哦。
6

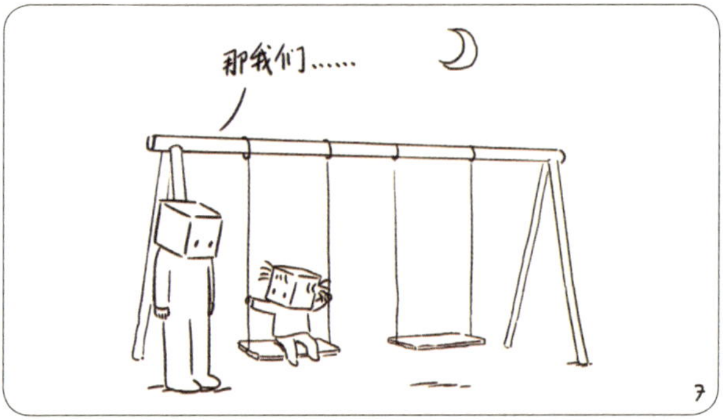
那我们……
7

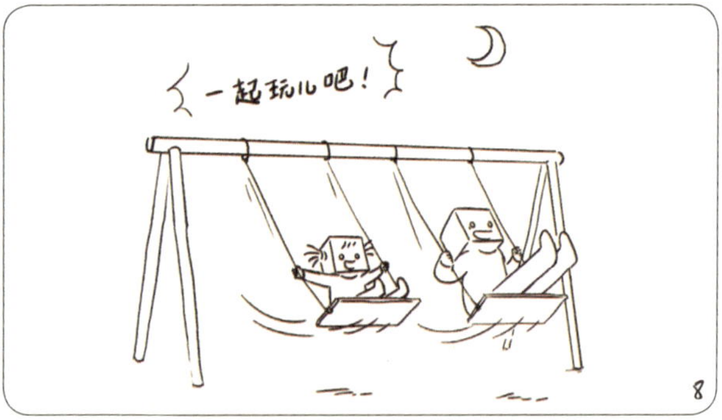
一起玩儿吧！
8

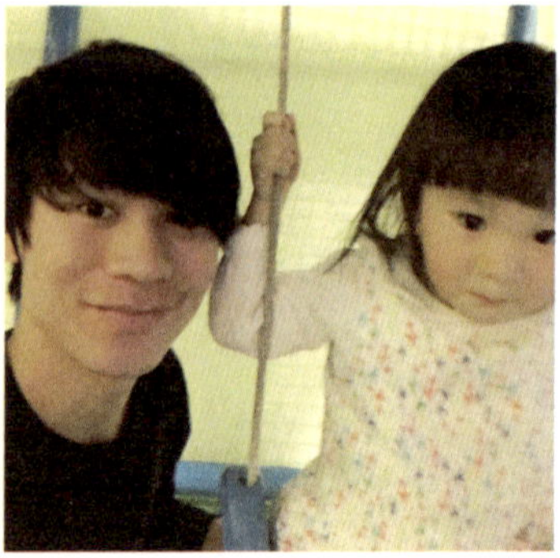

[3.滑滑梯]

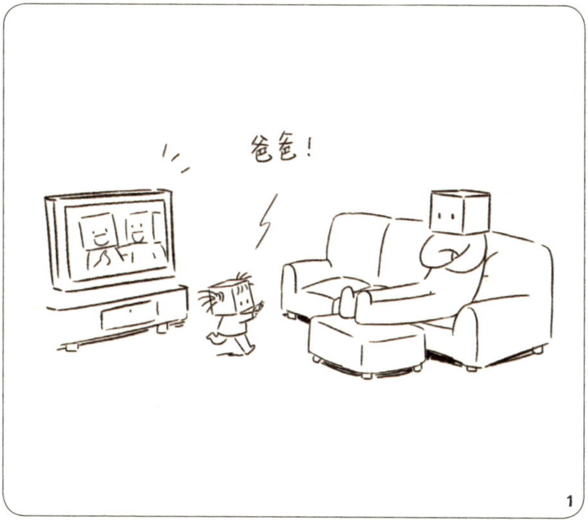

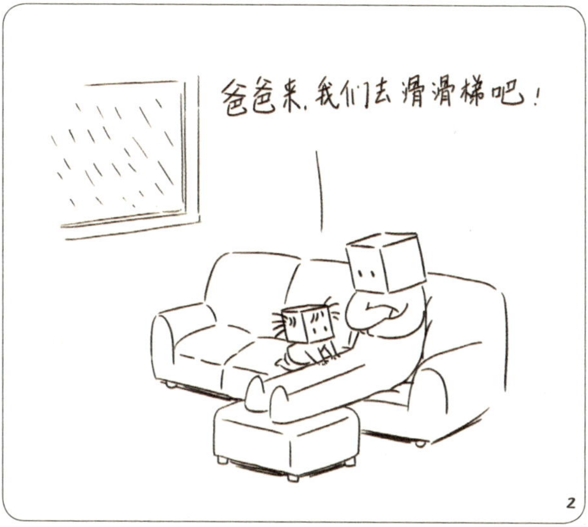

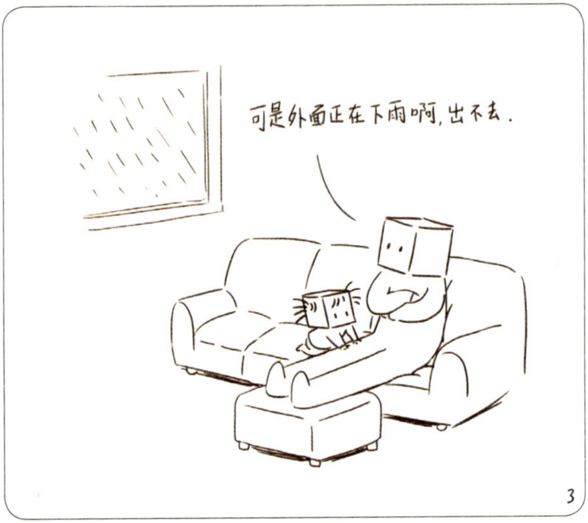
可是外面正在下雨啊，出不去。
3

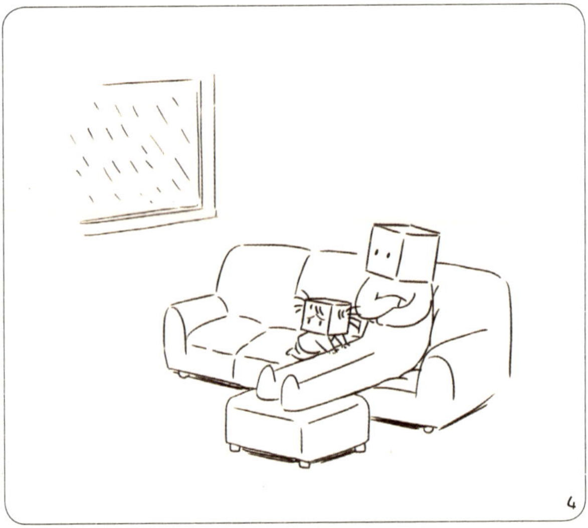
4

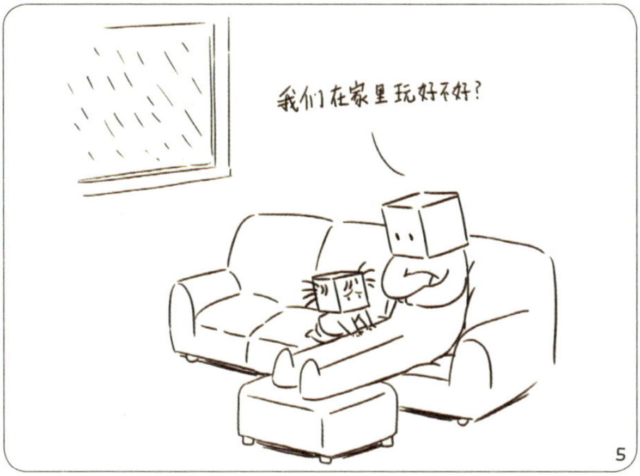
我们在家里玩好不好？
5

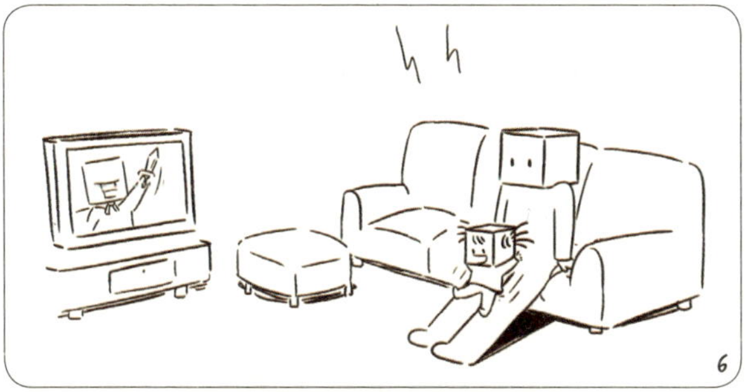
6

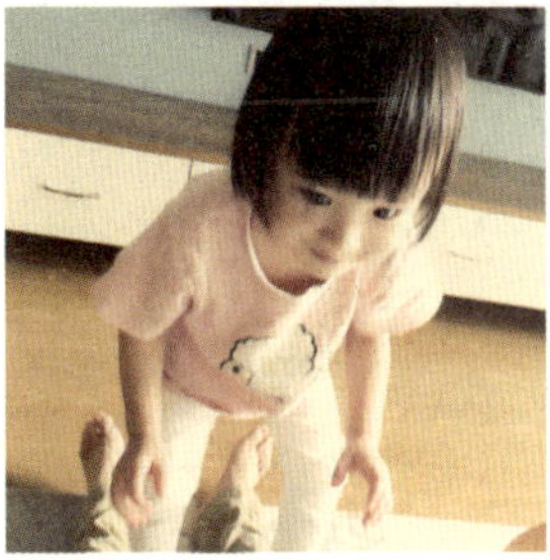

[4.跷跷板]

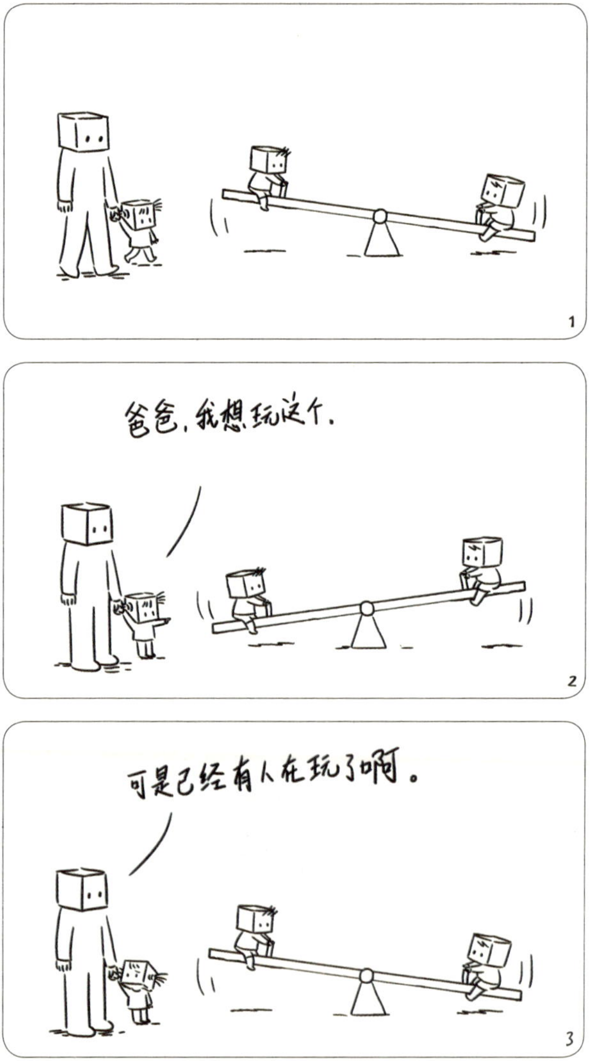

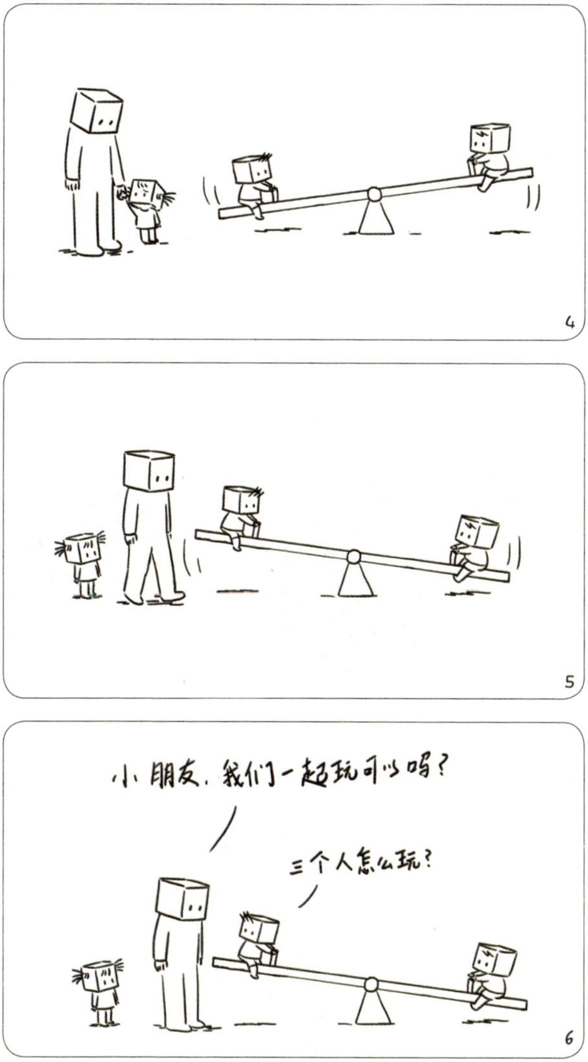
4
5
小朋友，我们一起玩可以吗？
三个人怎么玩？
6

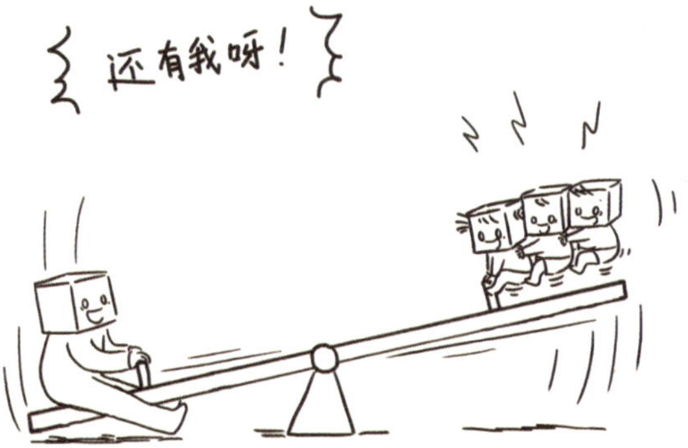

7

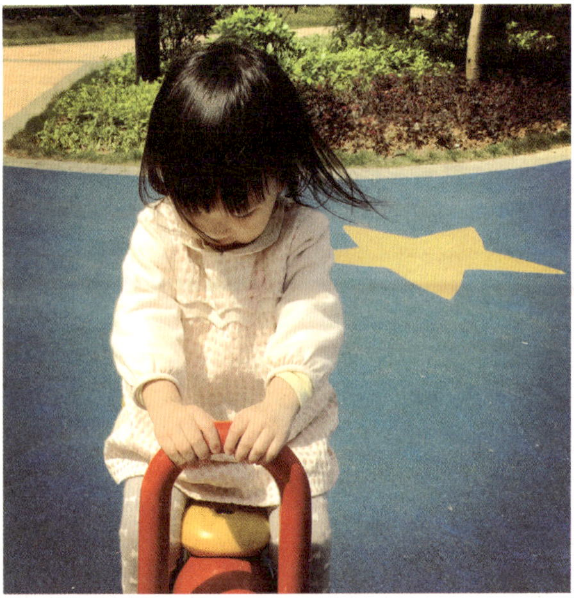

[5.踢球]

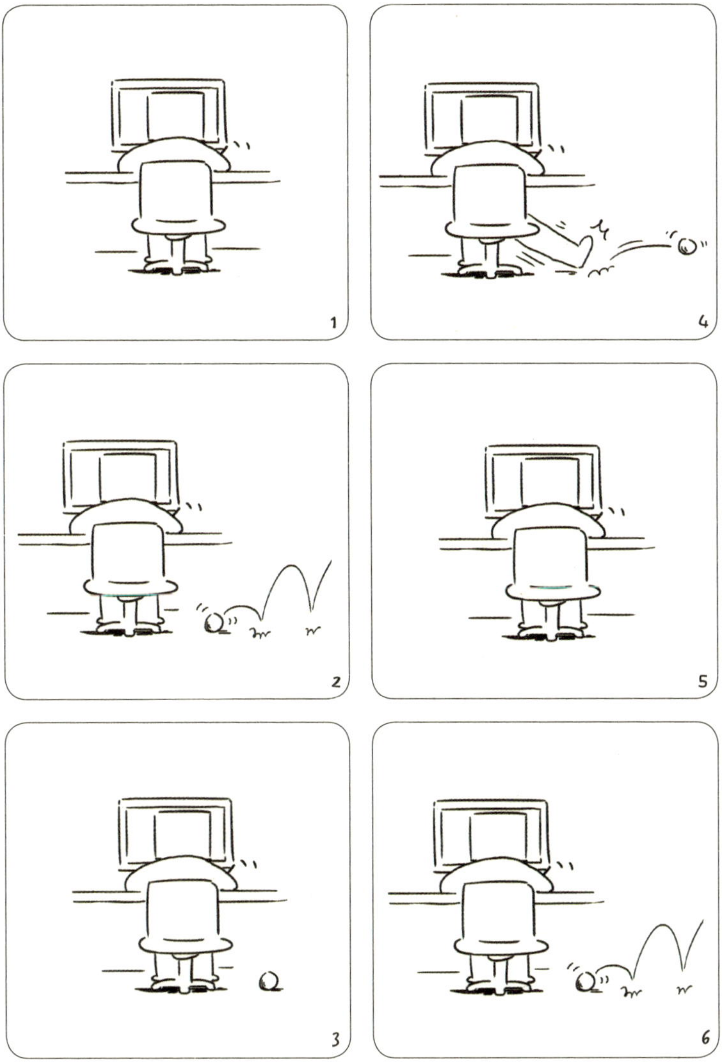

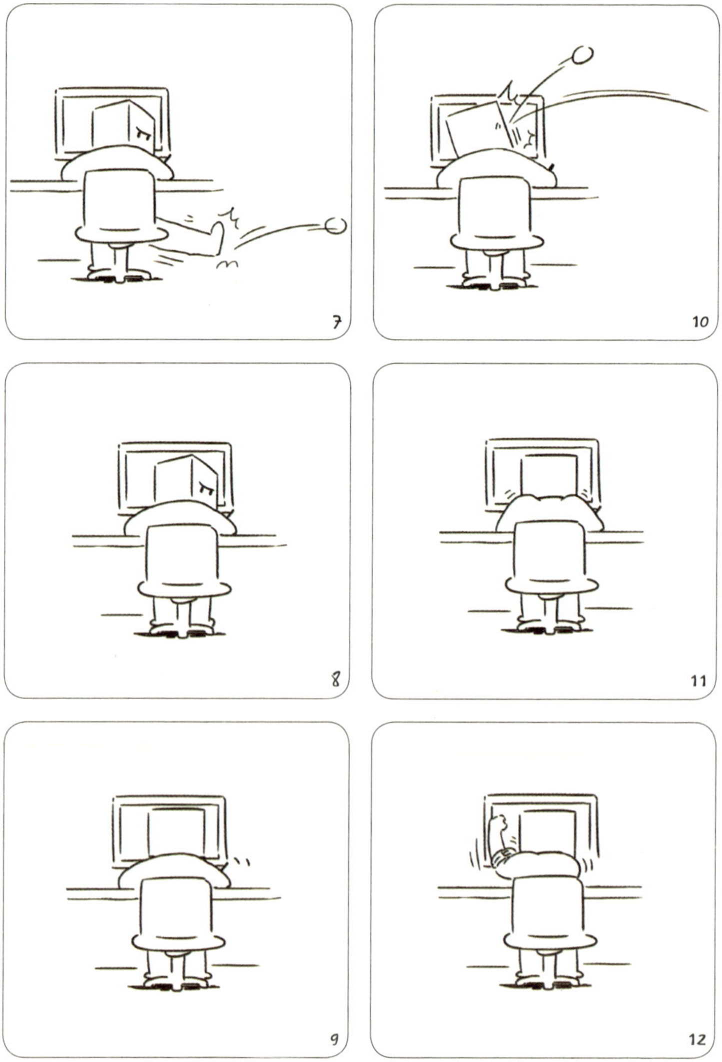
7
10
8
11
9
12

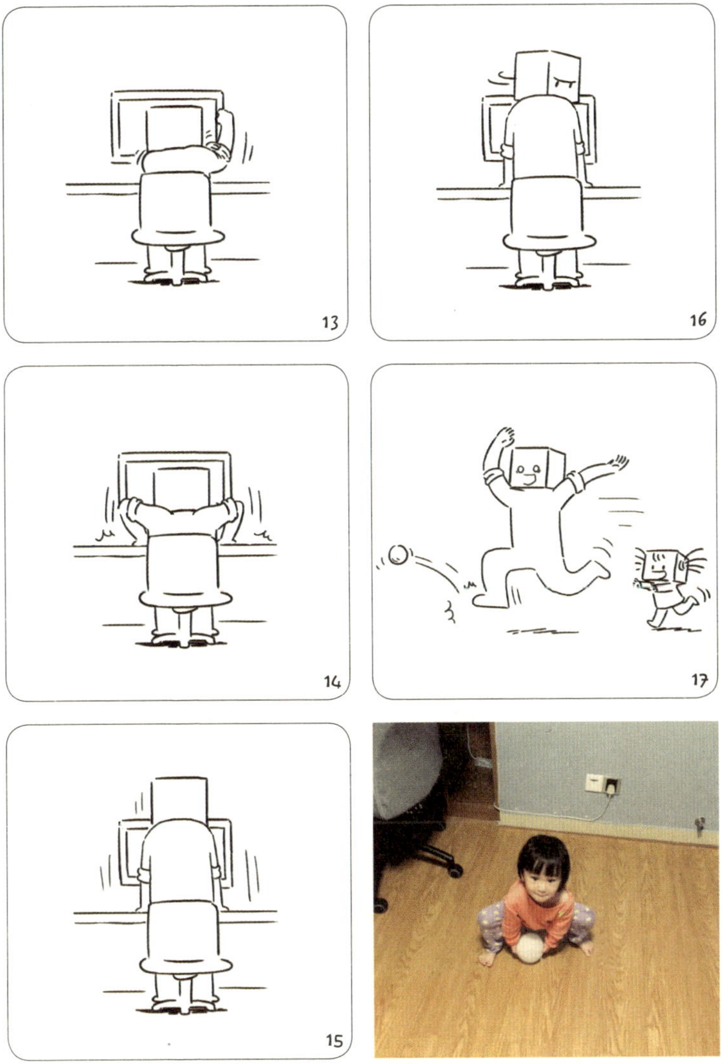
13
14
15
16
17

[6.心疼]

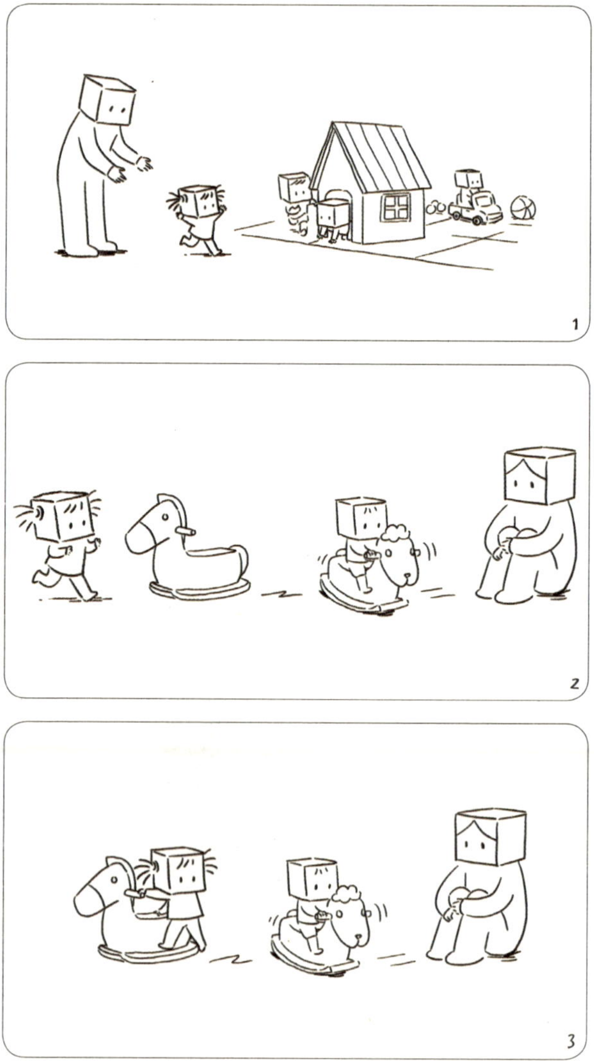

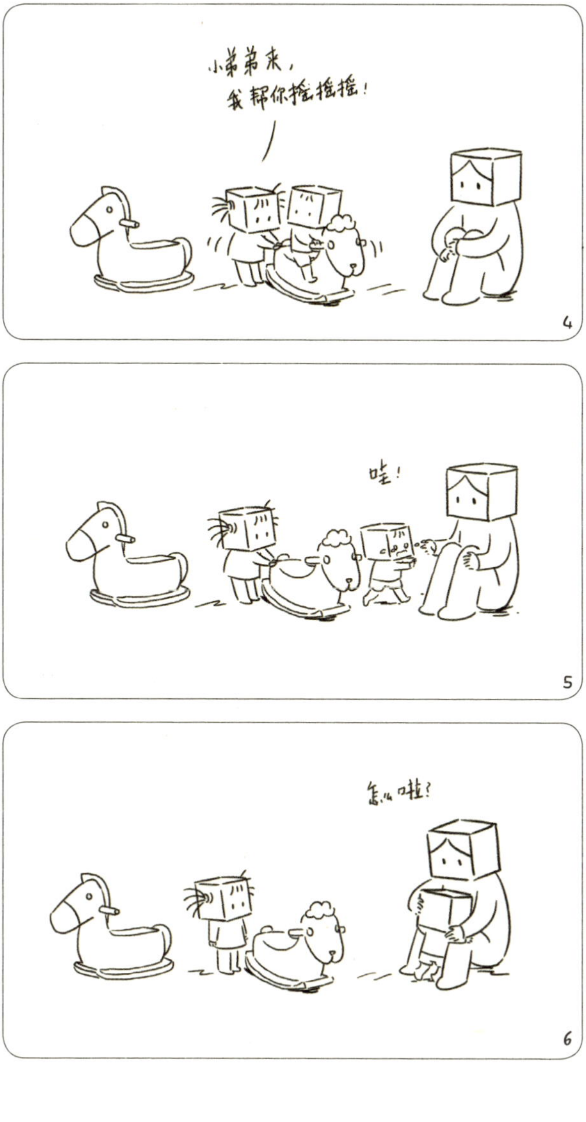
小弟弟来，
我帮你摇摇摇！
4
哇！
5
怎么啦？
6

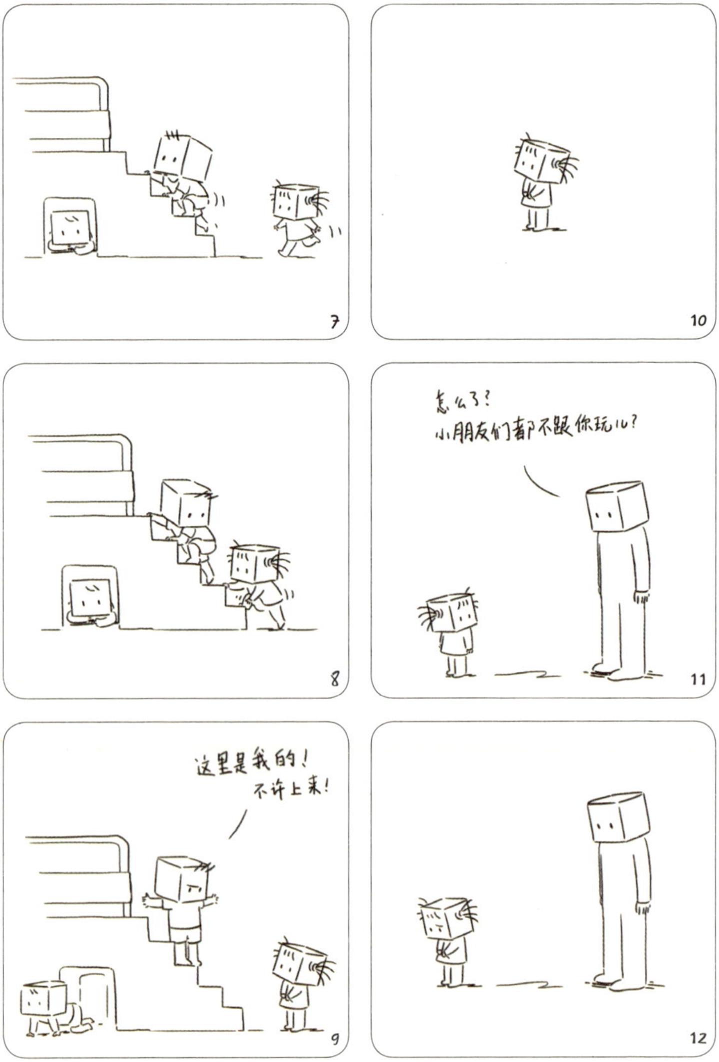
这里是我的！
不许上来！
怎么了？
小朋友们都不跟你玩儿？

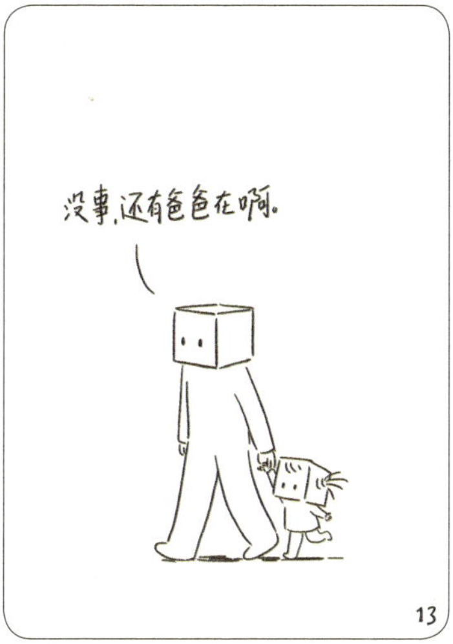
没事,还有爸爸在啊。
13

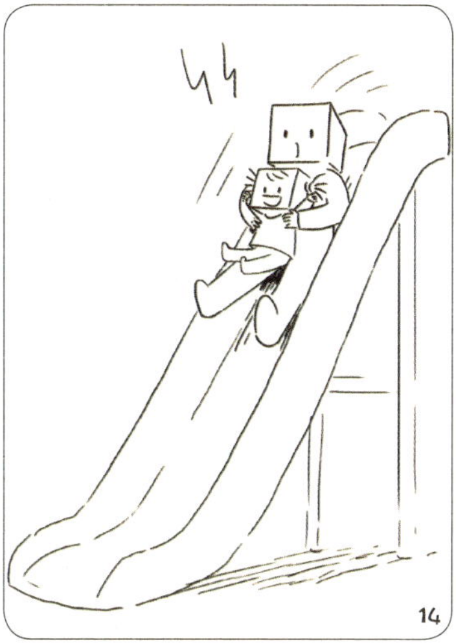
14

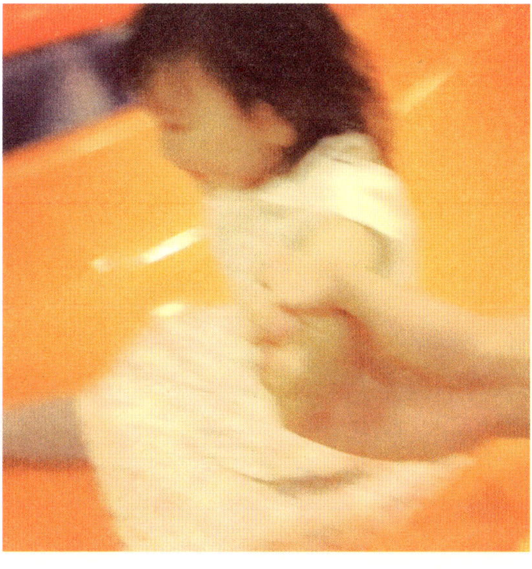

[7.波波池]

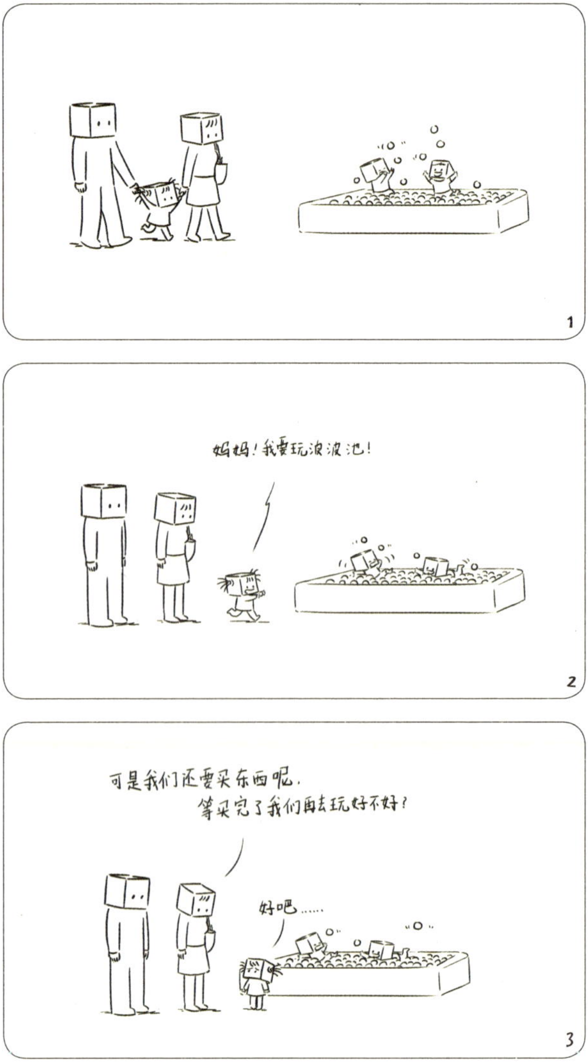

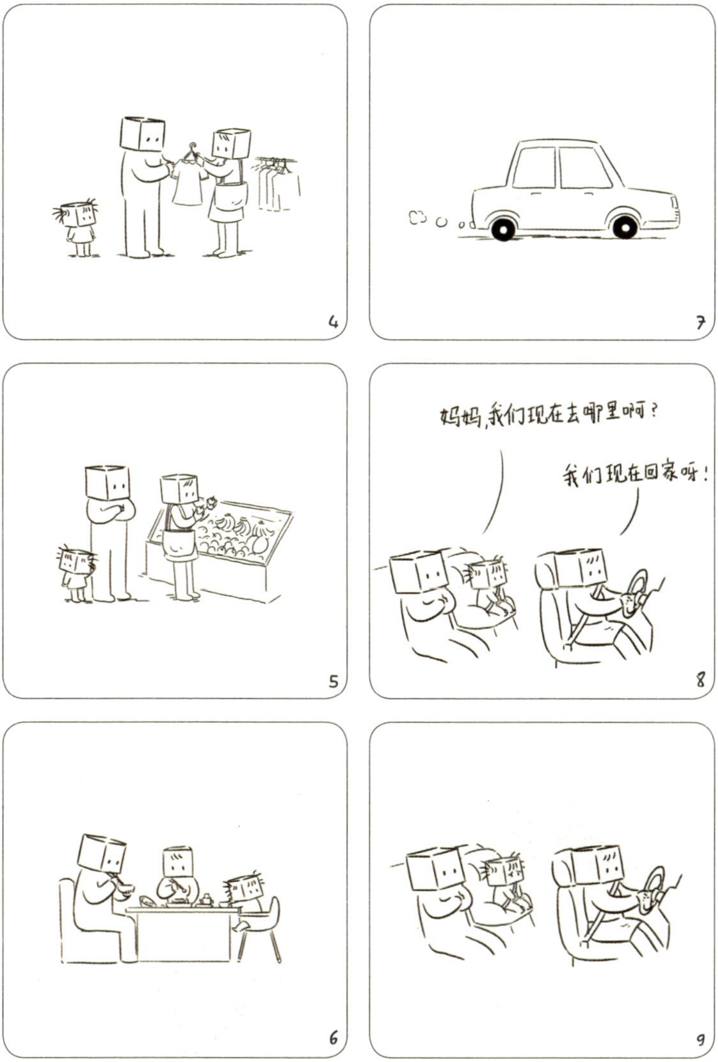
妈妈，我们现在去哪里啊？
我们现在回家呀！

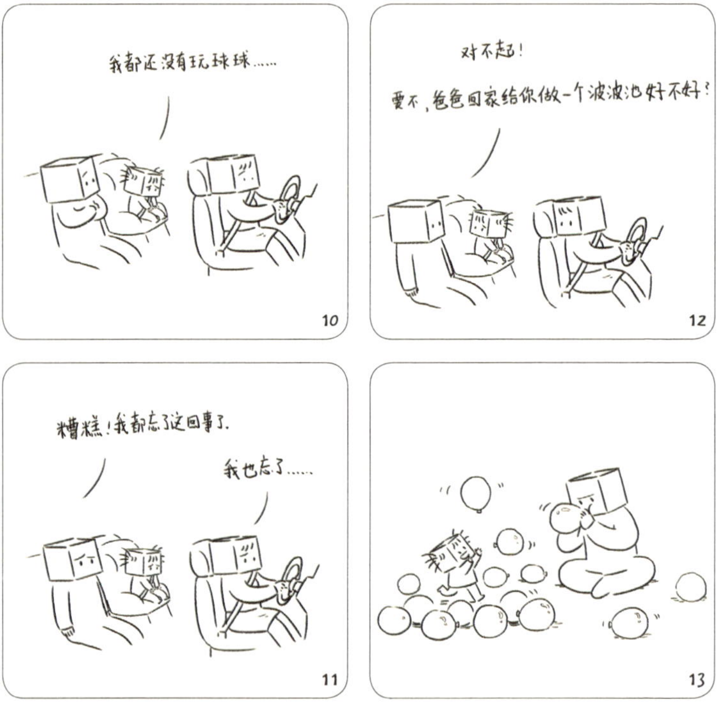
我都还没有玩球球……
10
糟糕！我都忘了这回事了。
我也忘了……
11
对不起！
要不，爸爸回家给你做一个波波池好不好？
12
13

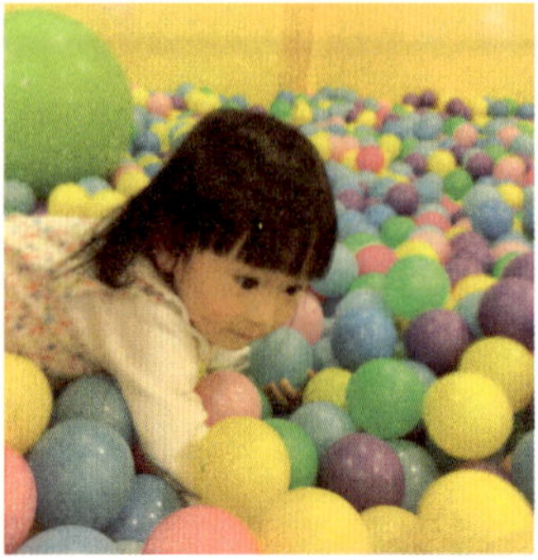

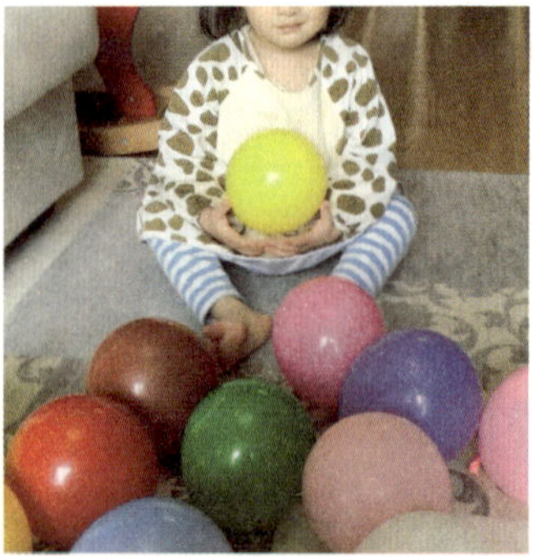

[8.摇摇摇]

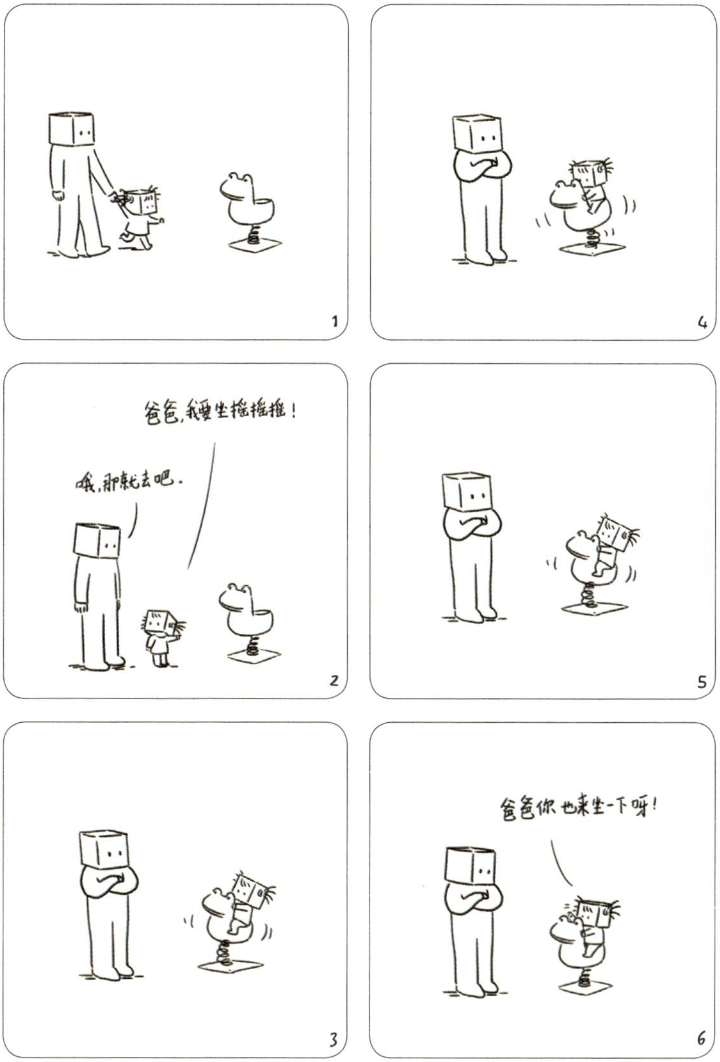

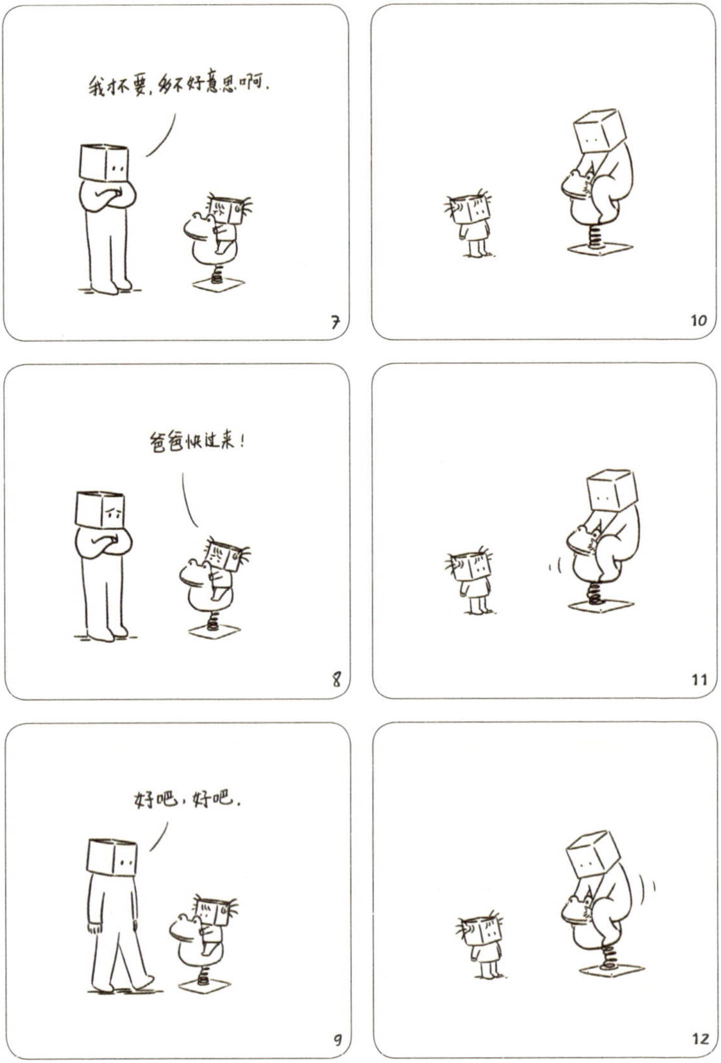
我才不要，多不好意思啊。
7
爸爸快过来！
8
好吧，好吧。
9
10
11
12

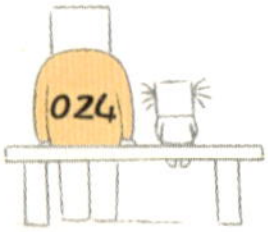

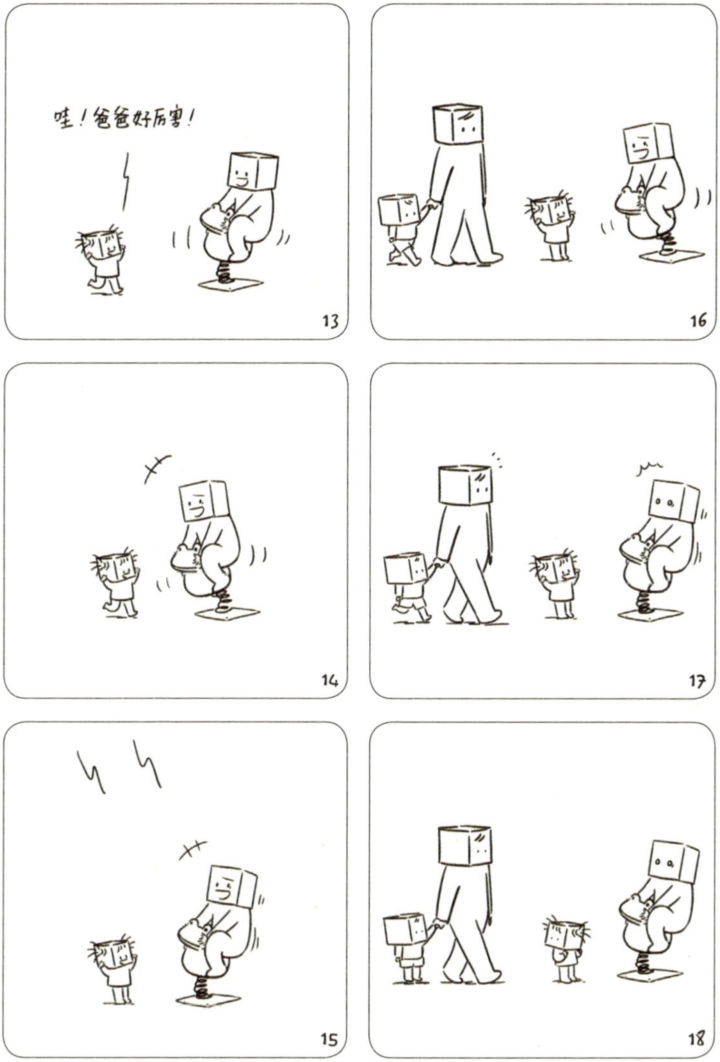
哇！爸爸好厉害！
13
16
14
17
15
18

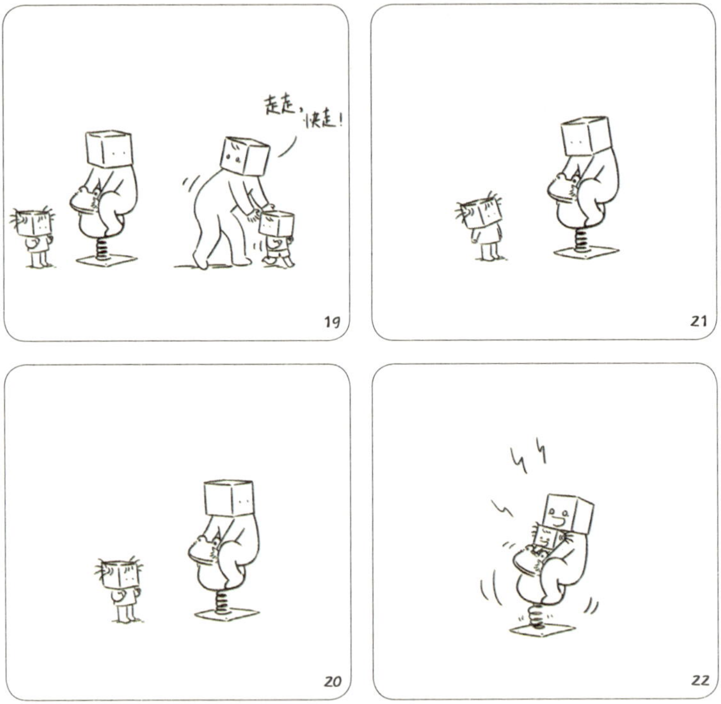
走走，快走！
19
20
21
22

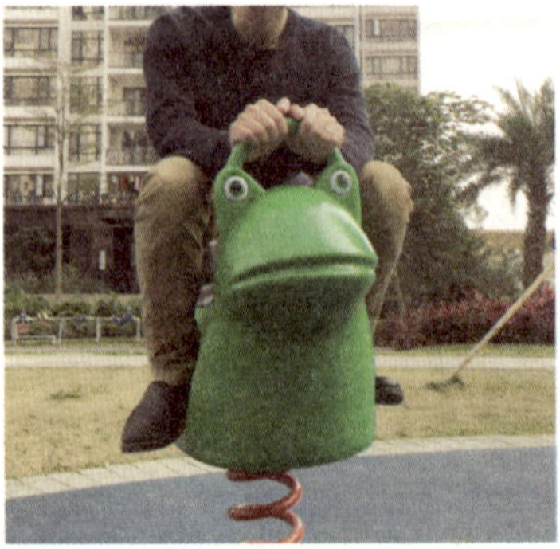

Part 2

我的小情人

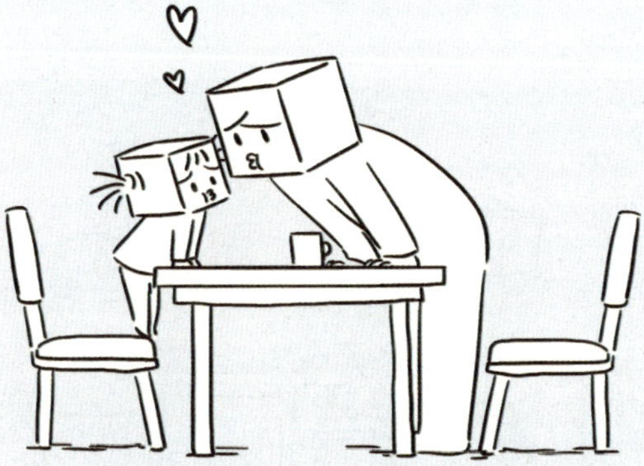

[1.小情人]

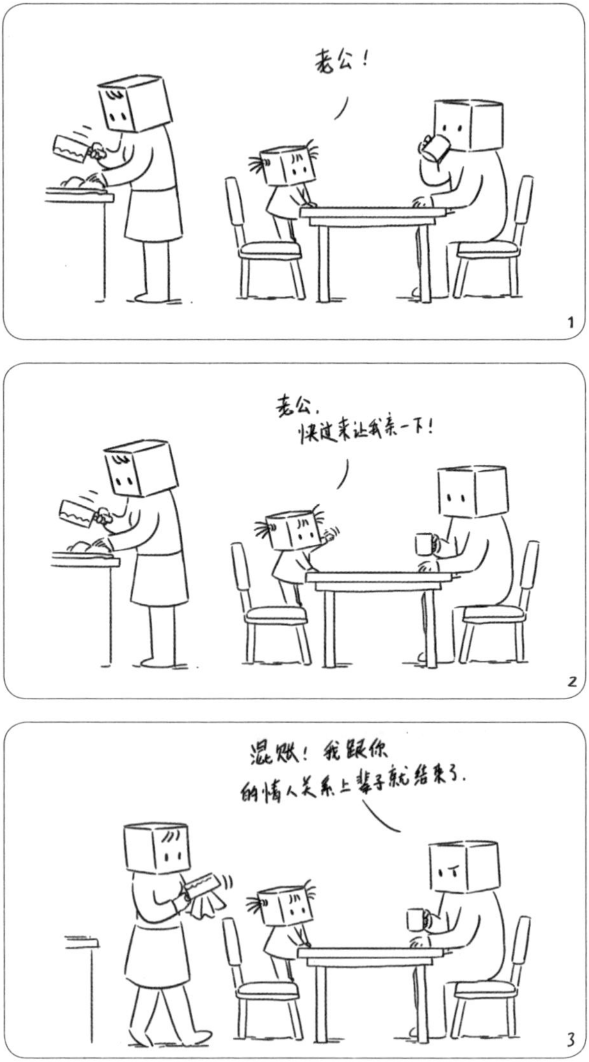

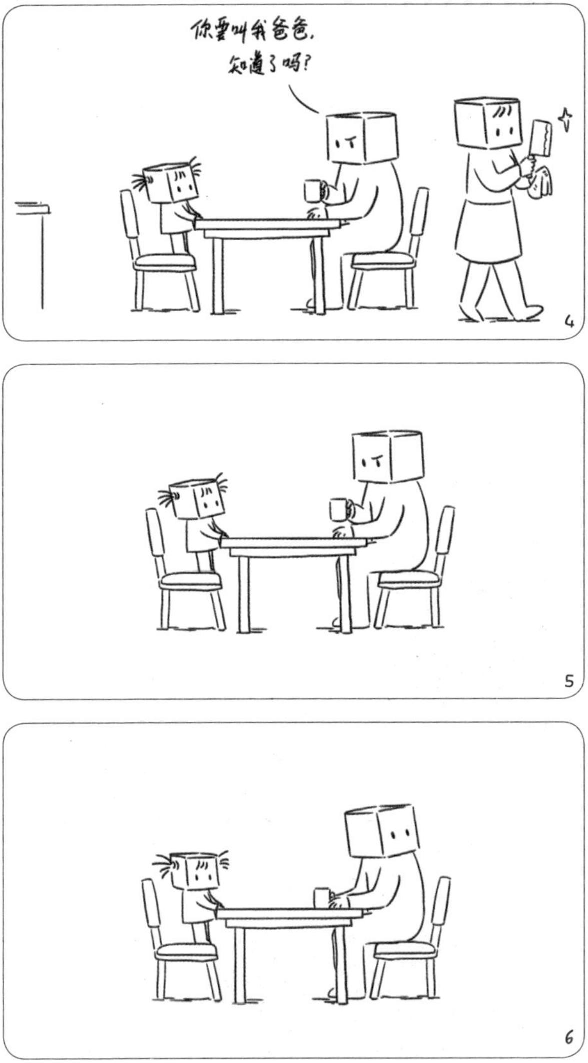
你要叫我爸爸，
知道了吗？
4
5
6

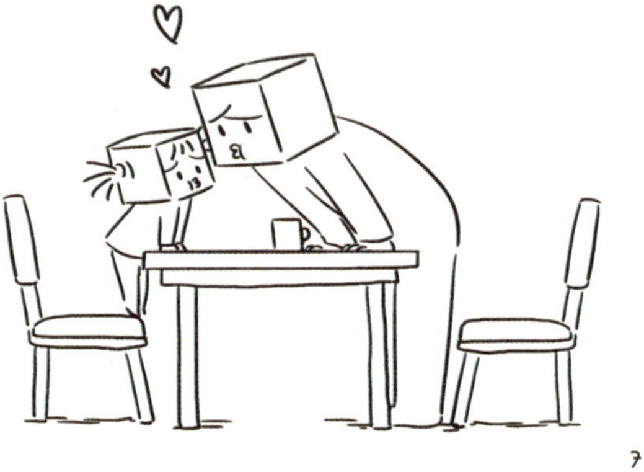

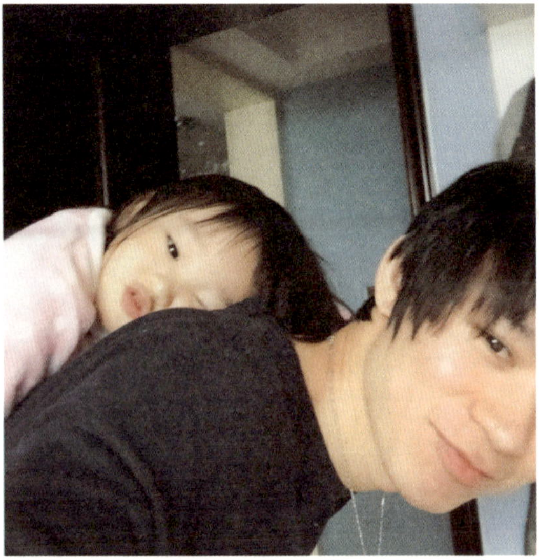

[2.做不了正经事]

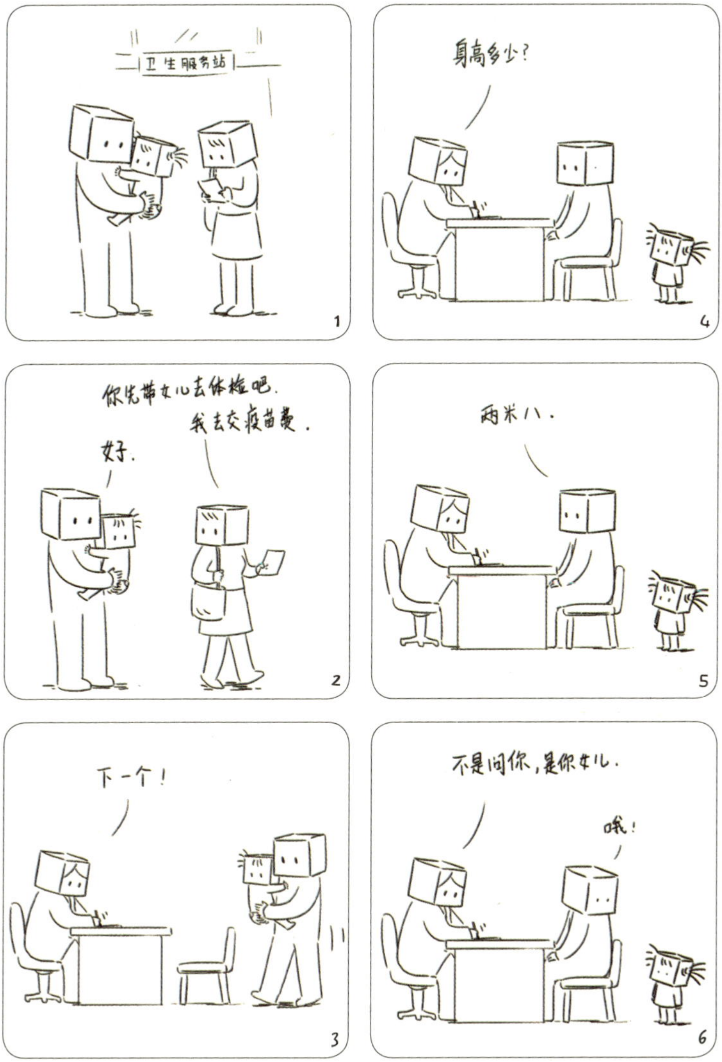

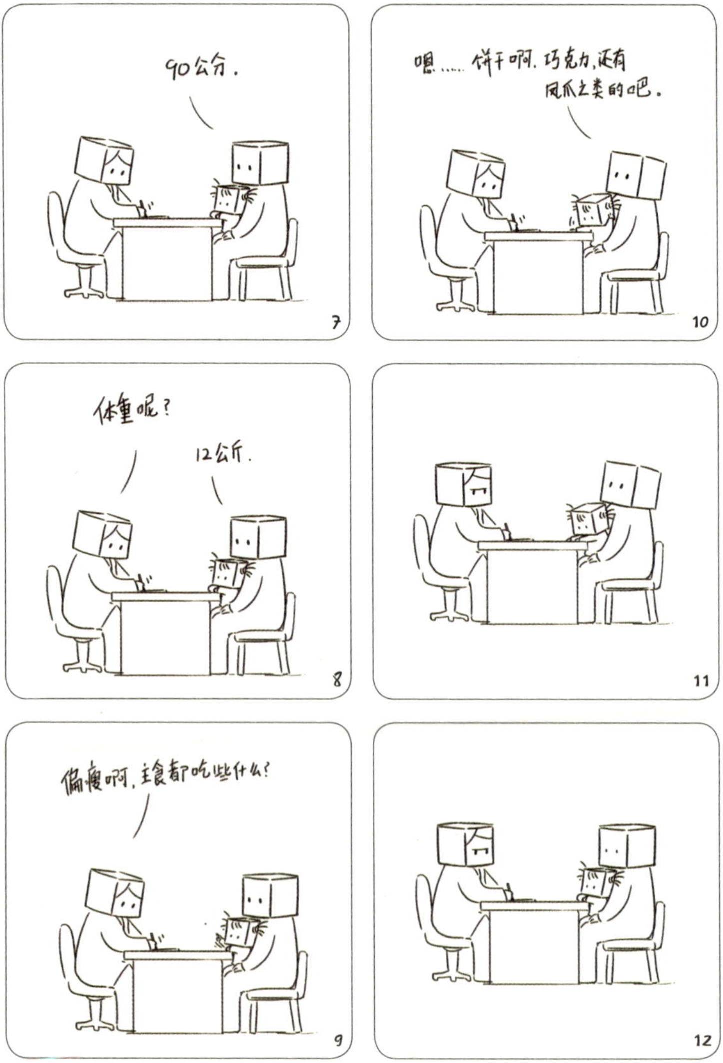
90公分。
体重呢？
12公斤。
偏瘦啊，主食都吃些什么？
嗯……饼干啊，巧克力，还有凤爪之类的吧。

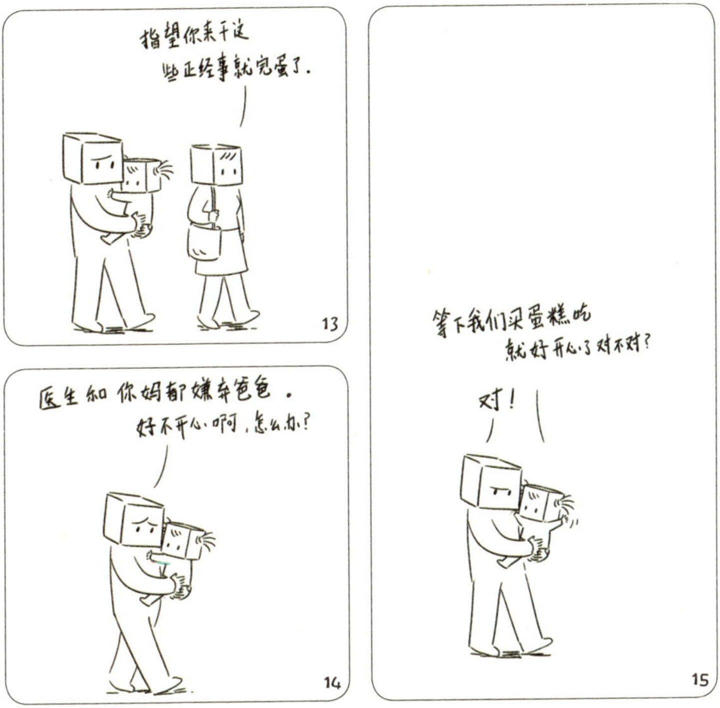
指望你来干这
些正经事就完蛋了.
13
医生和你妈都嫌弃爸爸。
好不开心啊，怎么办？
14
等下我们买蛋糕吃
就好开心了对不对？
对！
15

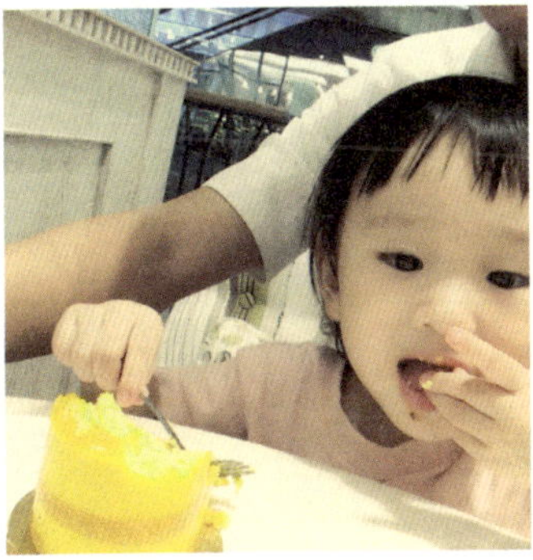

[3.神奇的魔力]

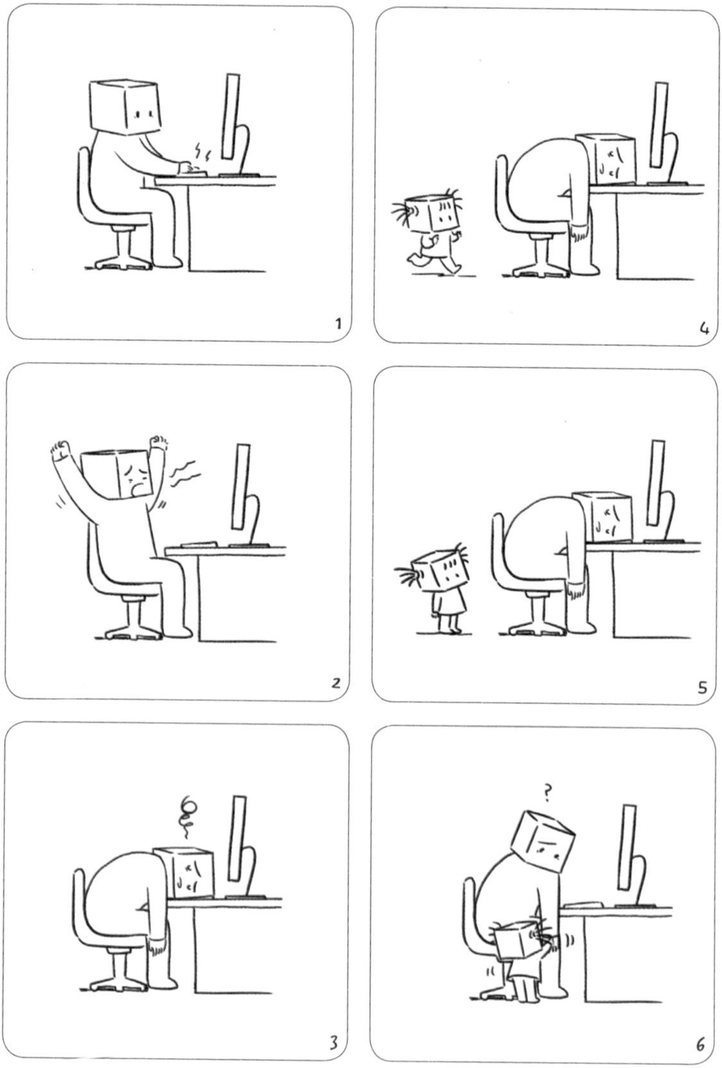

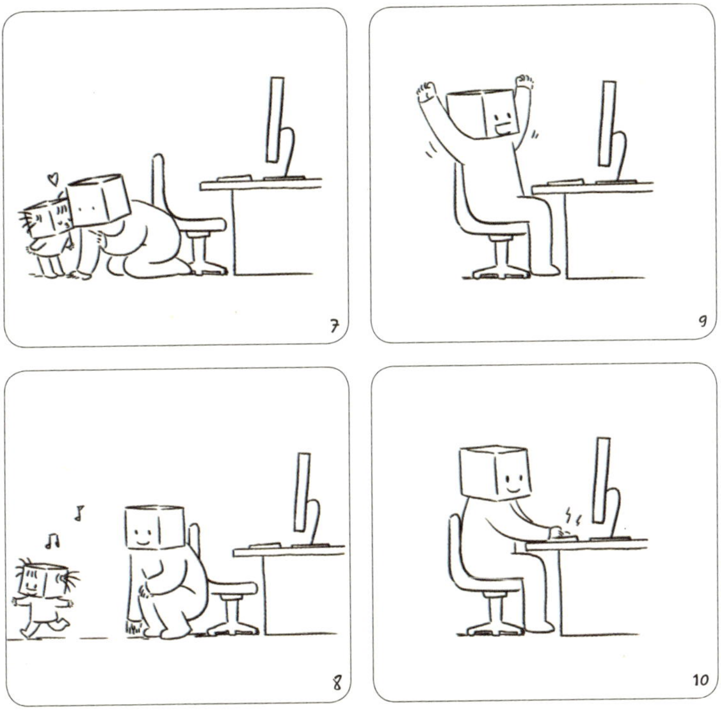
7
9
8
10

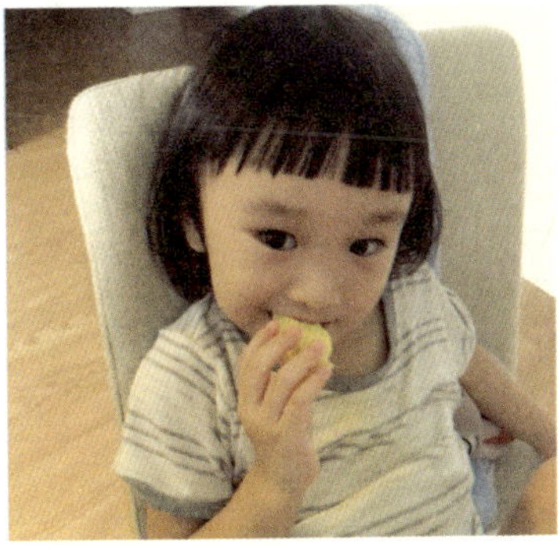

[4.自由自在的清新空气]

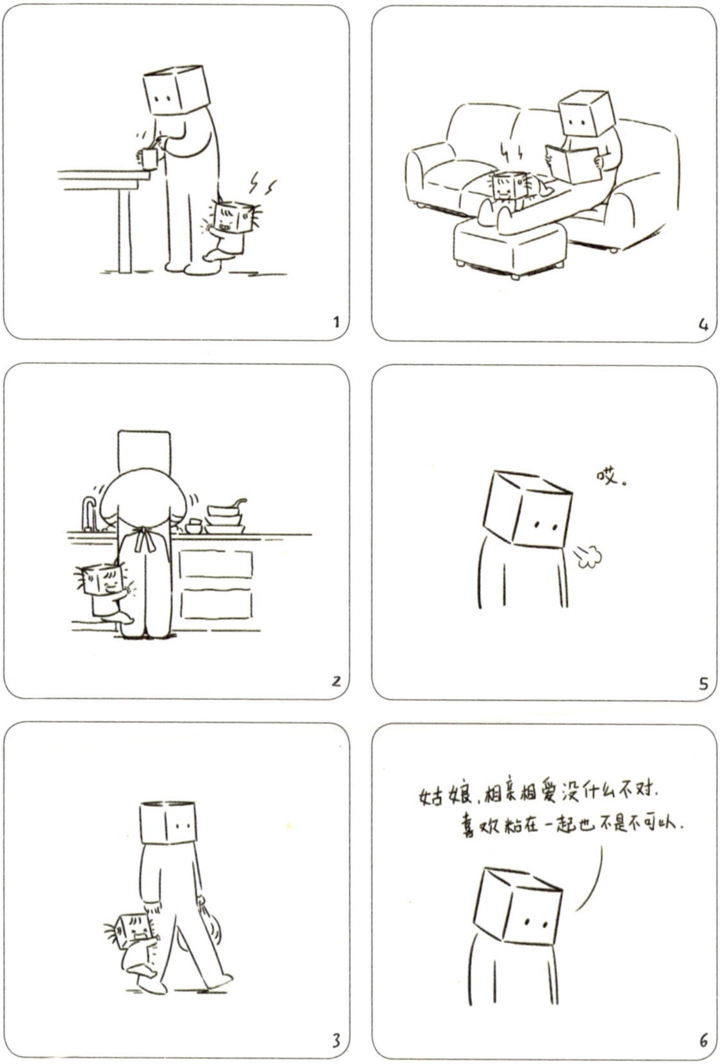

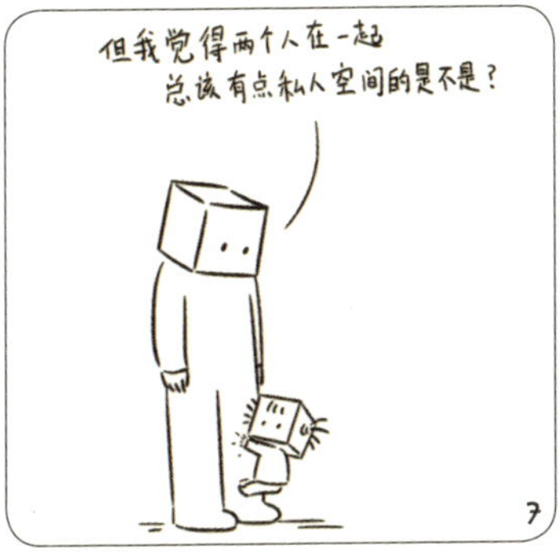
但我觉得两个人在一起
总该有点私人空间的是不是？
7

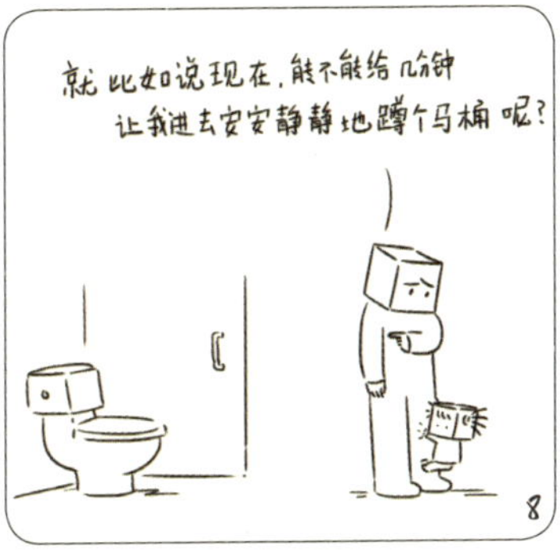
就比如说现在，能不能给几分钟
让我进去安安静静地蹲个马桶呢？
8

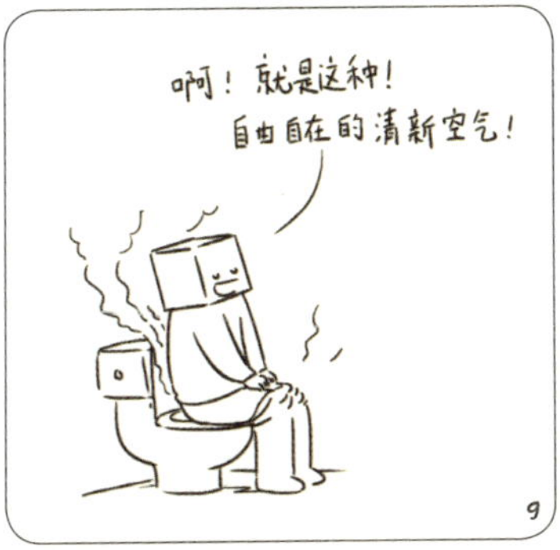
啊！就是这种！
自由自在的清新空气！
9

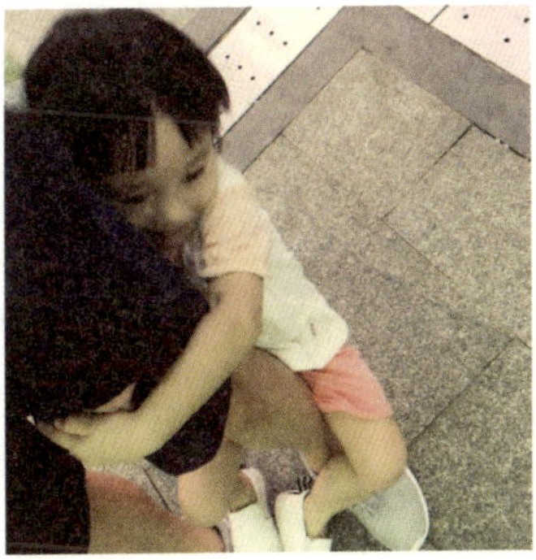

[5.小棉袄]

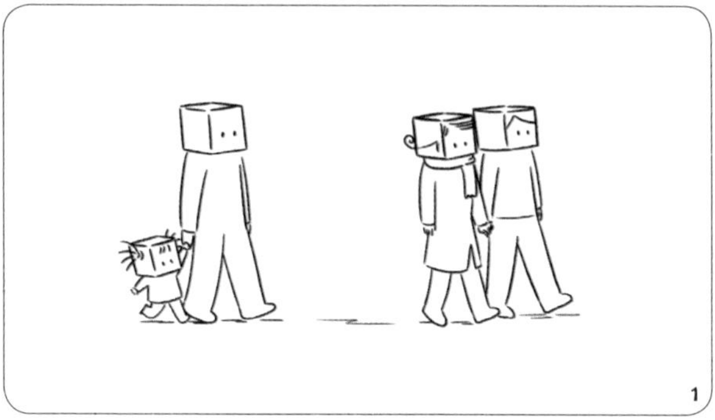

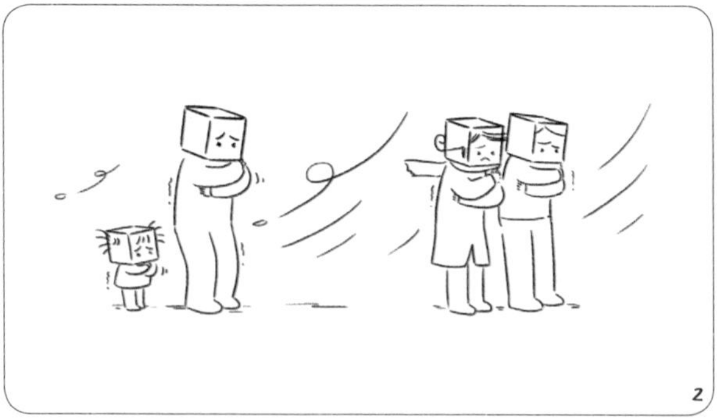

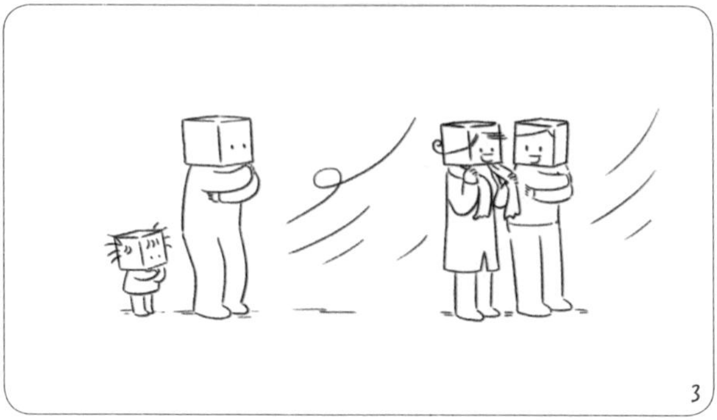

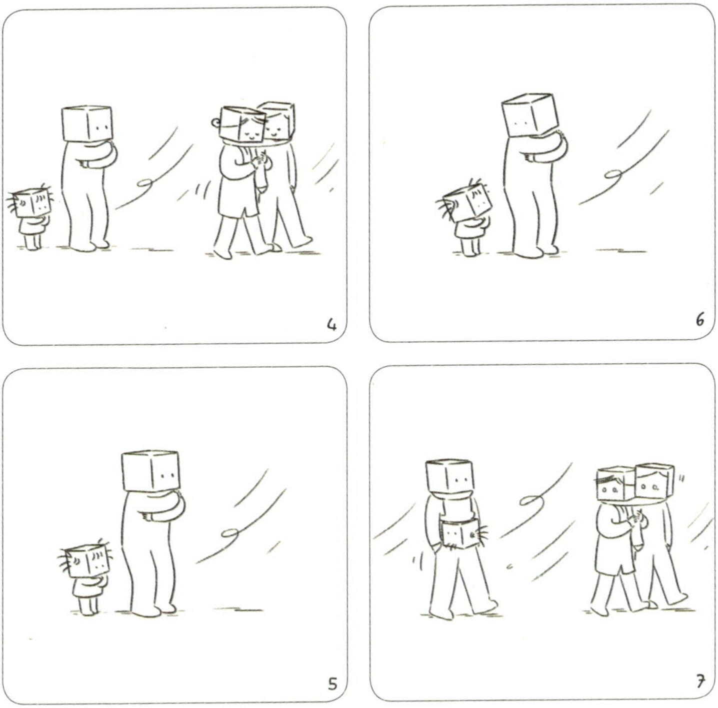

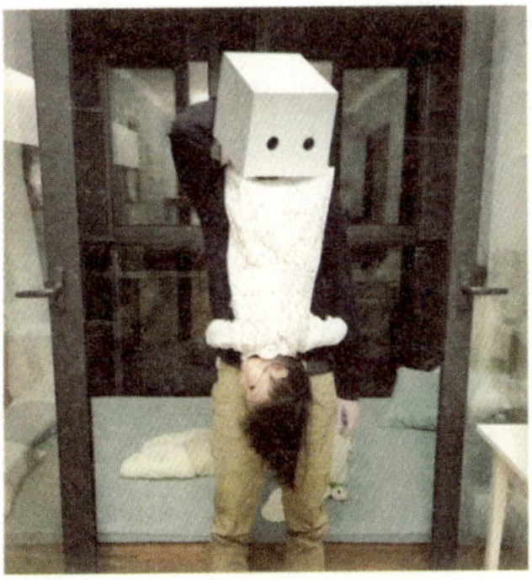

[6.吹泡泡]

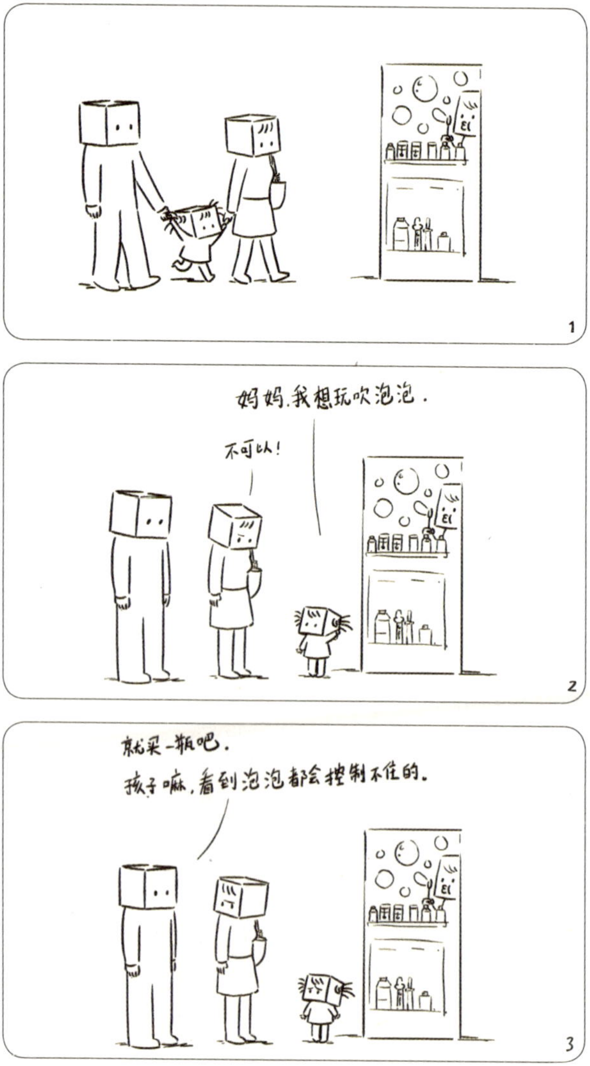

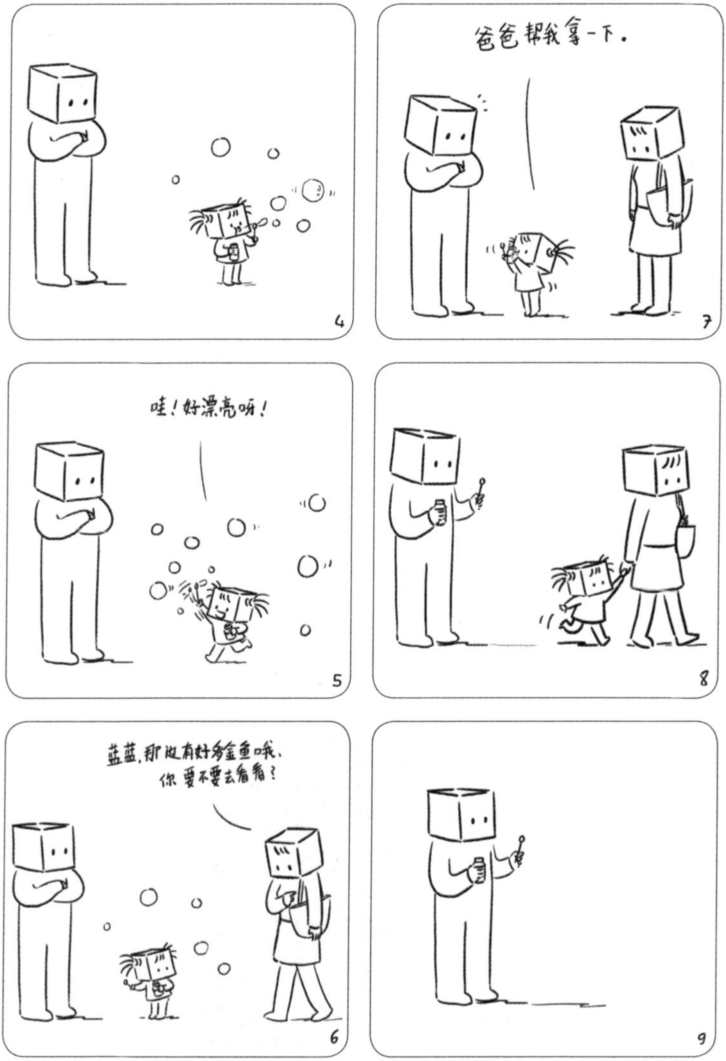
哇！好漂亮呀！
蓝蓝，那边有好多金鱼哦，
你要不要去看看？
爸爸帮我拿一下。

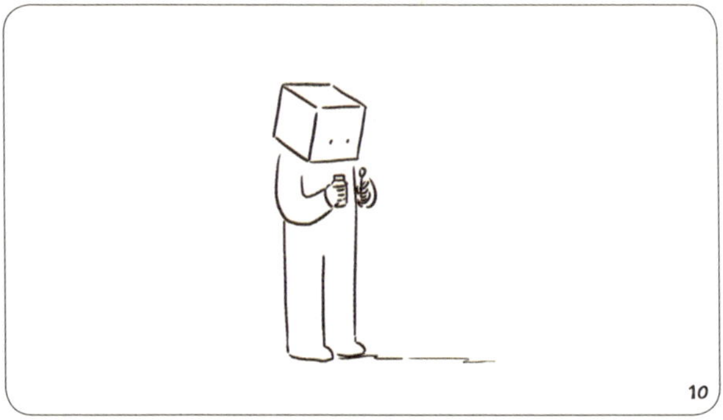
10

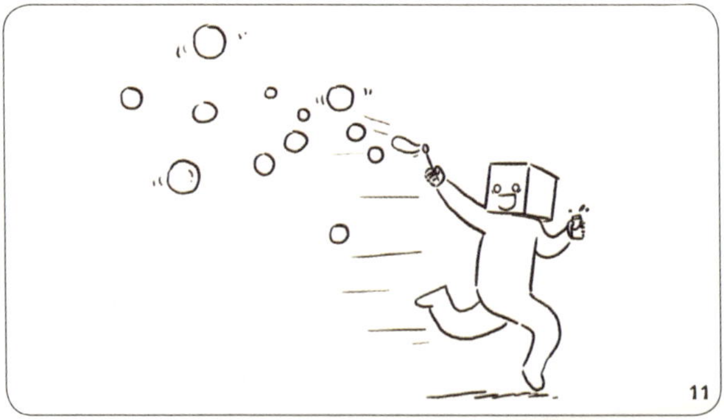
11

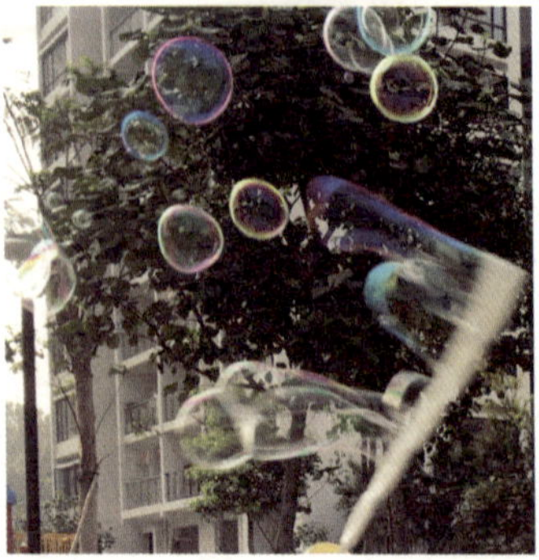

[7.爸爸的眼睛好漂亮]

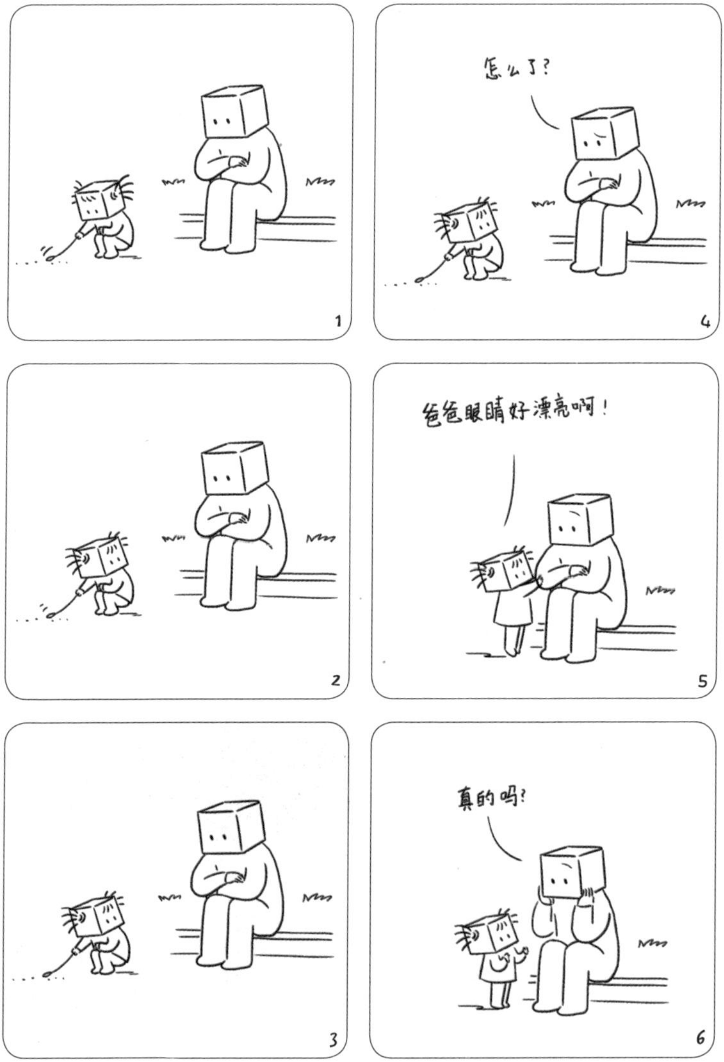

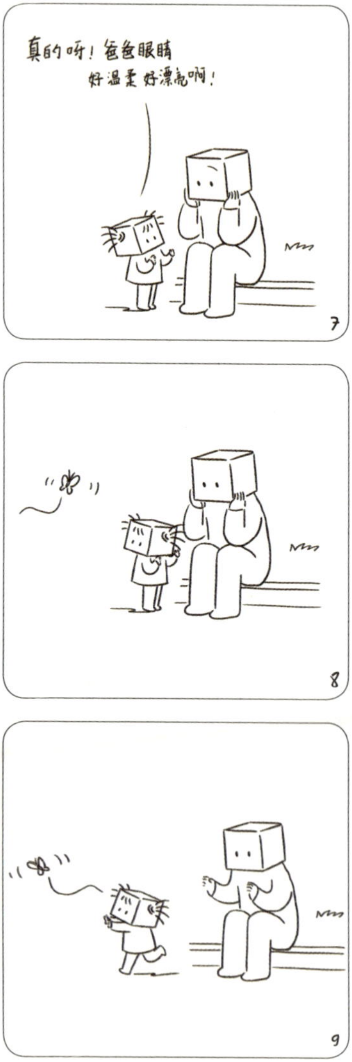
真的呀！爸爸眼睛
好温柔好漂亮啊！
7
8
9

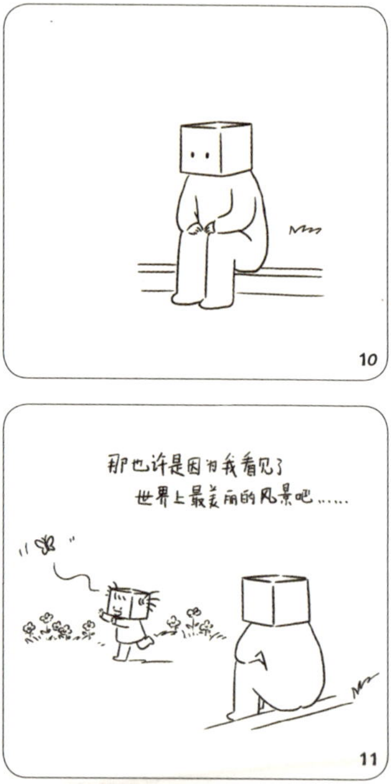
10
那也许是因为我看见了
世界上最美丽的风景吧……
11

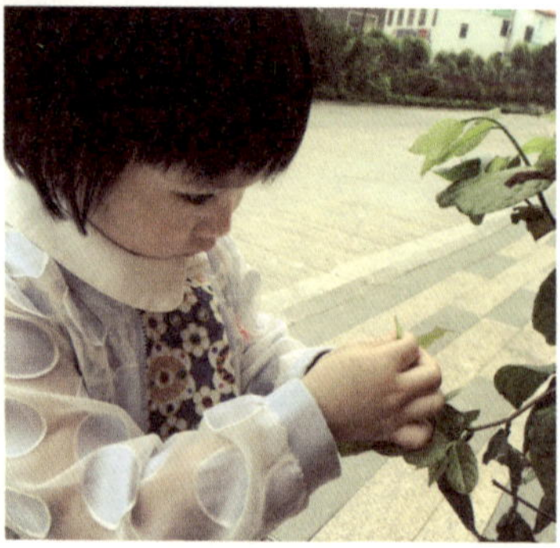

[8.我在赚钱]

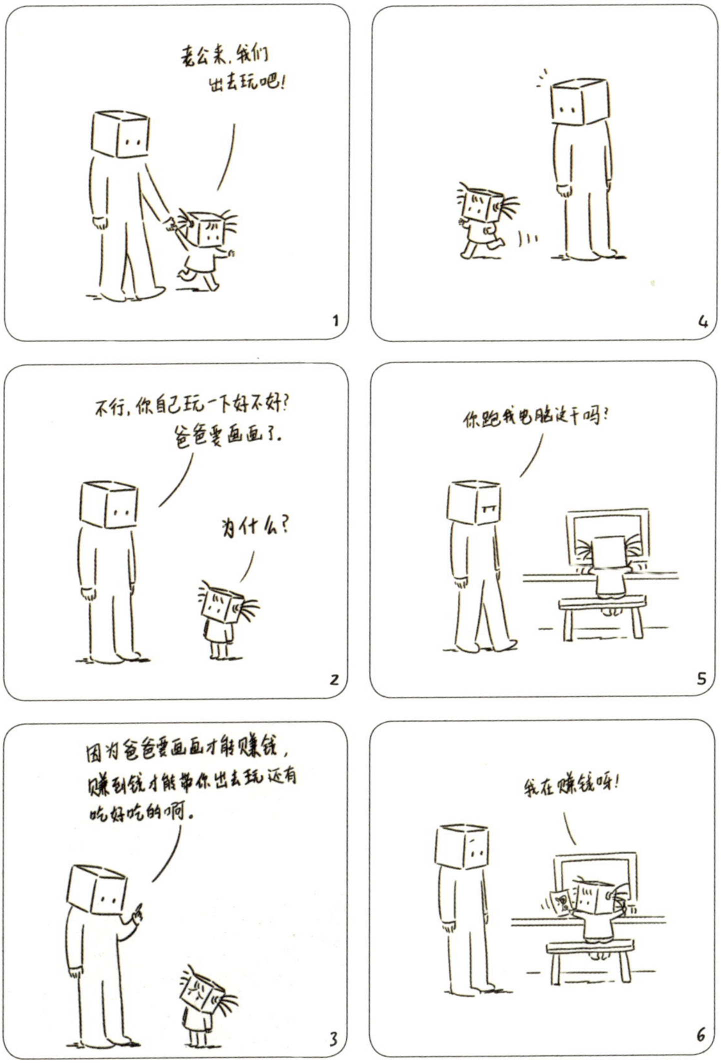
老公来，我们
出去玩吧！
不行，你自己玩一下好不好？
爸爸要画画了。
为什么？
因为爸爸要画画才能赚钱，
赚到钱才能带你出去玩还有
吃好吃的啊。
你跑我电脑这干吗？
我在赚钱呀！

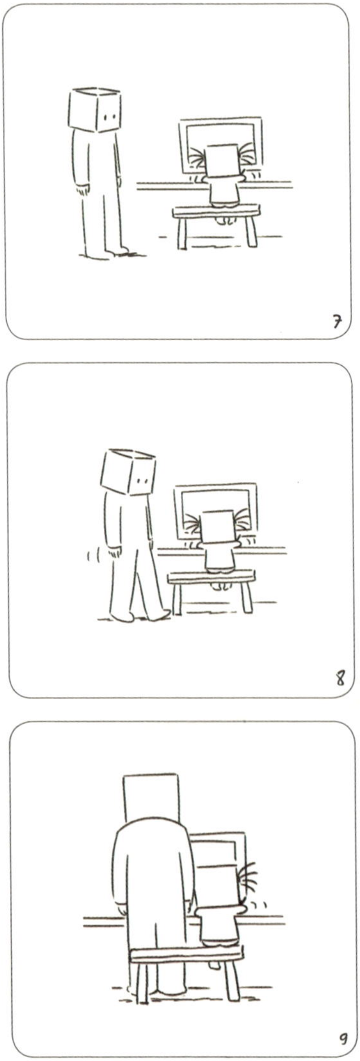
7
8
9

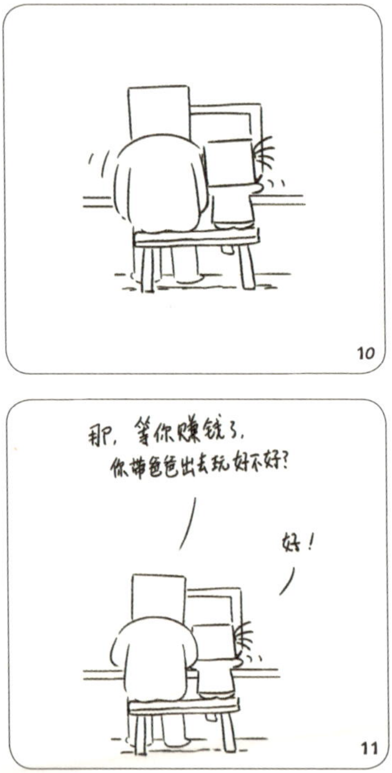
10
那，等你赚钱了，
你带爸爸出去玩好不好？
好！
11

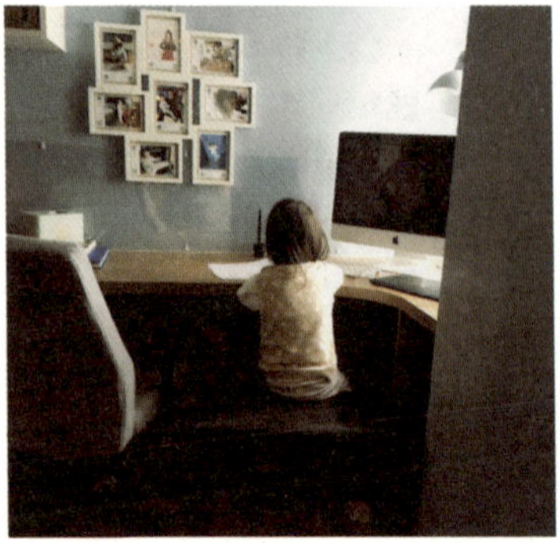

Part 3

磨人的小妖精

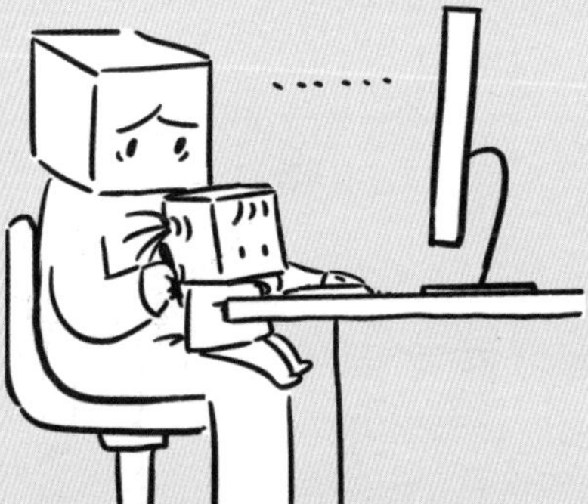

[1.唱k]

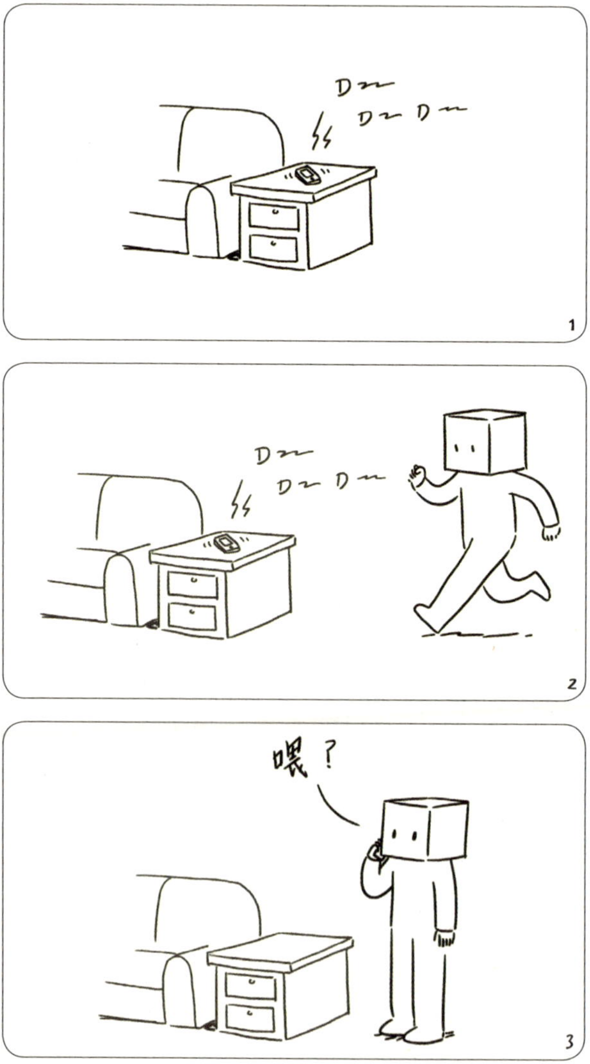

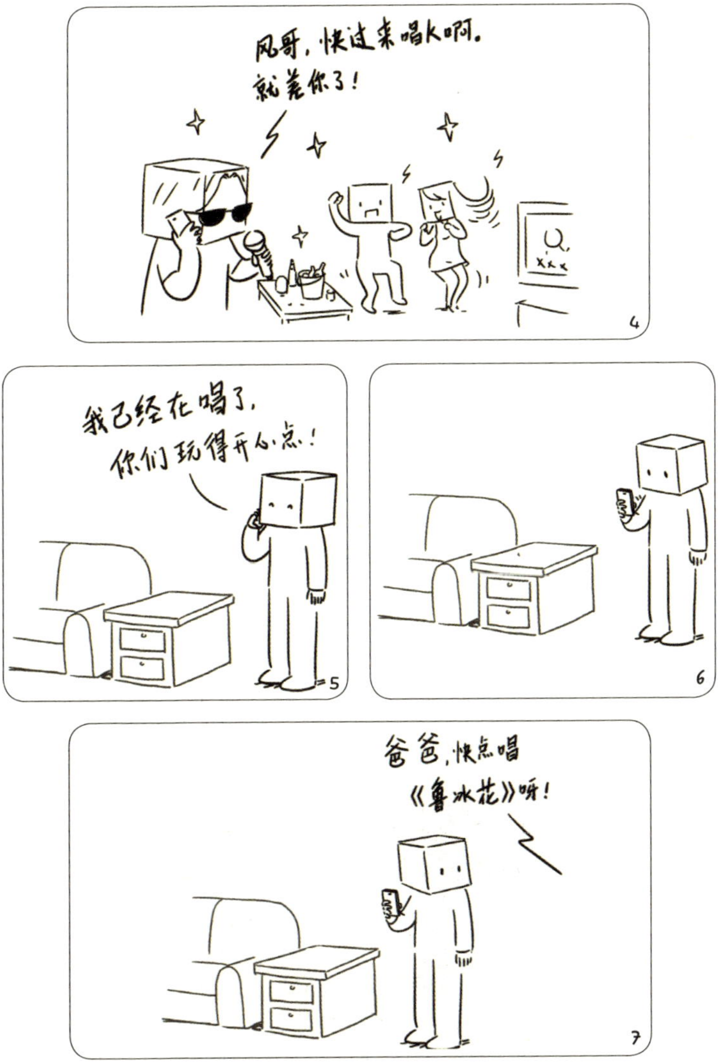
风哥，快过来唱K啊。
就差你了！
我已经在唱了，
你们玩得开心点！
爸爸，快点唱
《鲁冰花》呀！

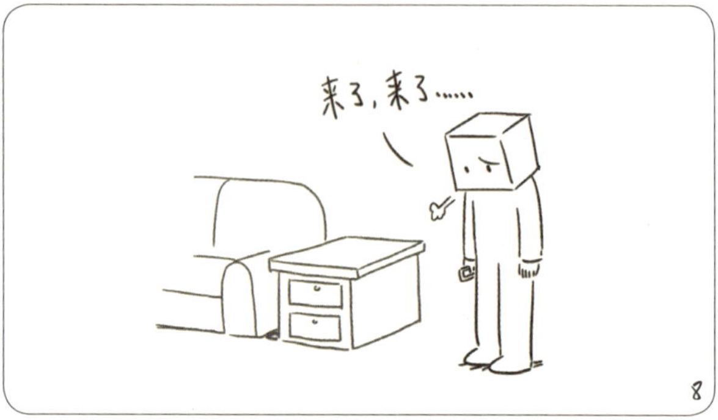
来了，来了……
8

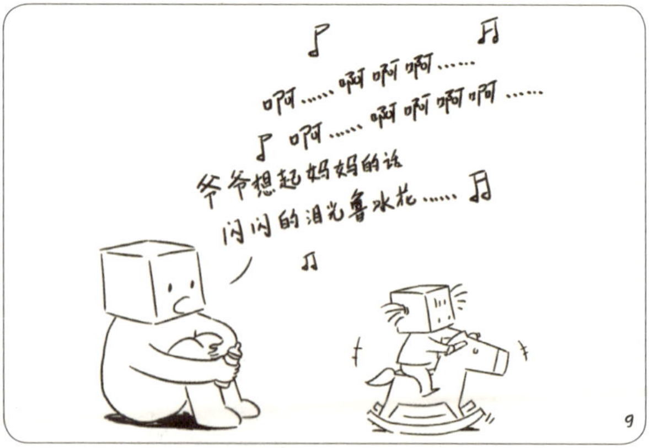
啊……啊啊啊……
啊……啊啊啊啊……
爷爷想起妈妈的话
闪闪的泪光鲁冰花……
9

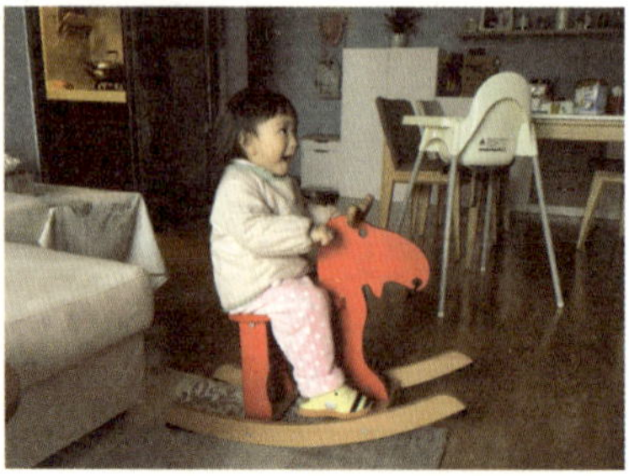

[2.可怕的甲方]

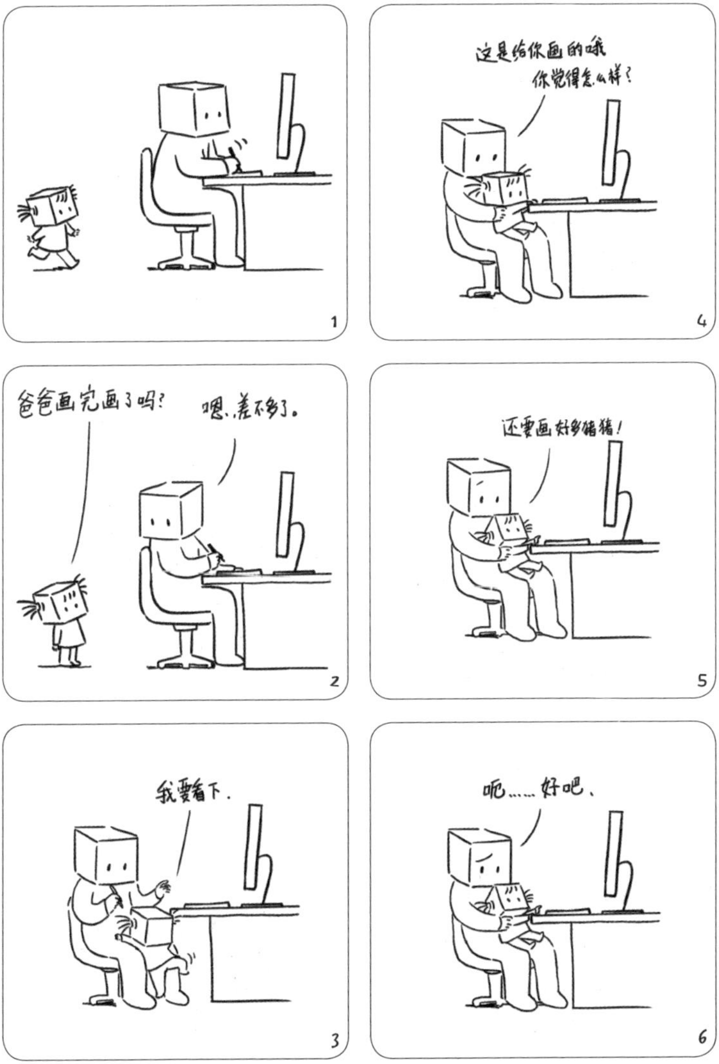

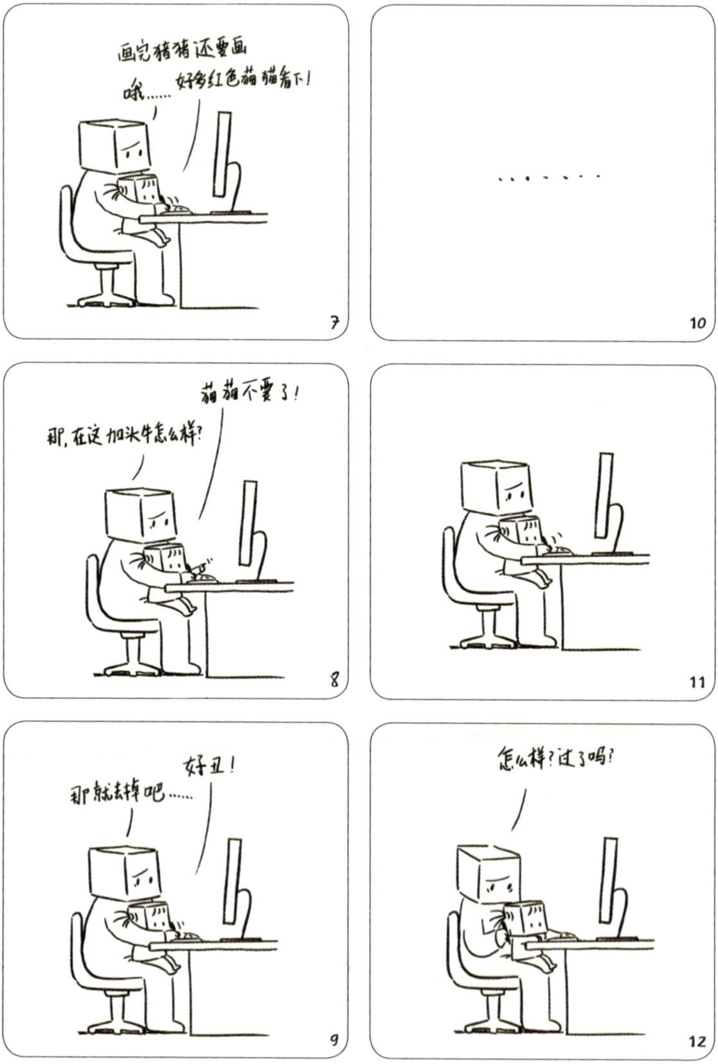
画完猪猪还要画
哦……
好多红色茄茄看下!
7
那,在这加头牛怎么样?
茄茄不要了!
8
那就去掉吧……
好丑!
9
·······
10
11
怎么样?过了吗?
12

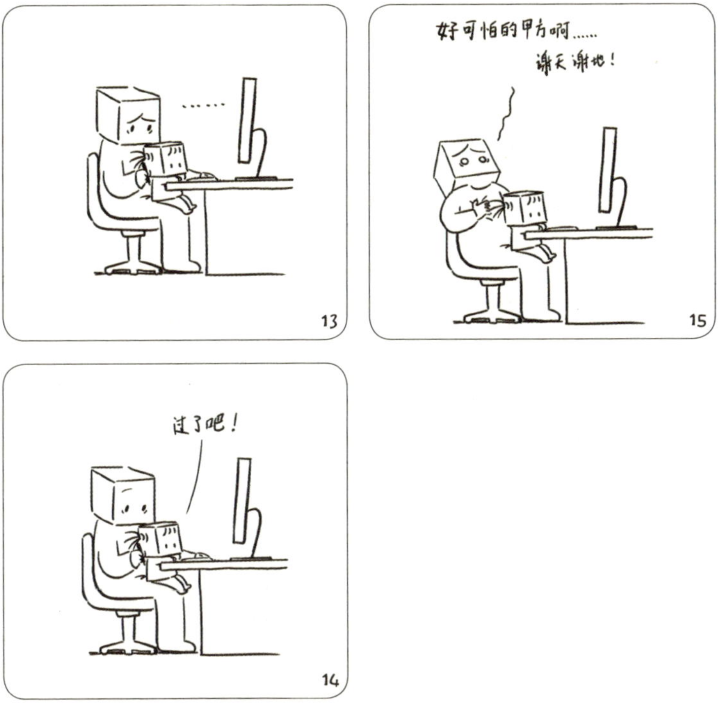
……
13
过了吧！
14
好可怕的甲方啊……
谢天谢地！
15

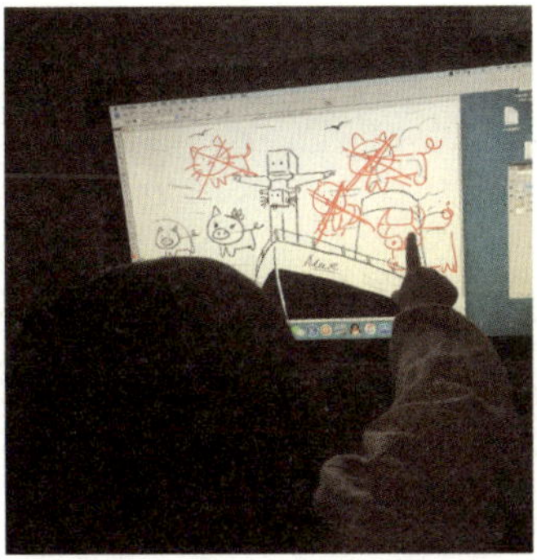

[3.化妆班和美术班]

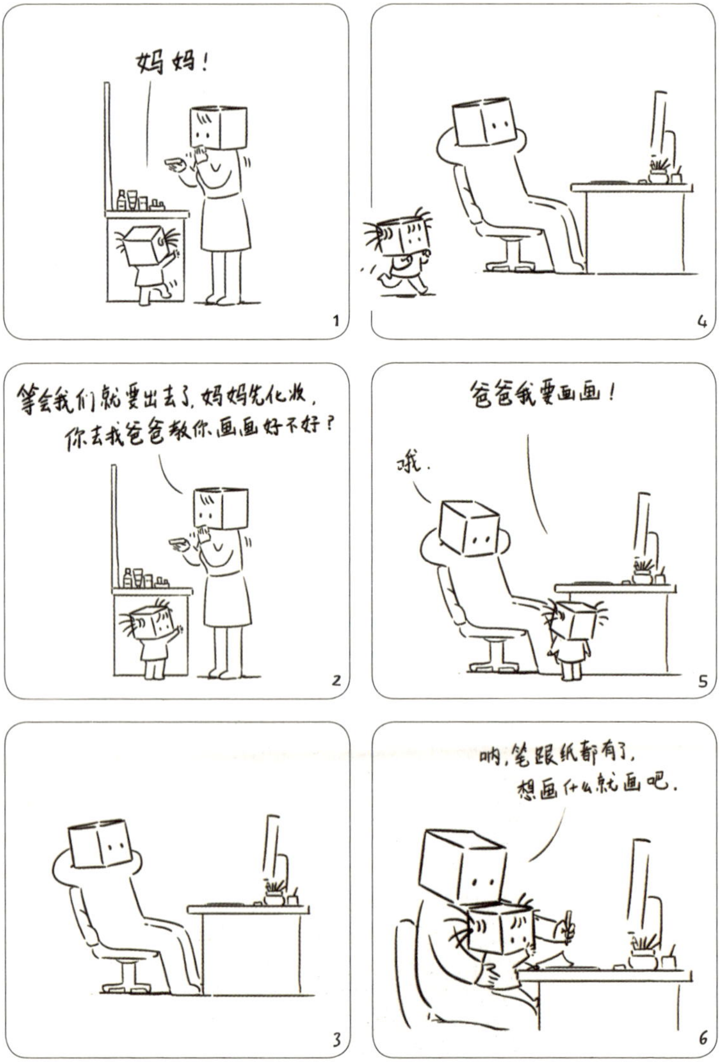

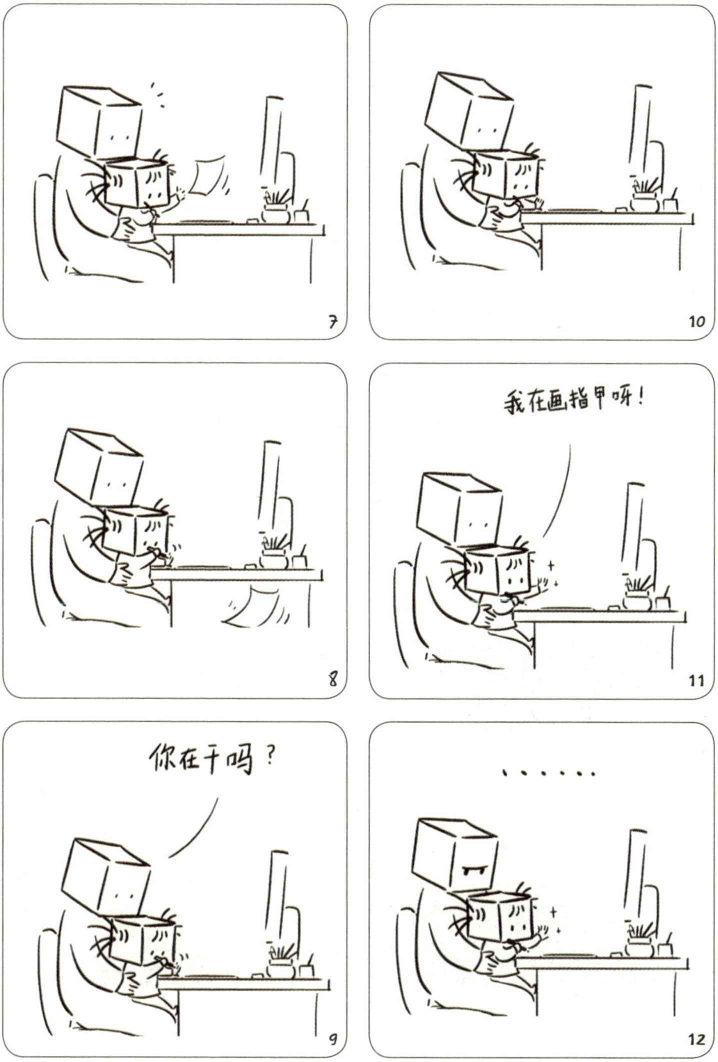
你在干吗？
我在画指甲呀！
……

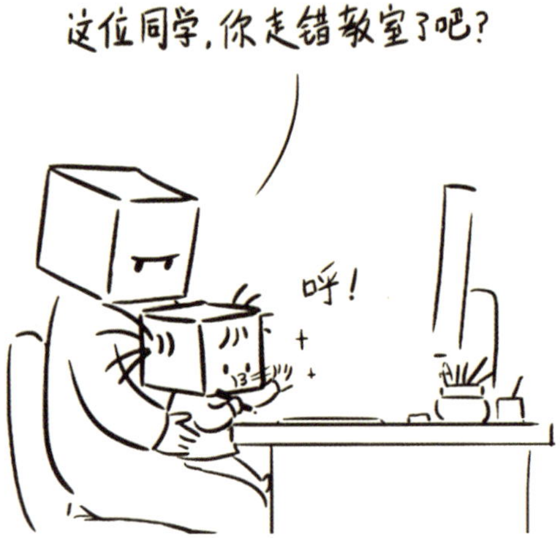

13

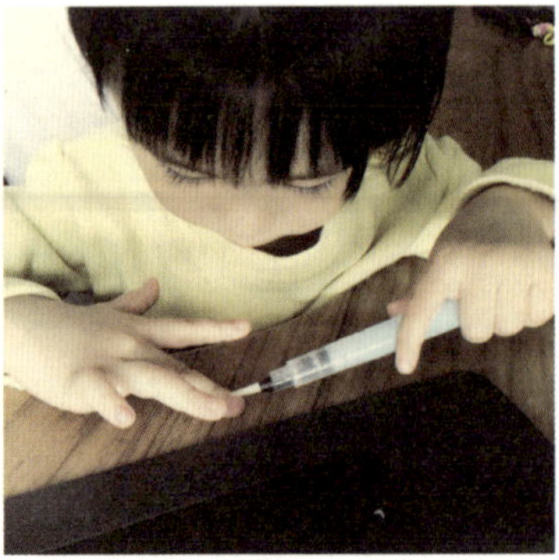

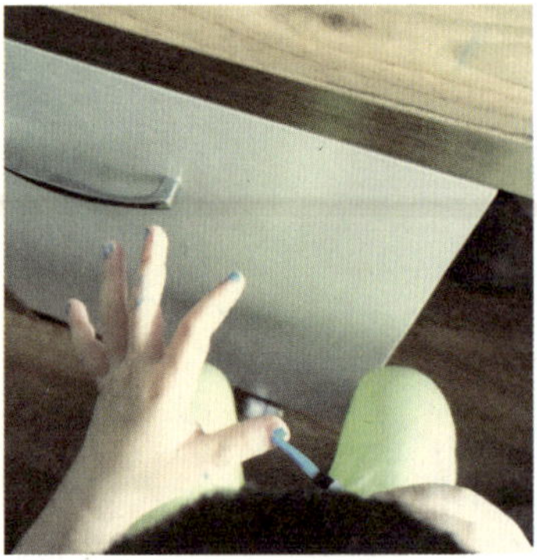

[4.灵感说来就来了怎么办]

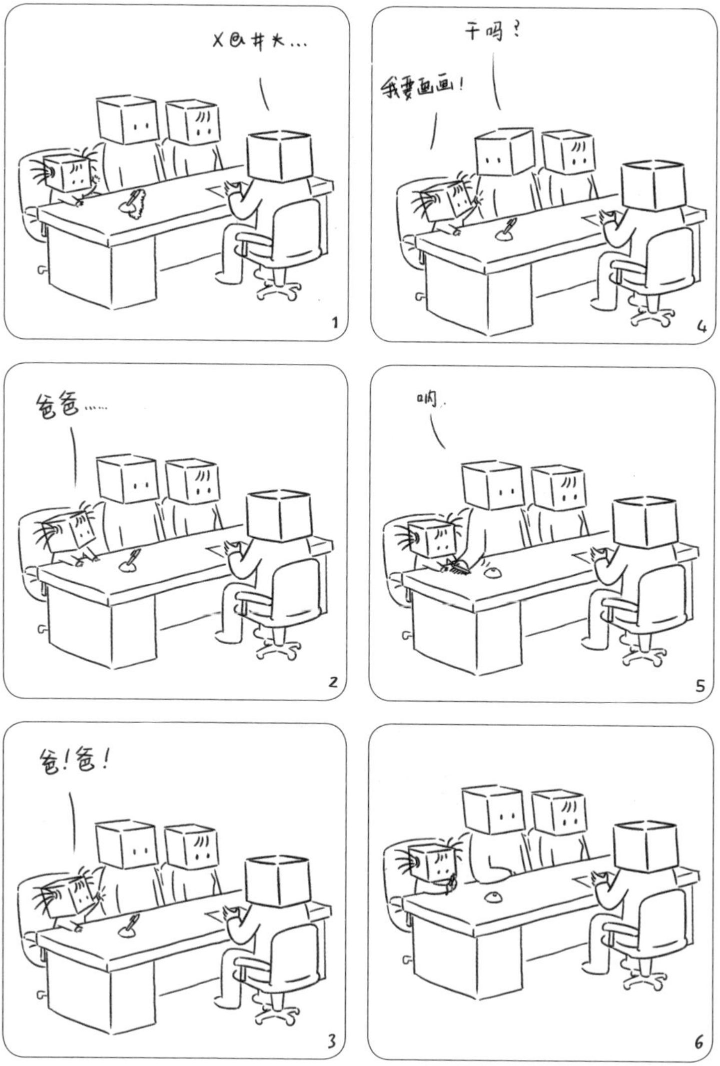

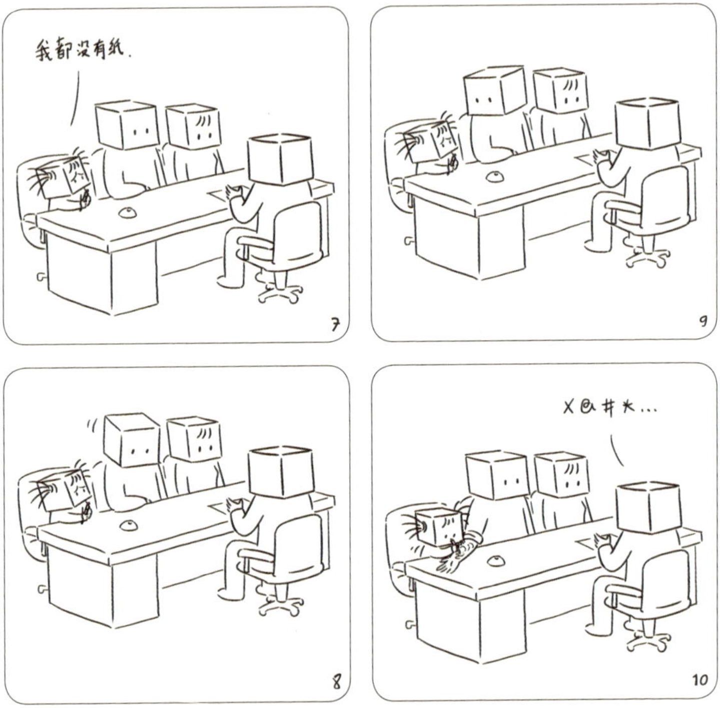

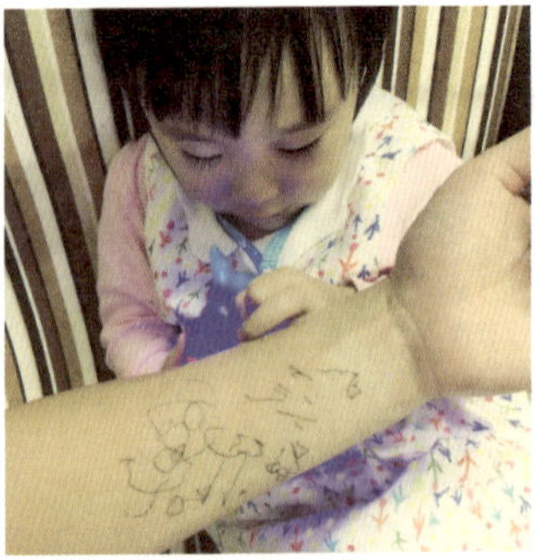

手画脏了可以砍掉，灵感没了就真的没了。

[5.去上海]

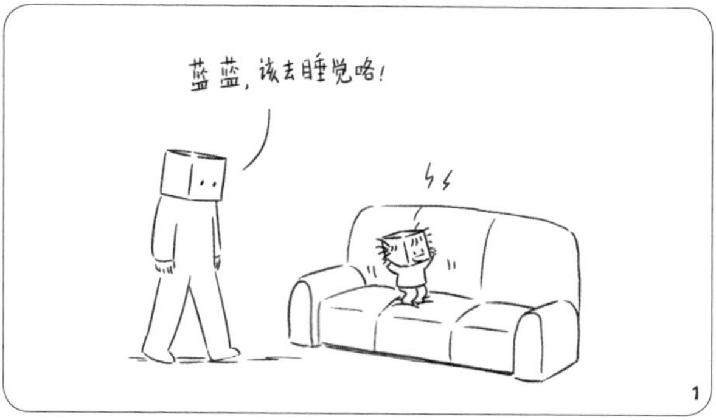

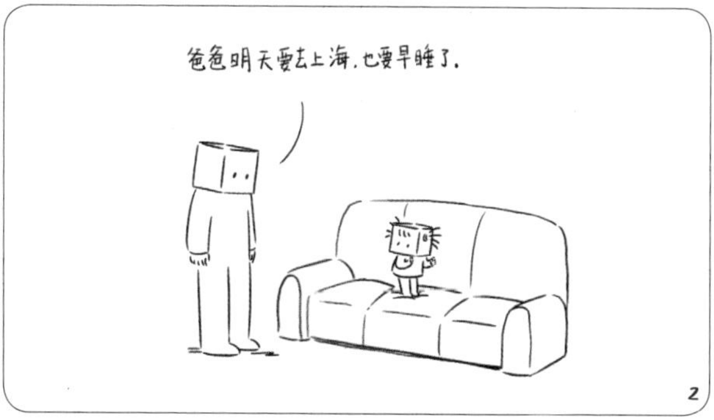

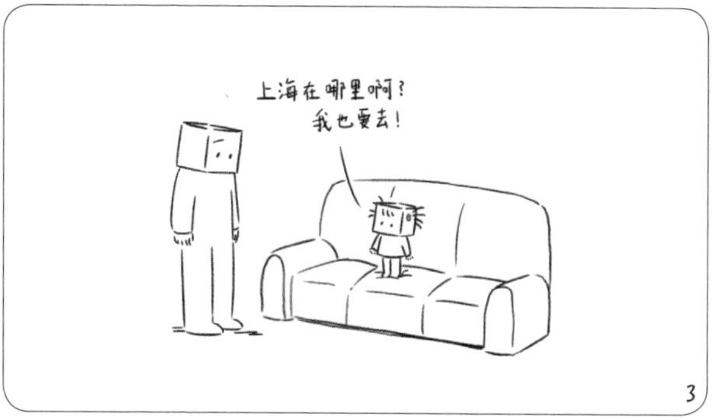

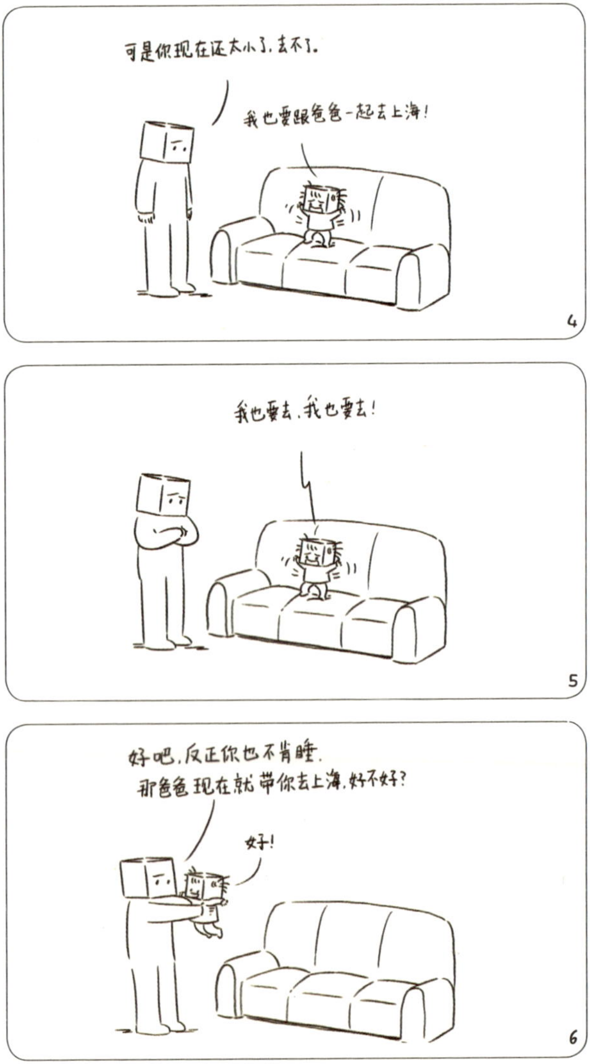
可是你现在还太小了，去不了。
我也要跟爸爸一起去上海！
4
我也要去，我也要去！
5
好吧，反正你也不肯睡，
那爸爸现在就带你去上海，好不好？
好！
6

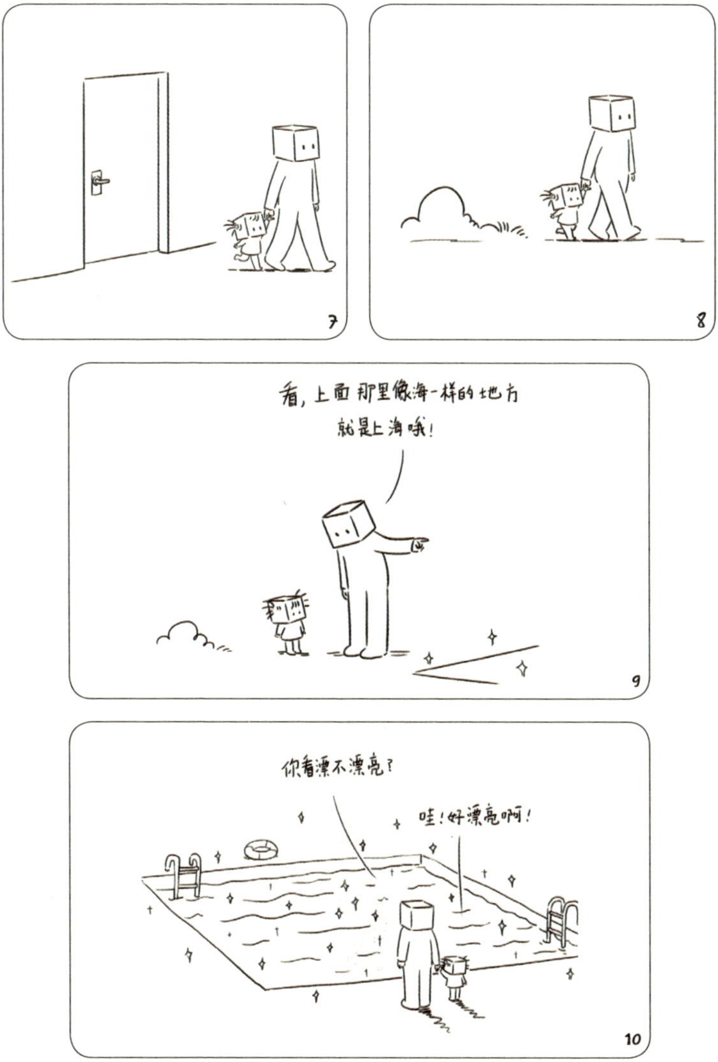
7
8
看，上面那里像海一样的地方
就是上海哦！
9
你看漂不漂亮？
哇！好漂亮啊！
10

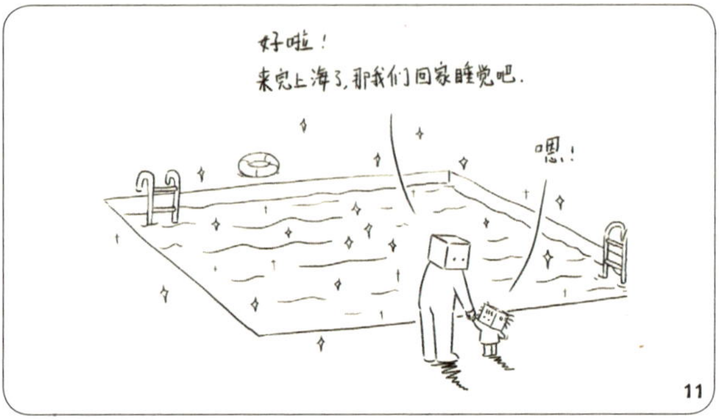
好啦！
来完上海了，那我们回家睡觉吧.
嗯！
11

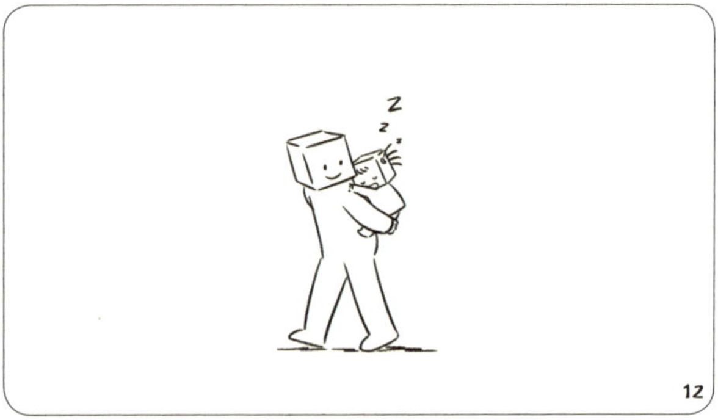
Z
Z
12

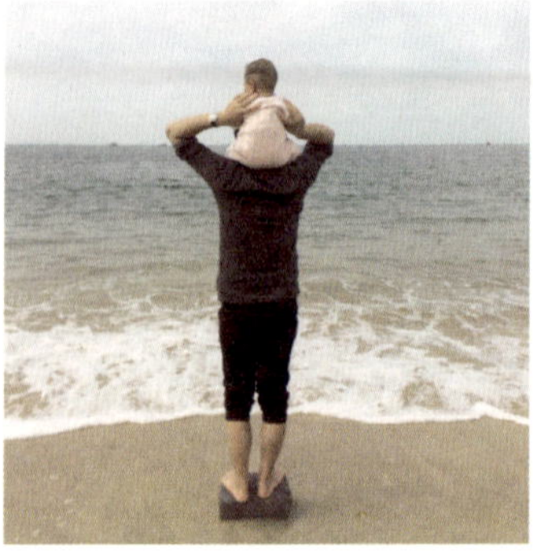

[6.自己玩]

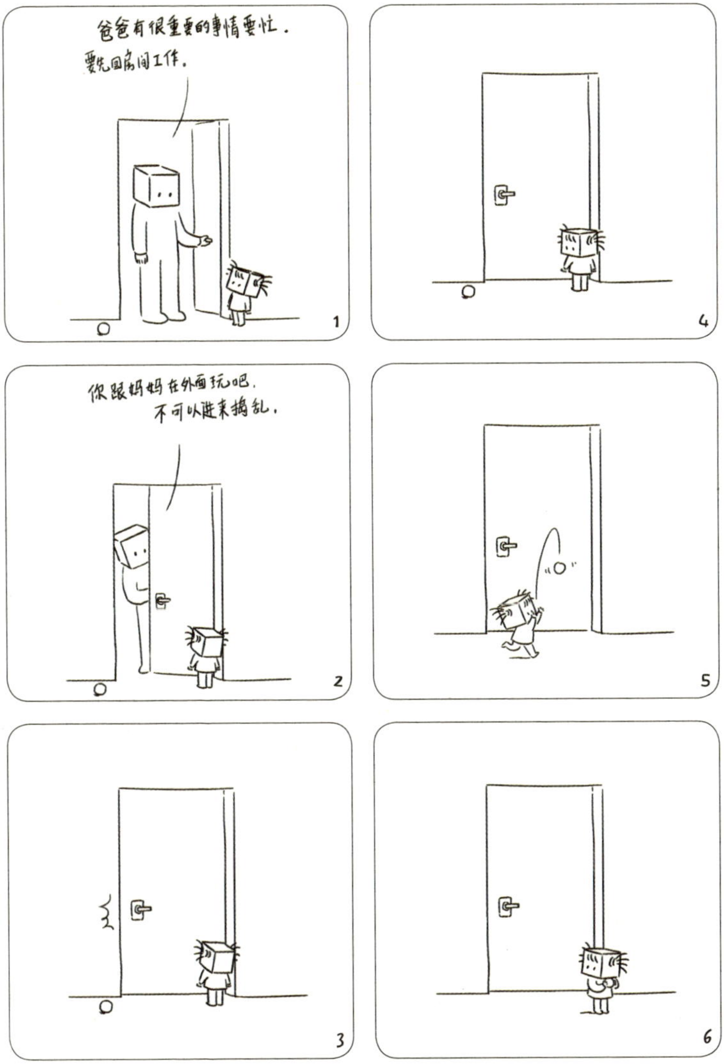

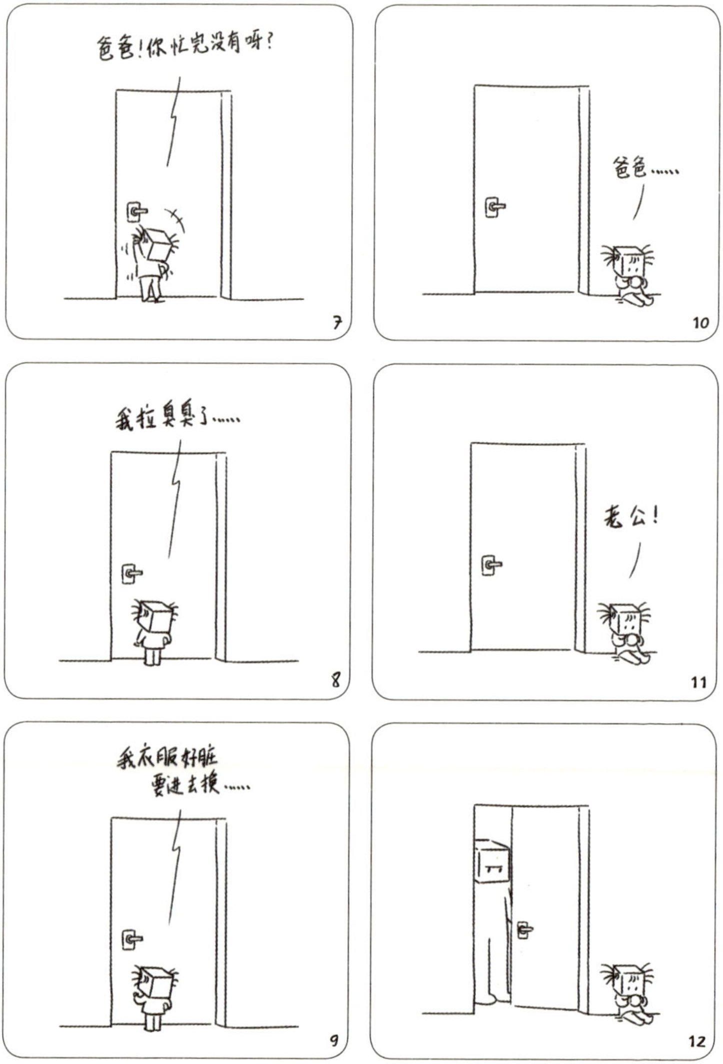
爸爸！你忙完没有呀？
7
我拉臭臭了……
8
我衣服好脏
要进去换……
9
爸爸……
10
老公！
11
12

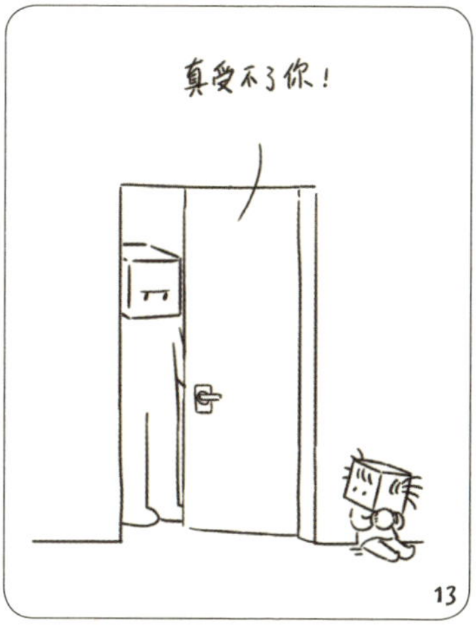
真受不了你！
13

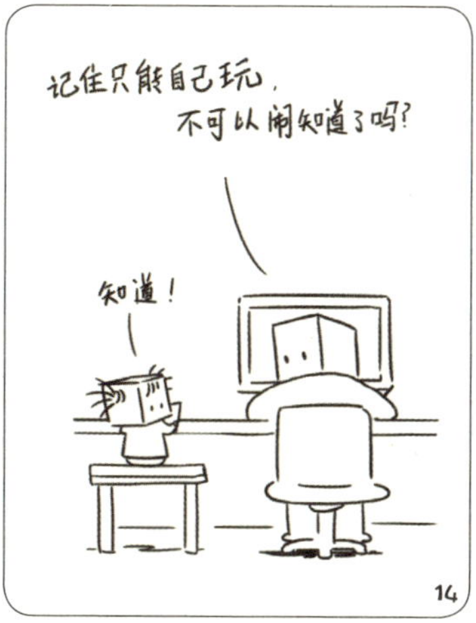
记住只能自己玩，
不可以闹知道了吗？
知道！
14

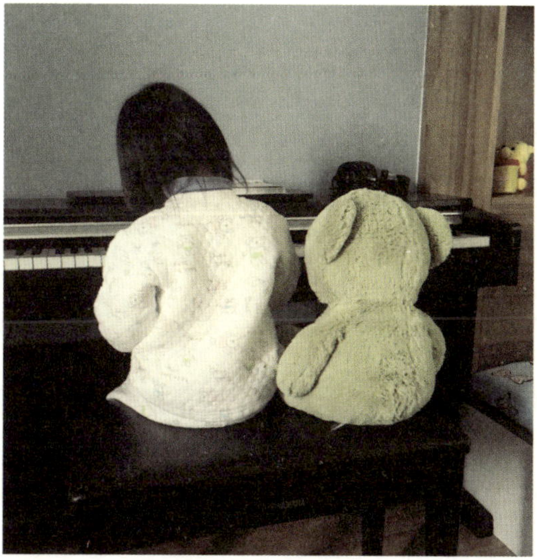

[7.以退为进的空气糖攻击]

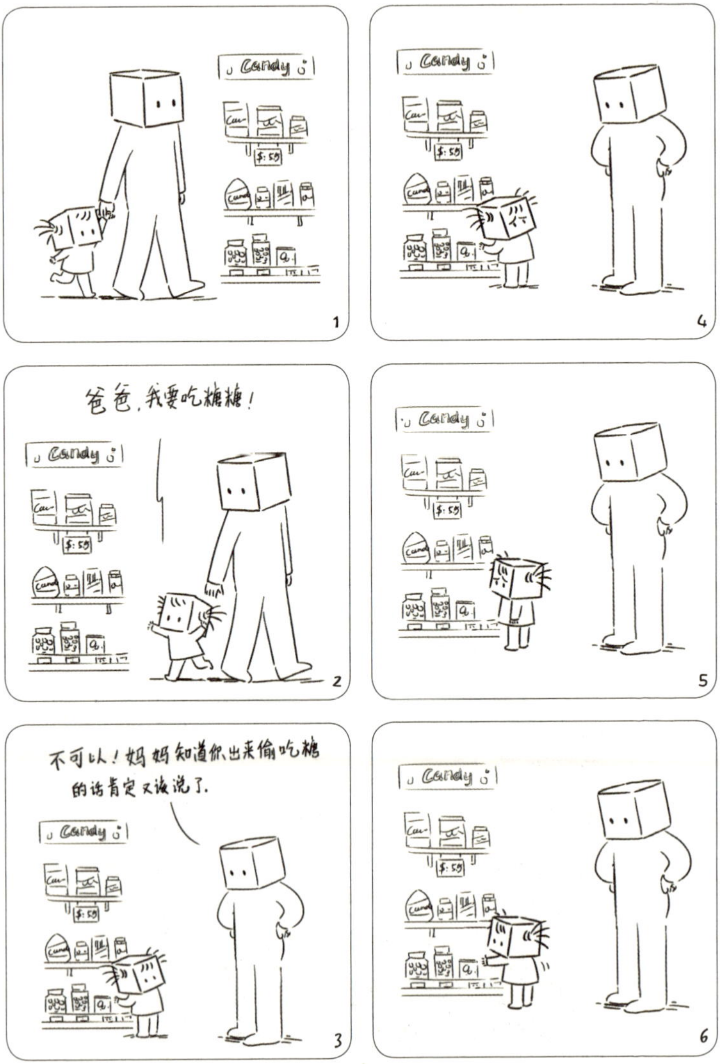

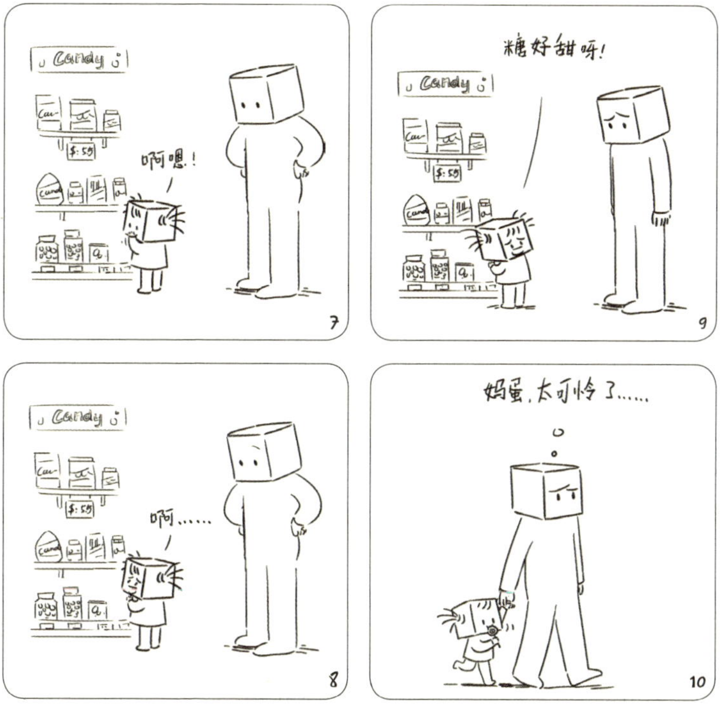
Candy
$:59
啊嗯！
7
啊……
8
糖好甜呀！
9
妈蛋，太可怜了……
10

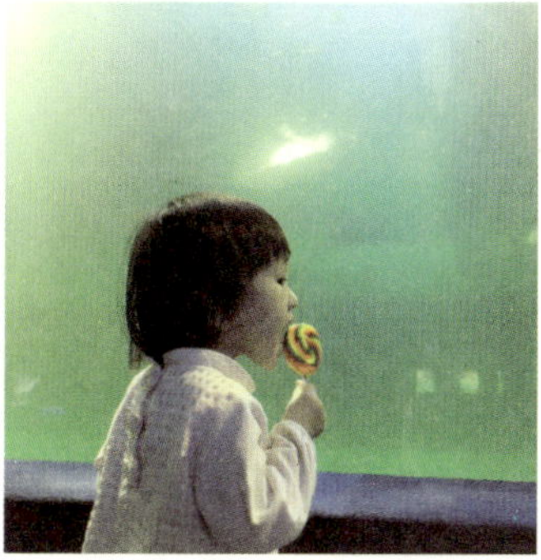

[8.自己爬起来了]

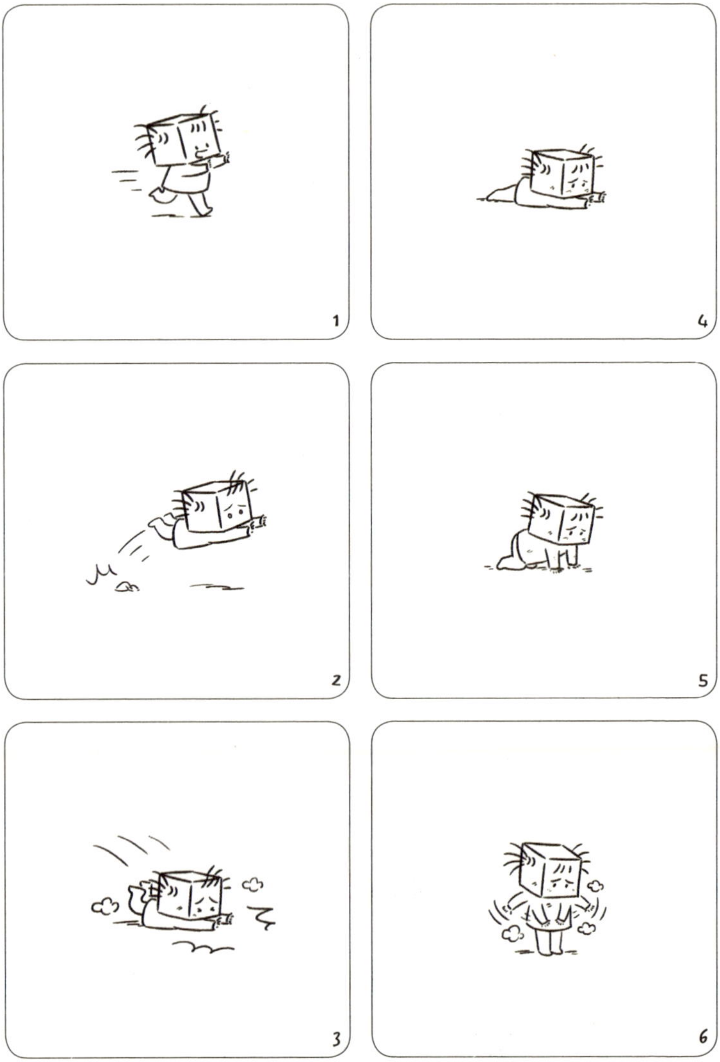

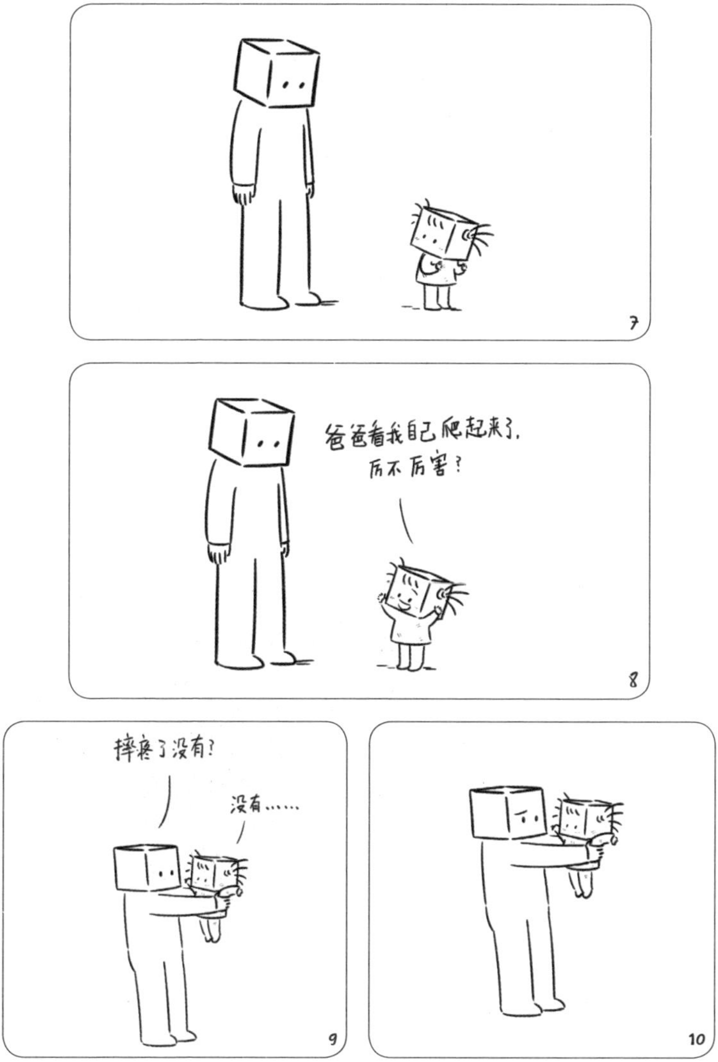
7
爸爸看我自己爬起来了，
厉不厉害？
8
摔疼了没有？
没有……
9
10

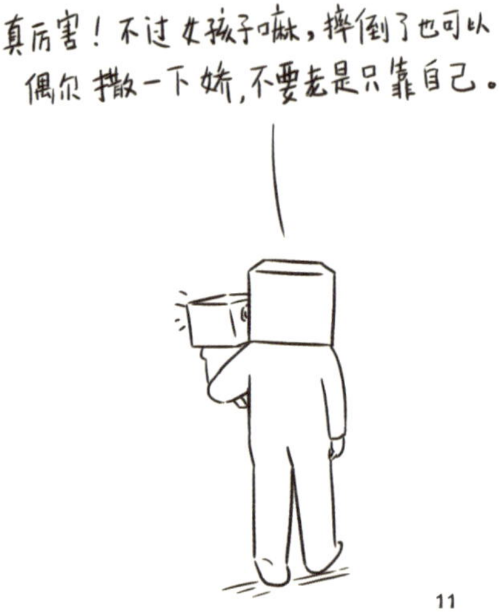
真厉害！不过女孩子嘛，摔倒了也可以
偶尔撒一下娇，不要老是只靠自己。
11

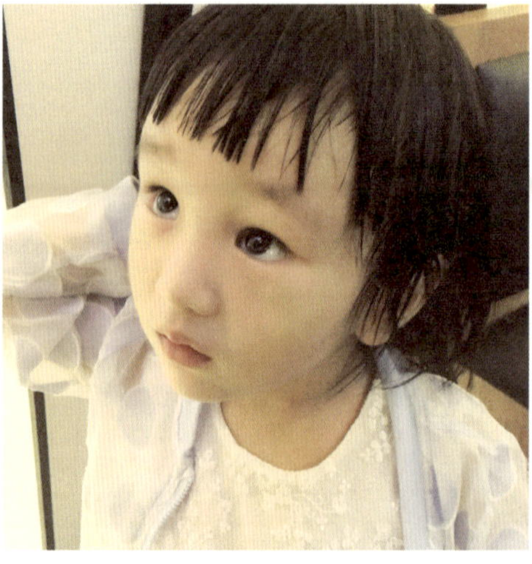

Part 4

跟你在一起
有十个有趣那么有趣！

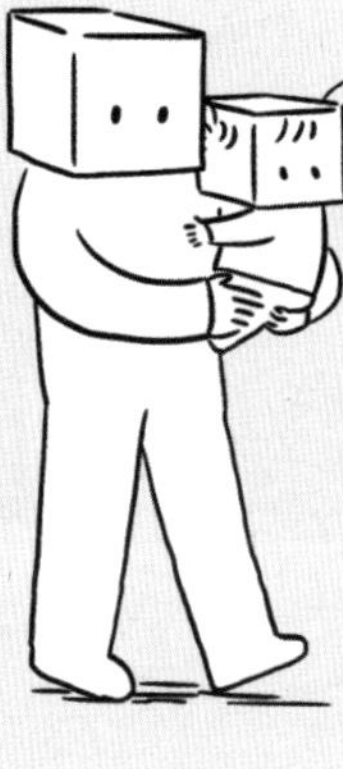

[1.喝啤酒]

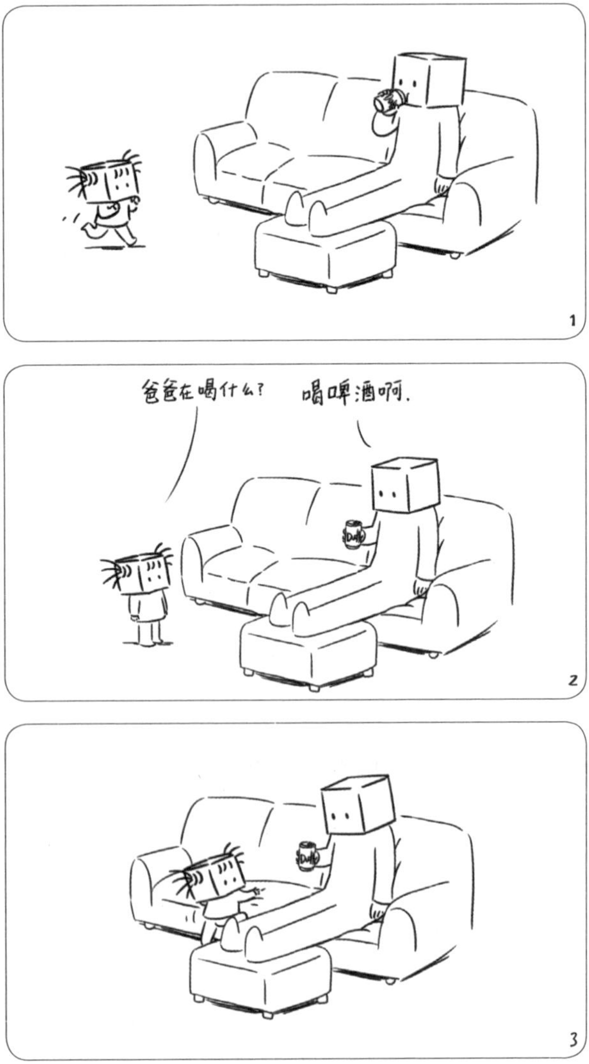

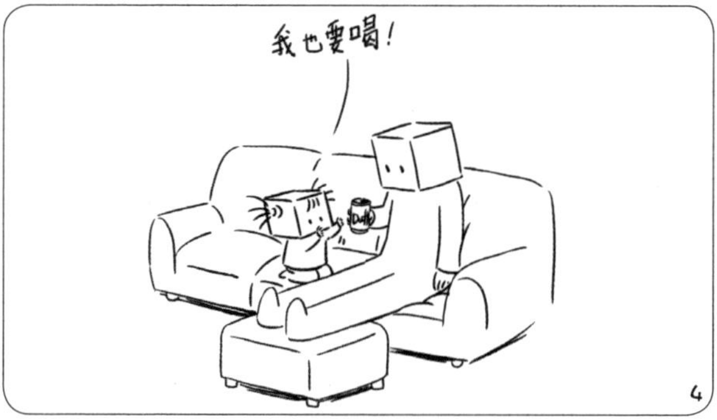
我也要喝！
4

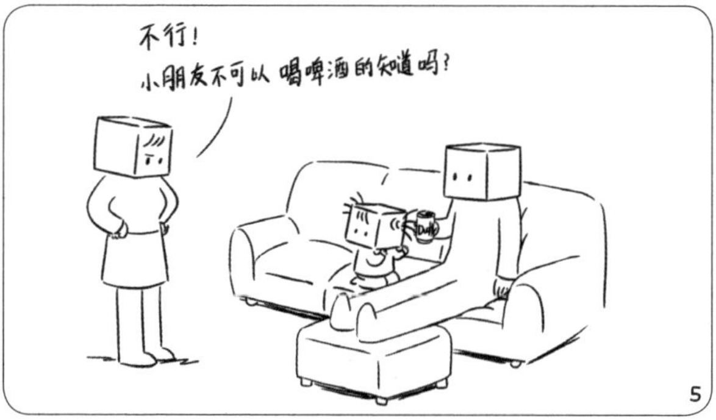
不行！
小朋友不可以 喝啤酒的知道吗？
5

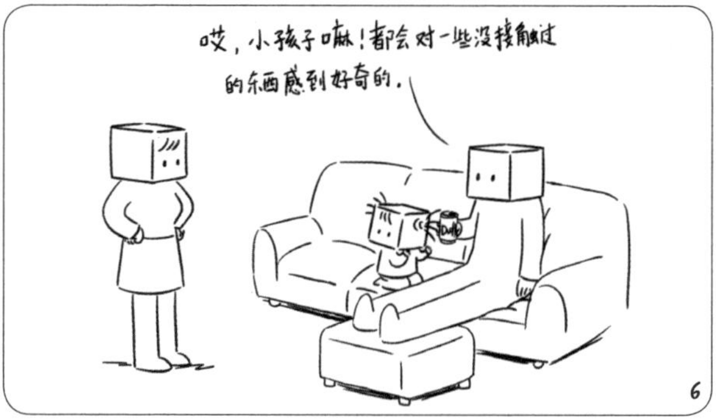
哎，小孩子嘛！都会对一些没接触过
的东西感到好奇的。
6

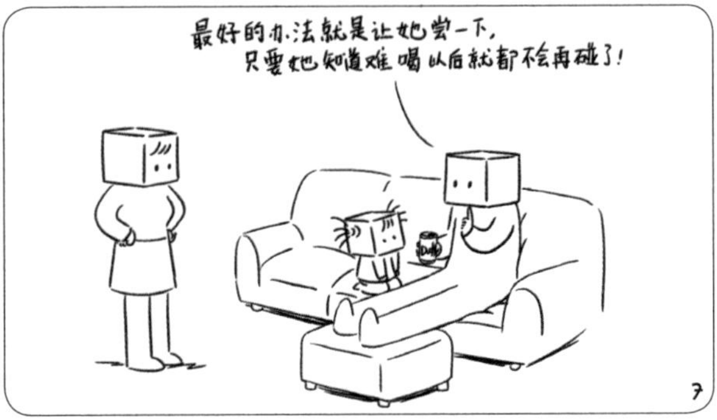
最好的办法就是让她尝一下，
只要她知道难喝以后就都不会再碰了！
7

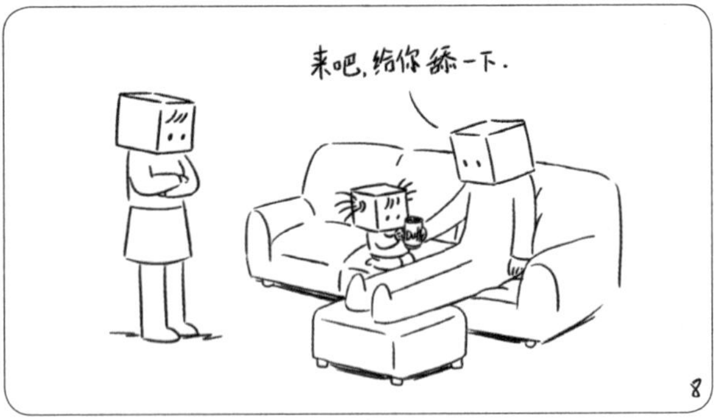
来吧，给你舔一下。
8

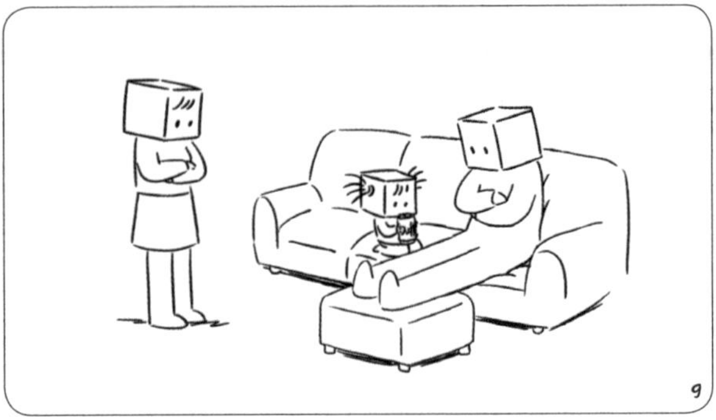
9

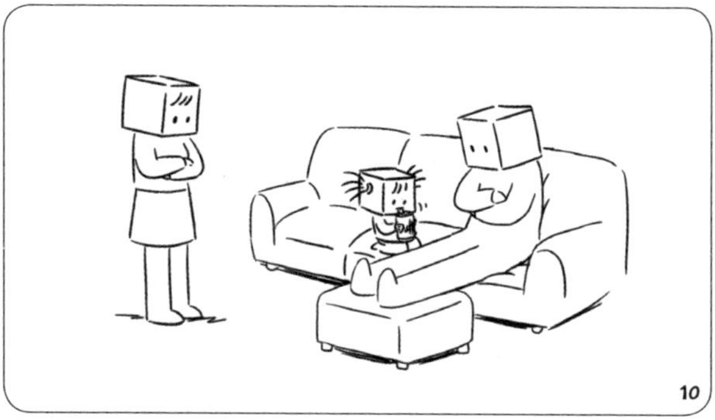
10

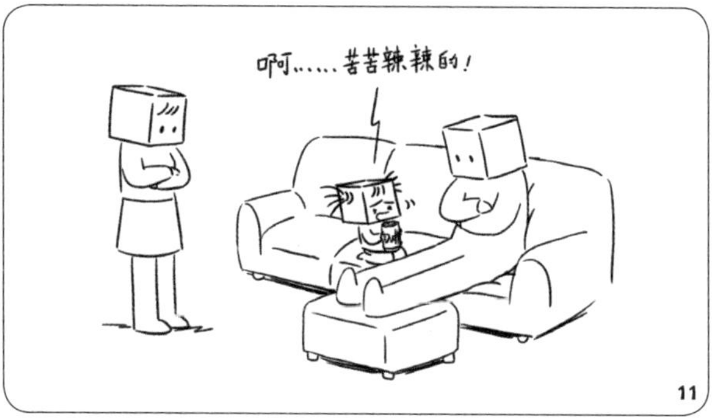
啊……苦苦辣辣的！
11

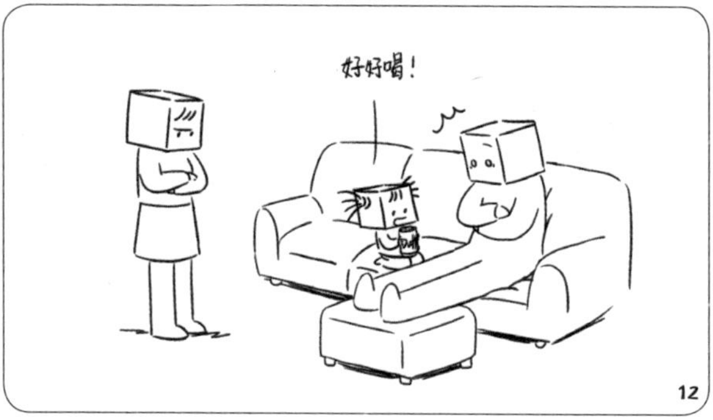
好好喝！
12

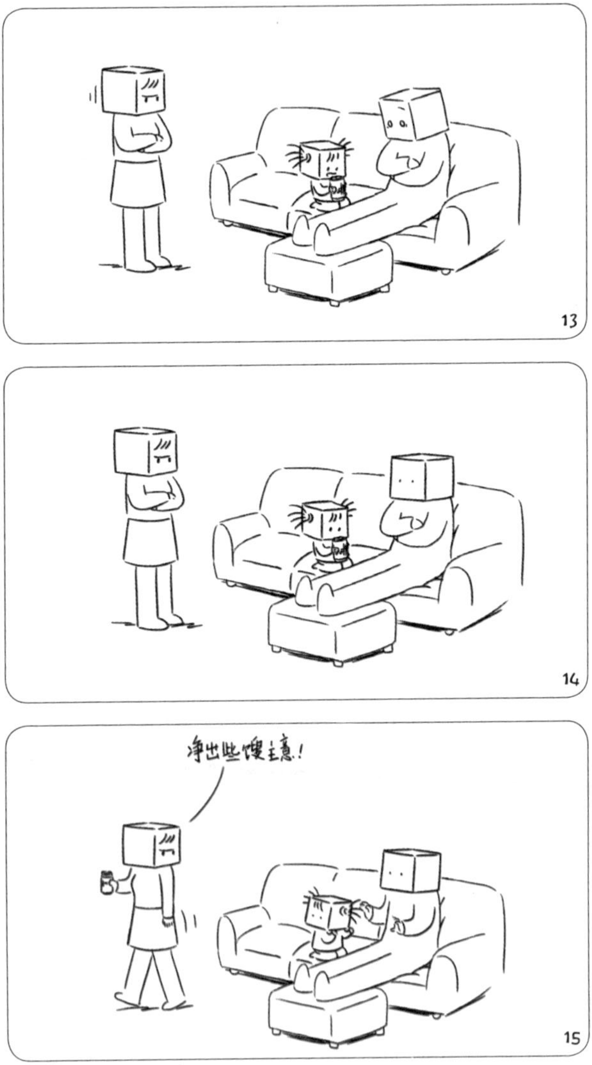
13
14
净出些馊主意!
15

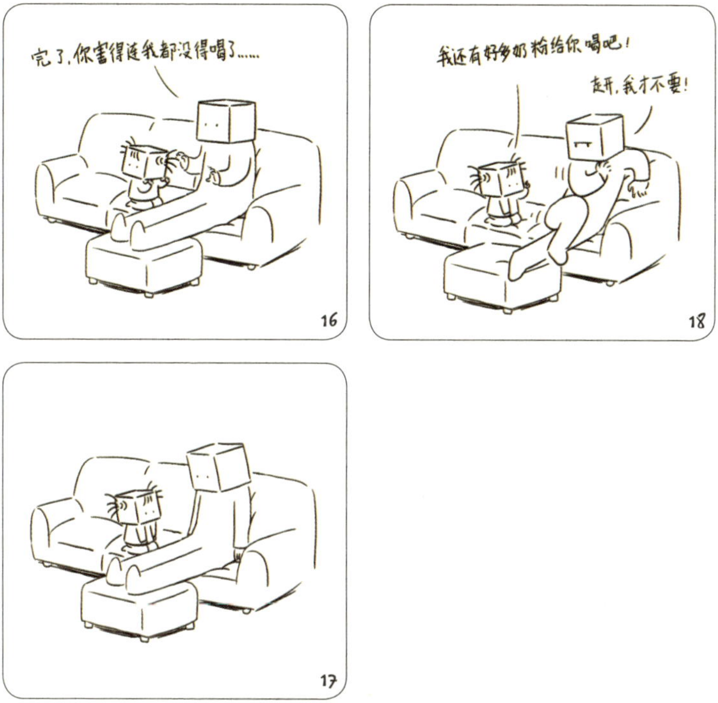
完了,你害得连我都没得喝了……
16
17
我还有好多奶粉给你喝吧!
走开,我才不要!
18

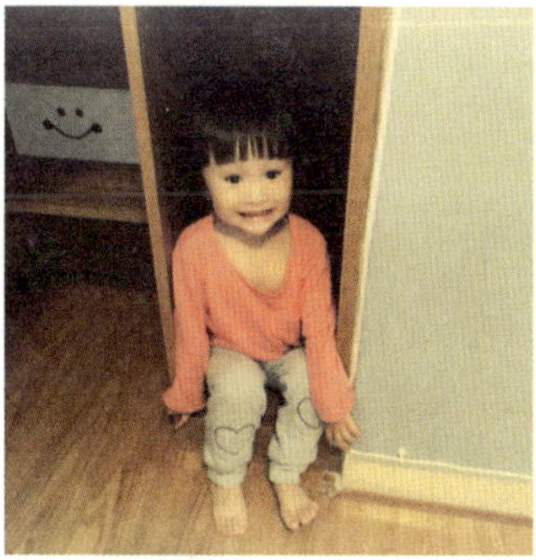

[2.坏人]

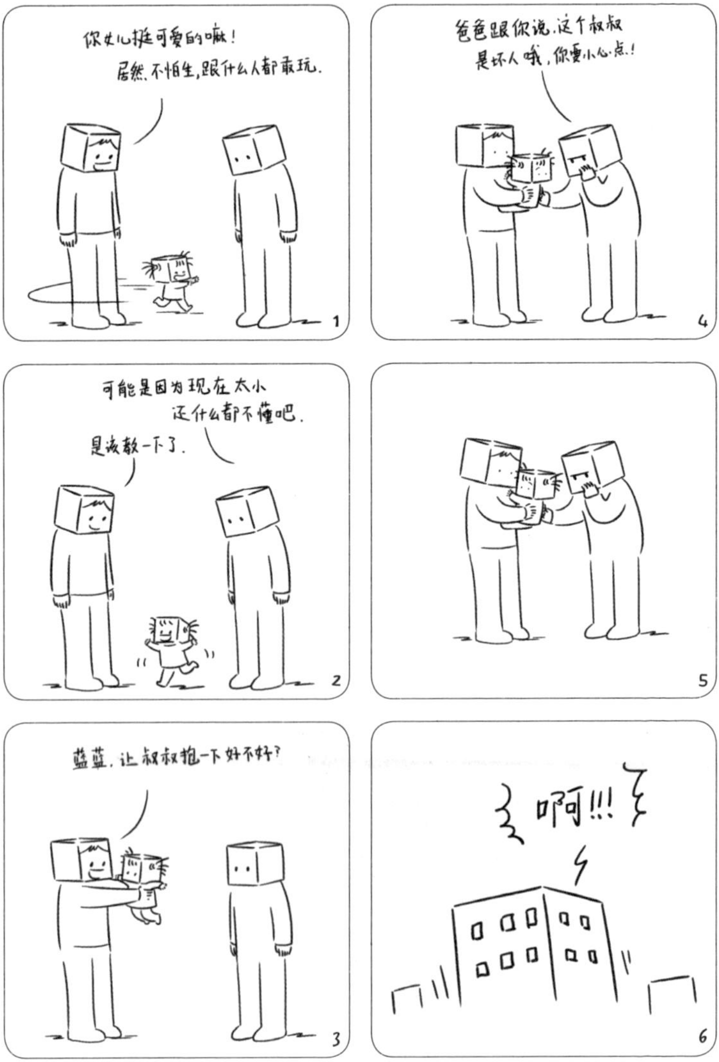
你女儿挺可爱的嘛！
居然不怕生，跟什么人都敢玩。
可能是因为现在太小
还什么都不懂吧。
是该教一下了。
蓝蓝，让叔叔抱一下好不好？
爸爸跟你说，这个叔叔
是坏人哦，你要小心点！
啊!!!

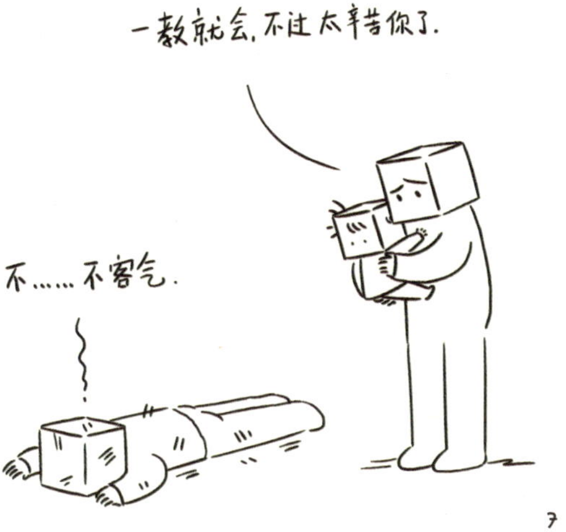
一教就会，不过太辛苦你了.
不……不客气.
7

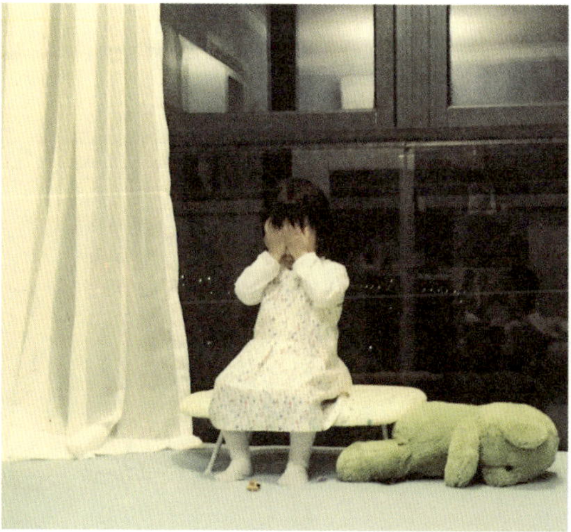

[3.女人的背包]

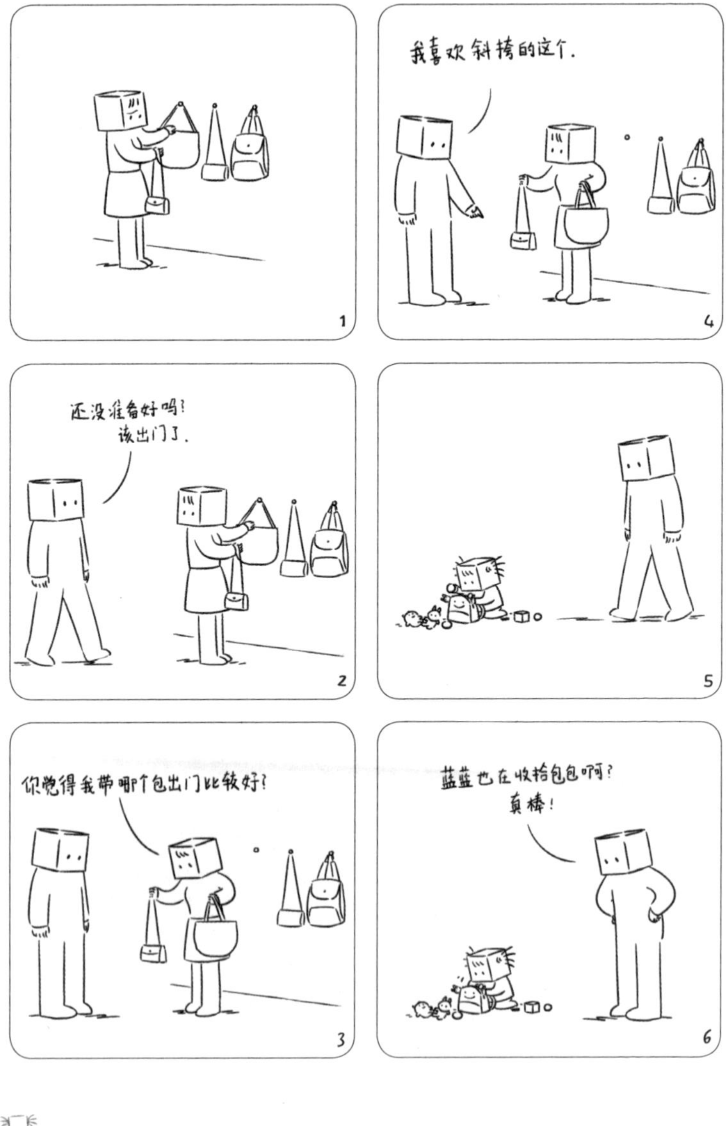

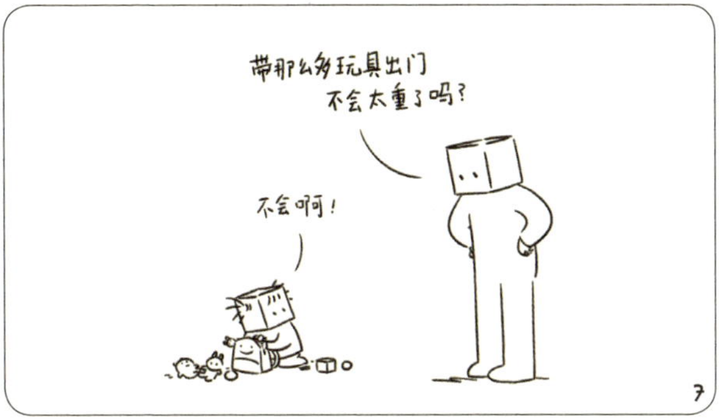
带那么多玩具出门
不会太重了吗？
不会啊！
7

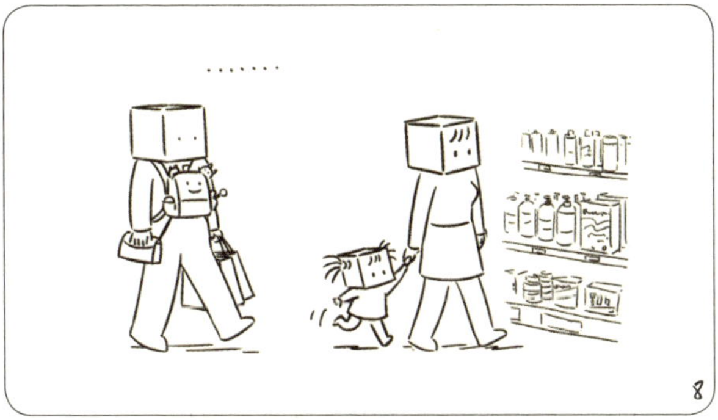
....
8

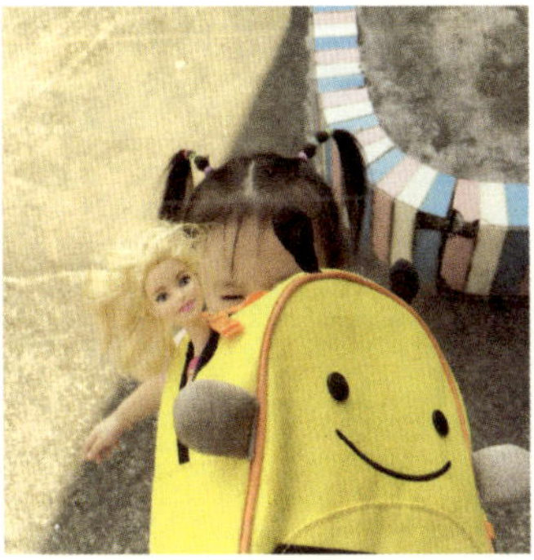

[4.脱缰的野马]

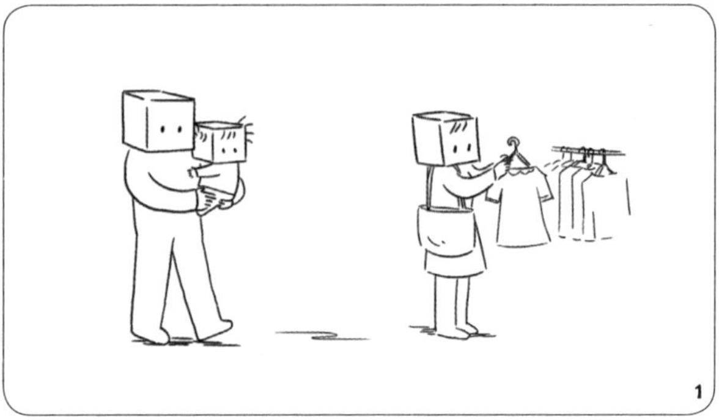

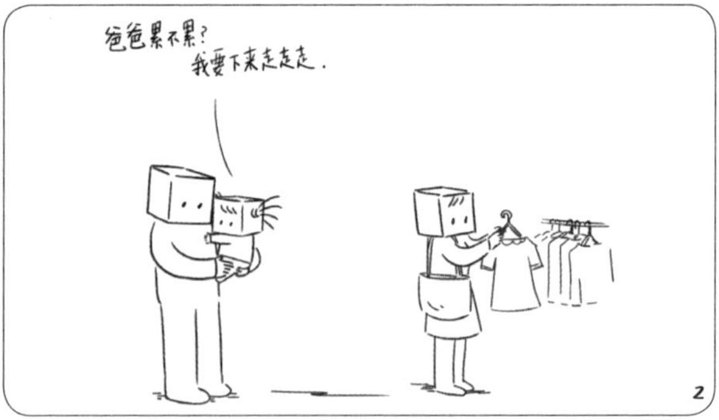

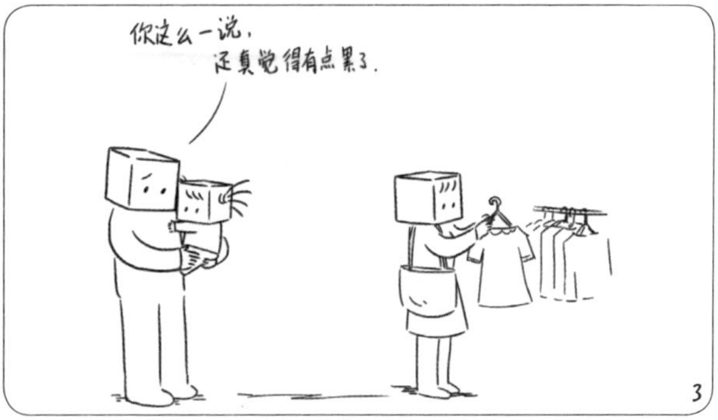

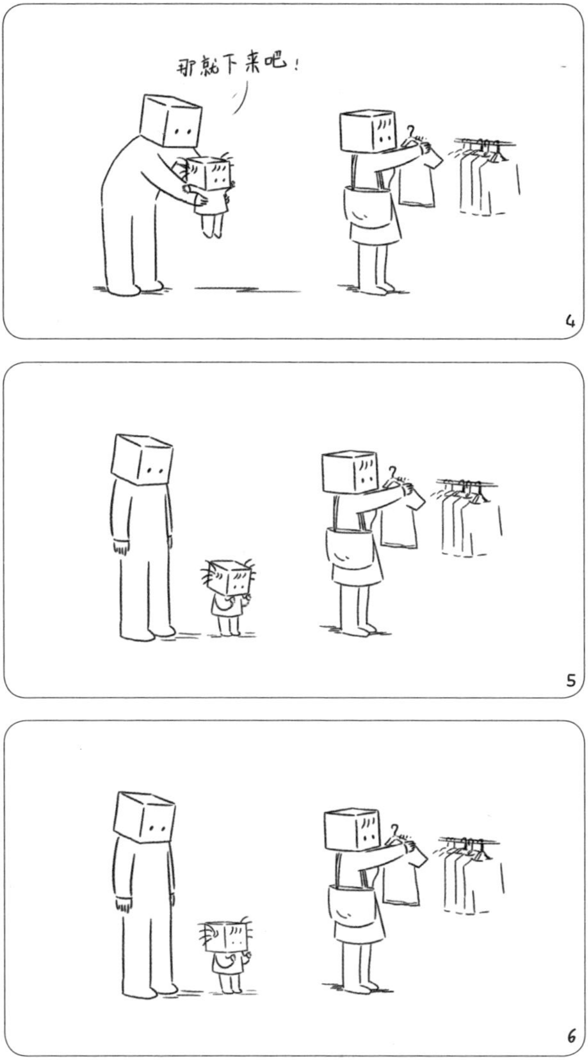
那就下来吧！
4
5
6

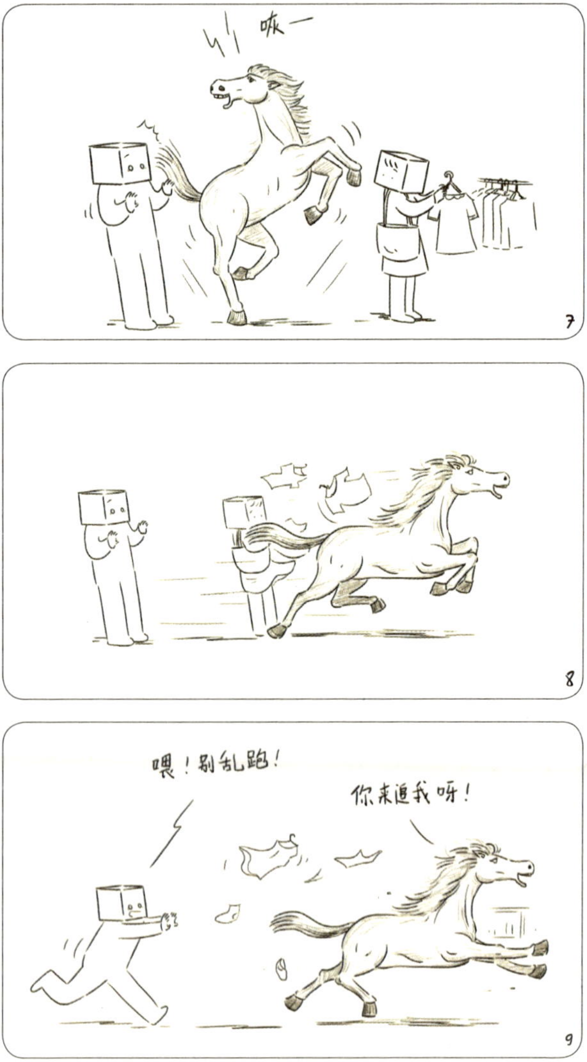
咴一
7
8
喂！别乱跑！
你来追我呀！
9

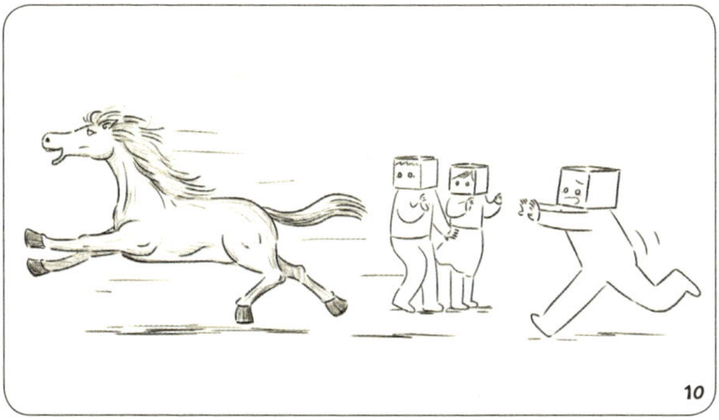
10

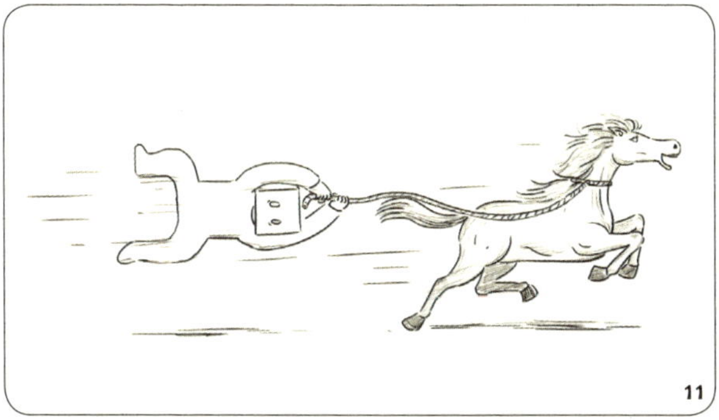
11

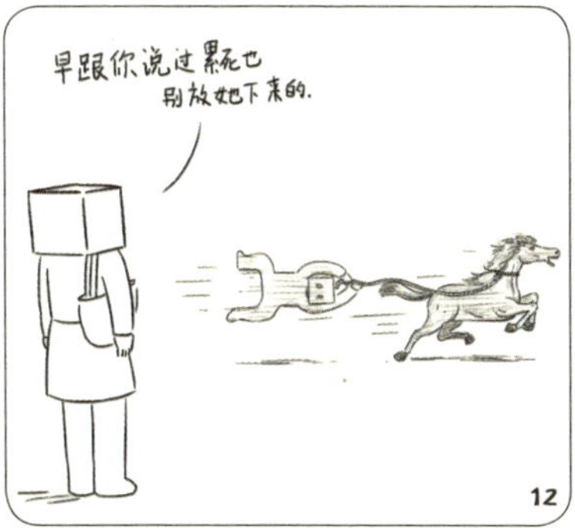
早跟你说过累死也
别放她下来的.
12

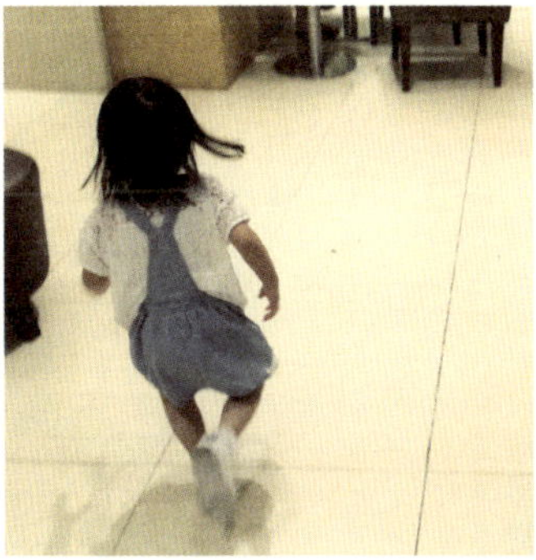

[5.健身工具]

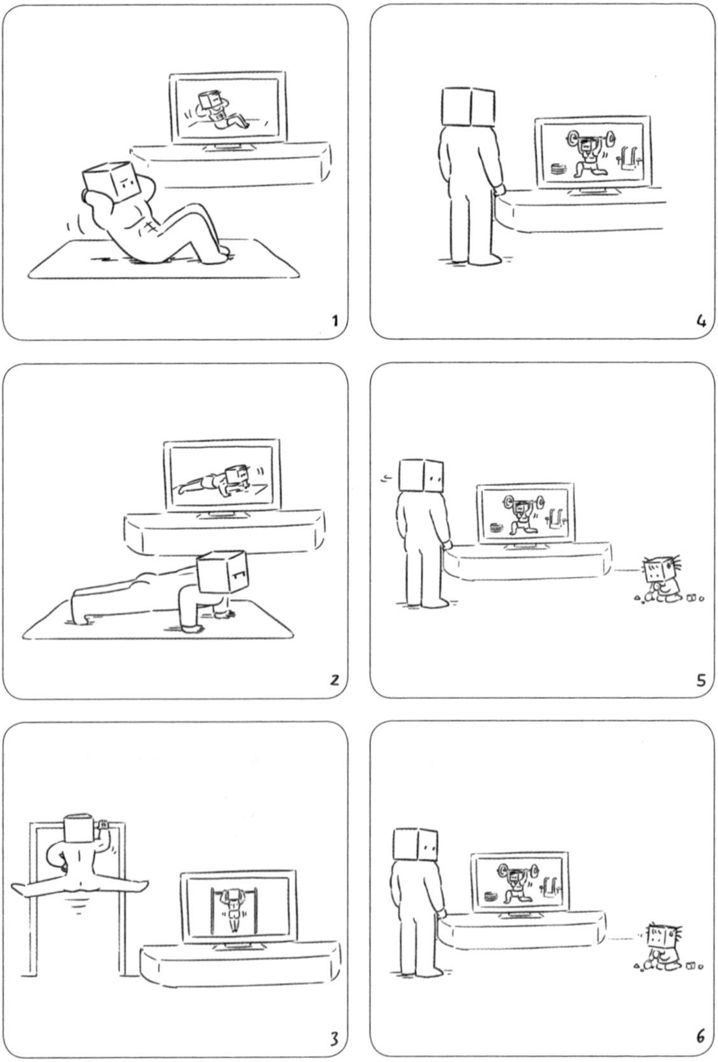

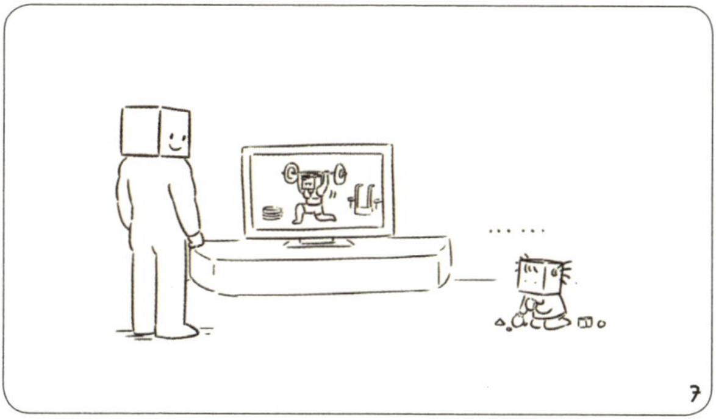
7

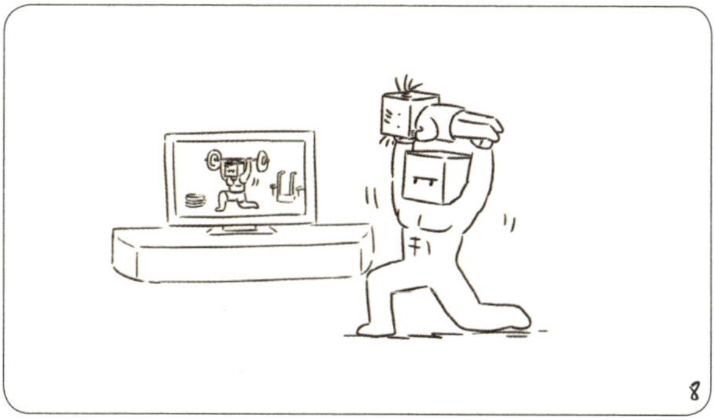
8

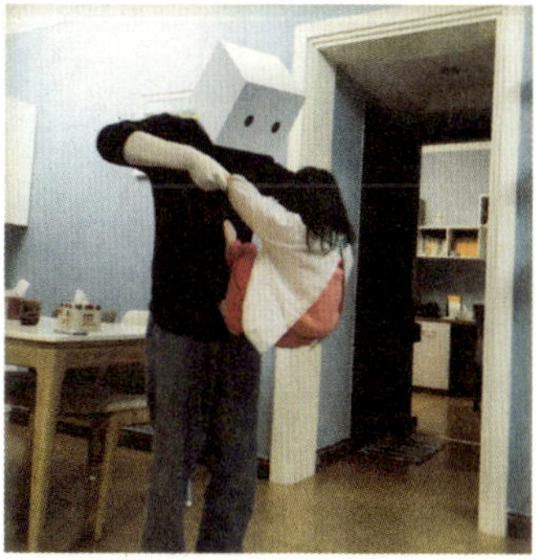

[6.送女儿的]

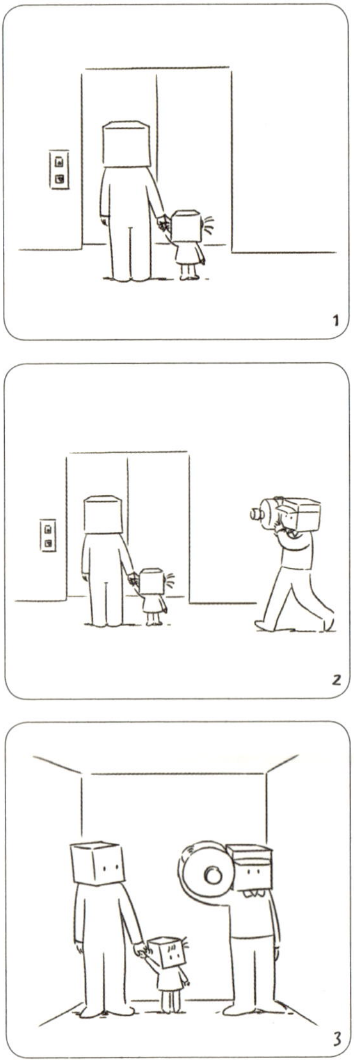

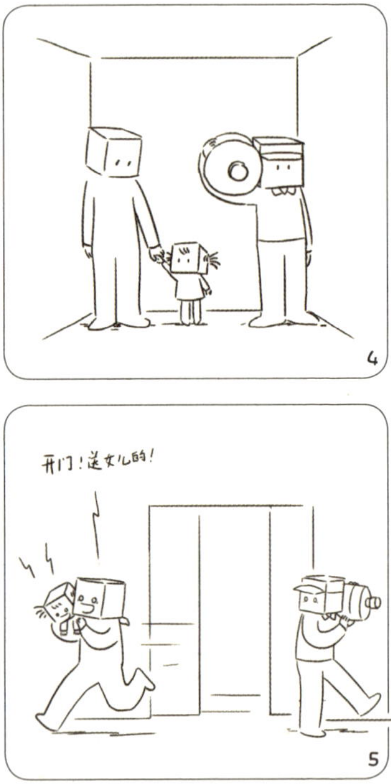

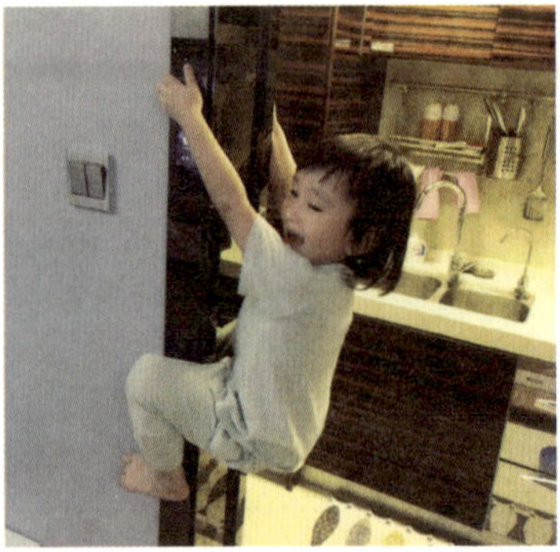

[7.视觉灾难]

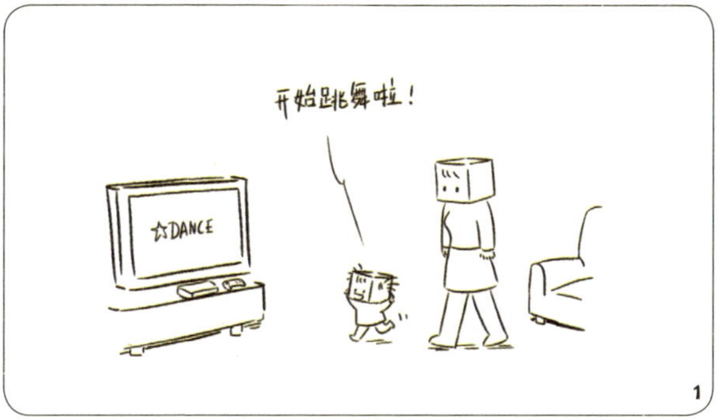

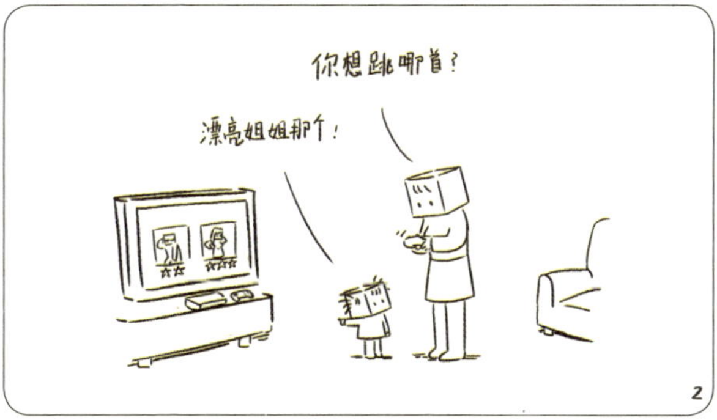

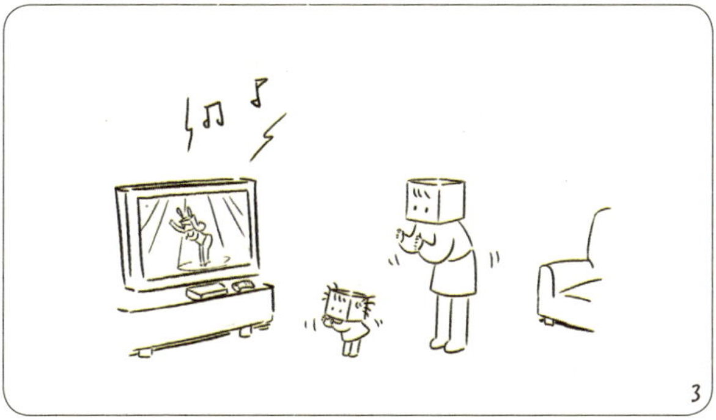

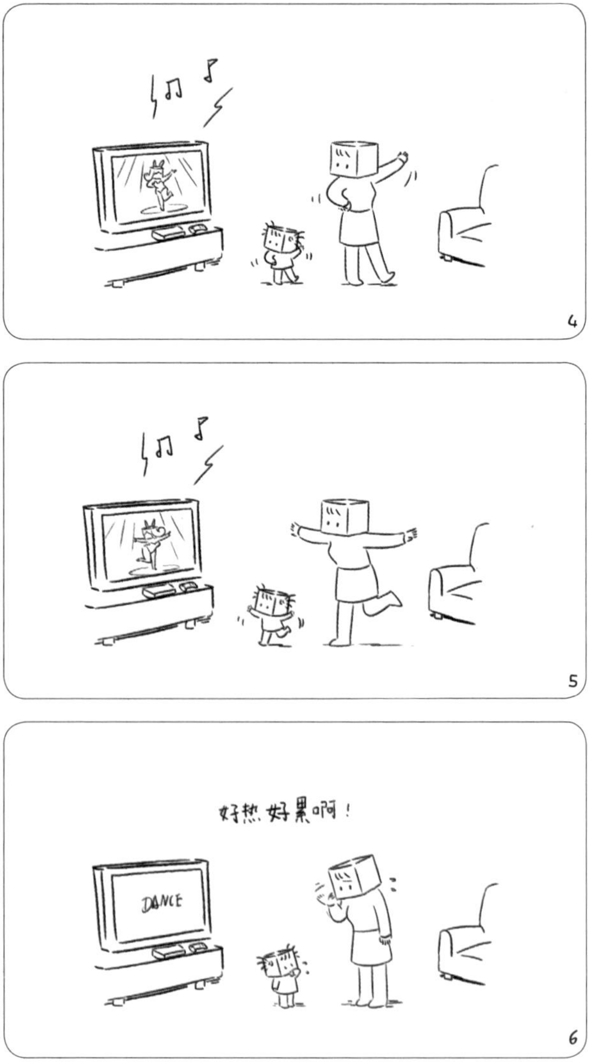
4
5
好热好累啊！
DANCE
6

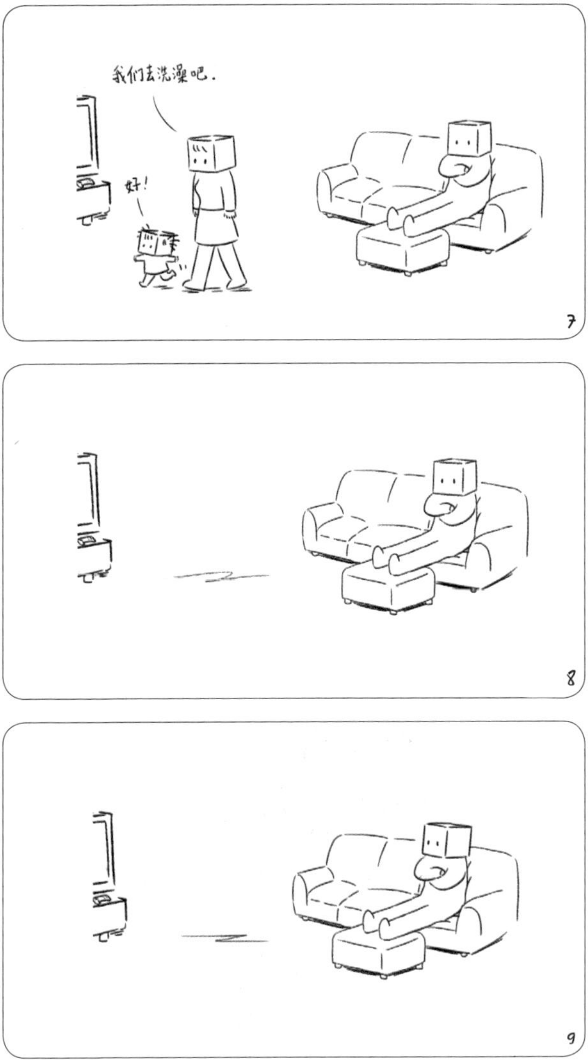
我们去洗澡吧。
好！
7
8
9

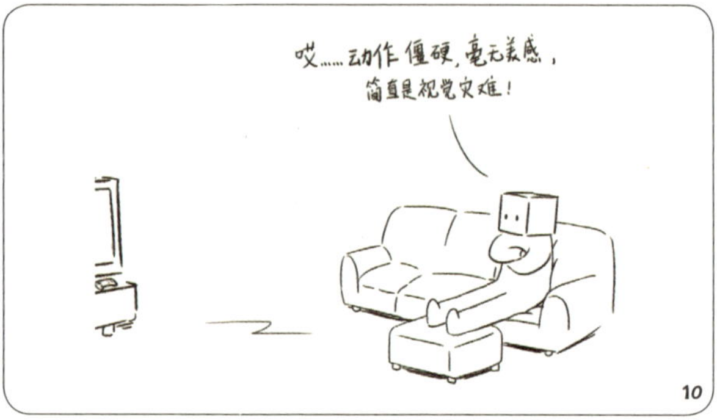
哎……动作僵硬，毫无美感，
简直是视觉灾难！
10

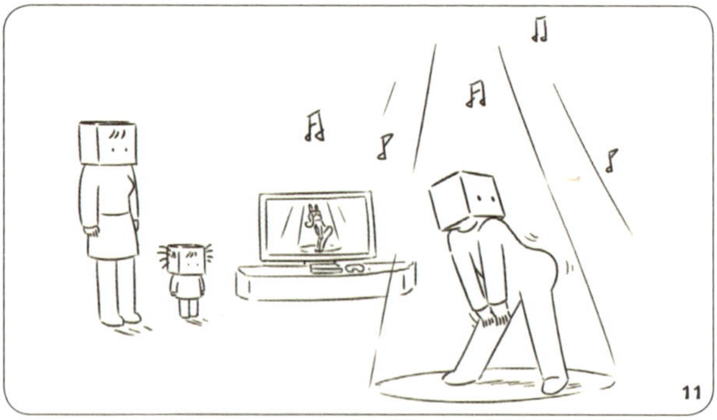
11

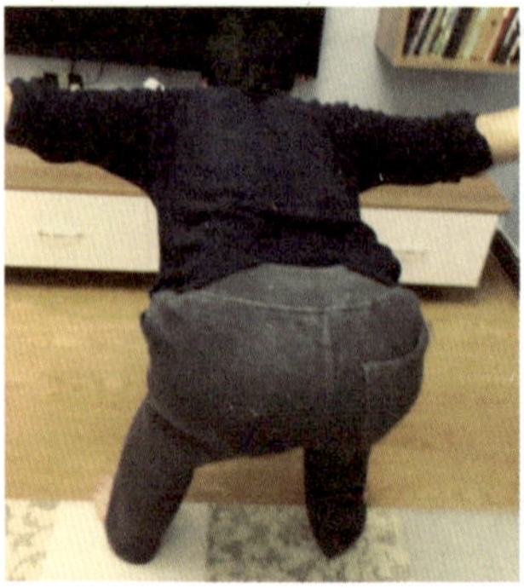

[8.成长的每一刻都值得记录]

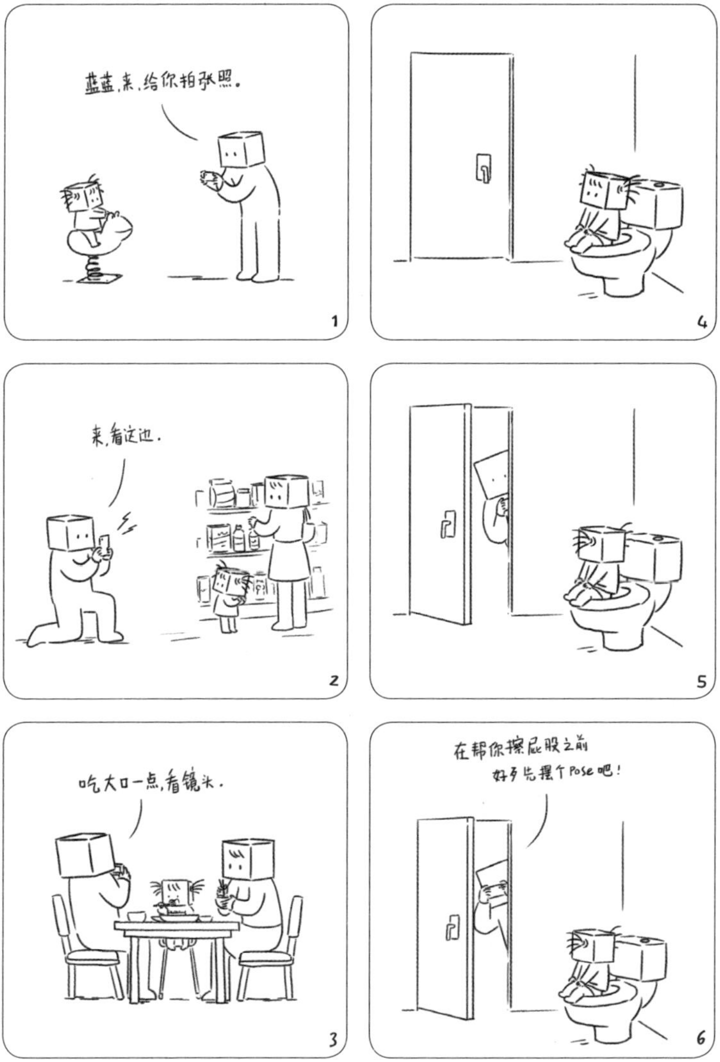

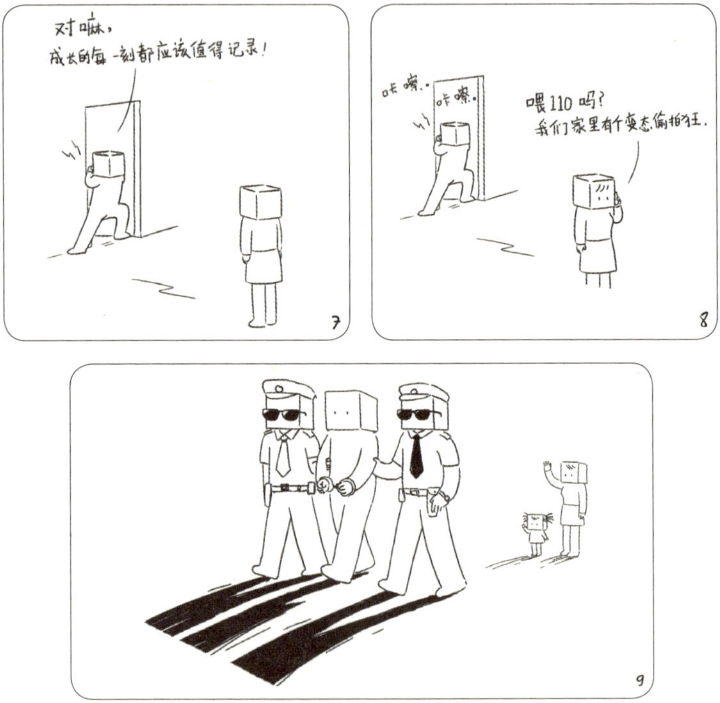
对嘛，
成长的每一刻都应该值得记录！
咔嚓。。
咔嚓。
喂110吗？
我们家里有个变态偷拍狂。

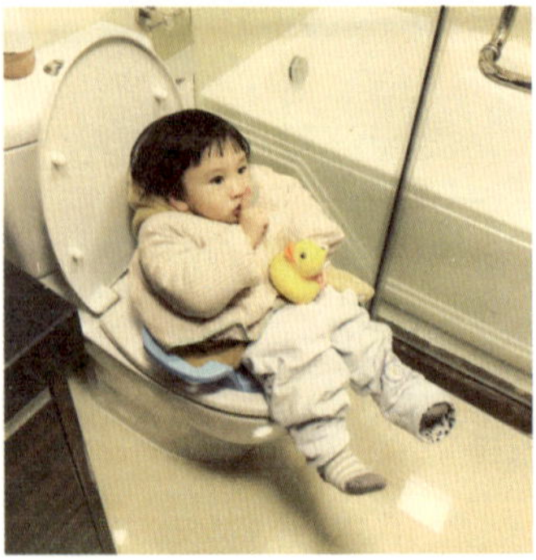

Part 5

傻傻的父爱

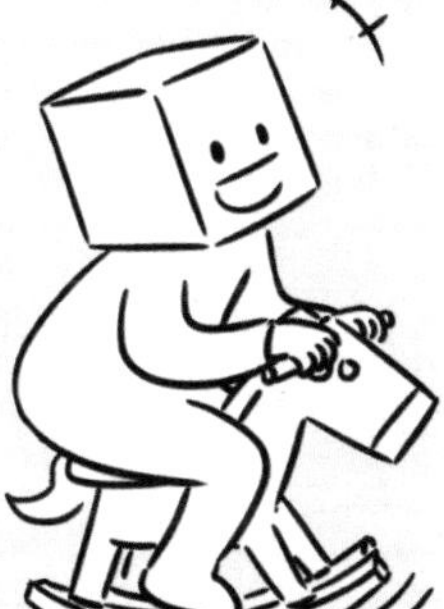

[1.小暖炉]

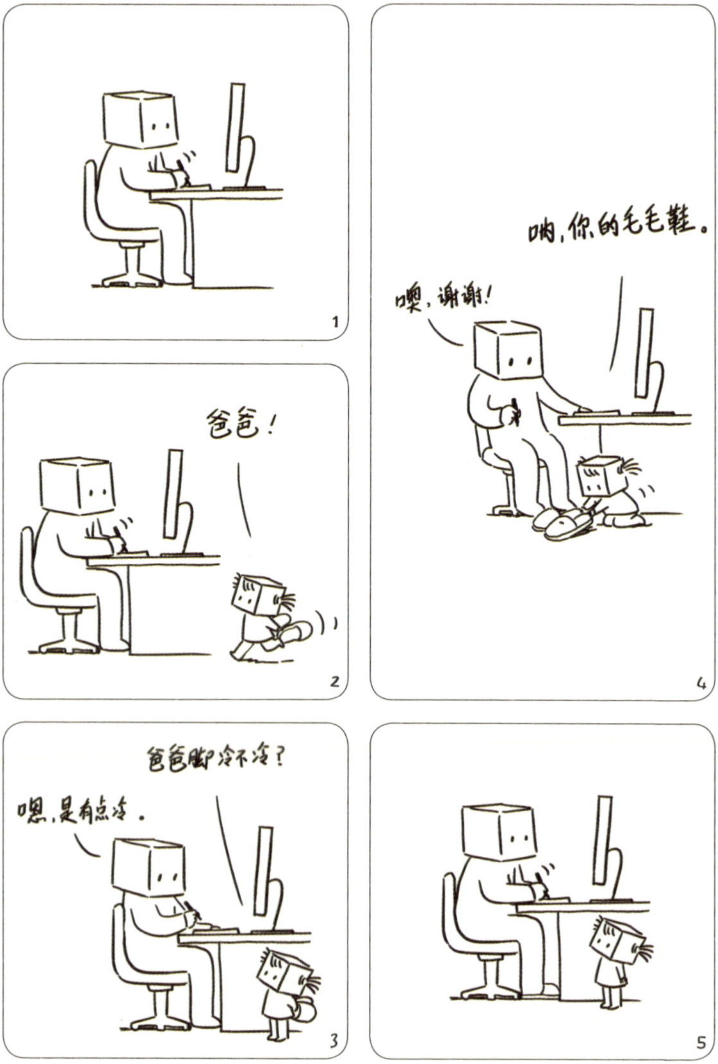

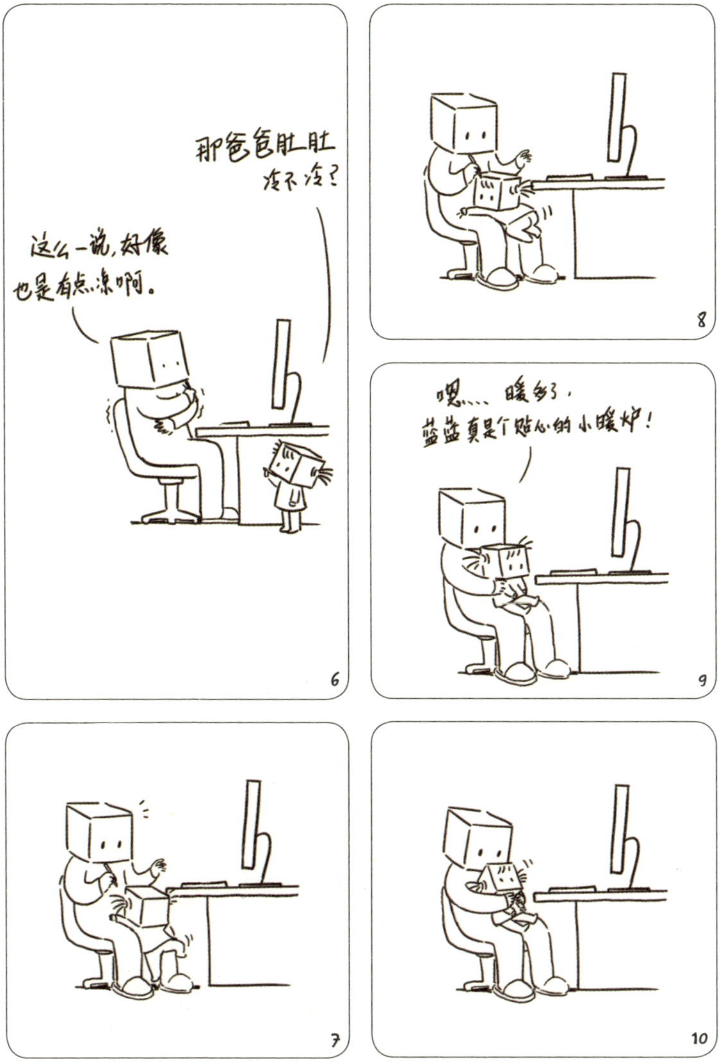
那爸爸肚肚冷不冷？
这么一说，好像也是有点凉啊。
6
7
8
嗯……暖多了，
蓝蓝真是个贴心的小暖炉！
9
10

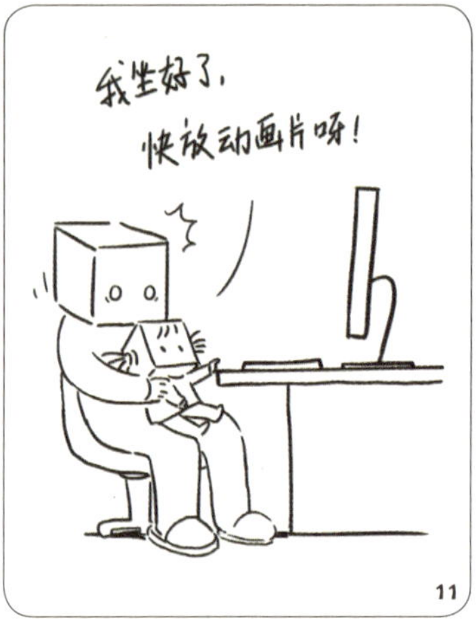
我坐好了，
快放动画片呀！
11

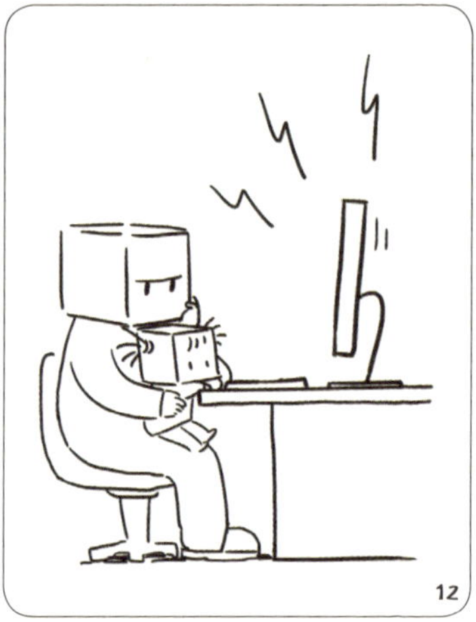
12

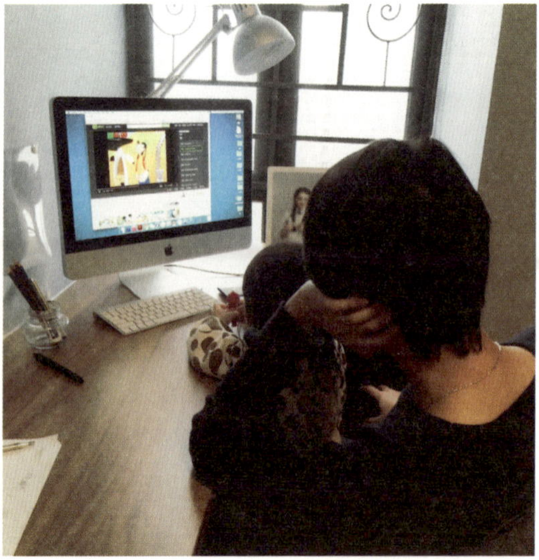

[2.帮忙扫地]

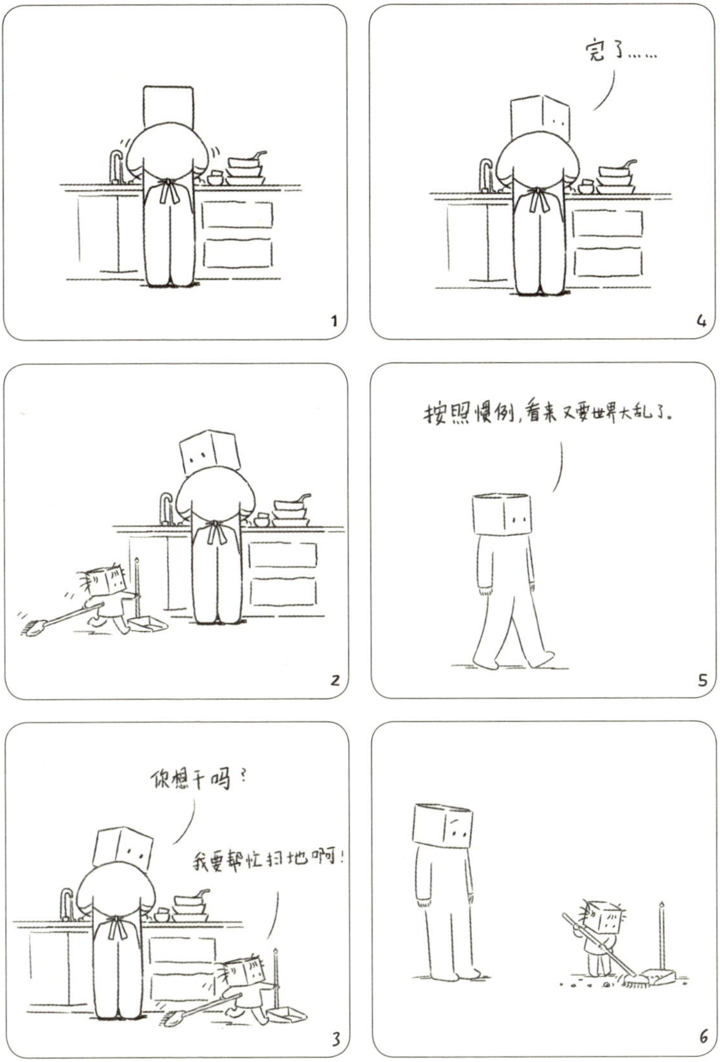

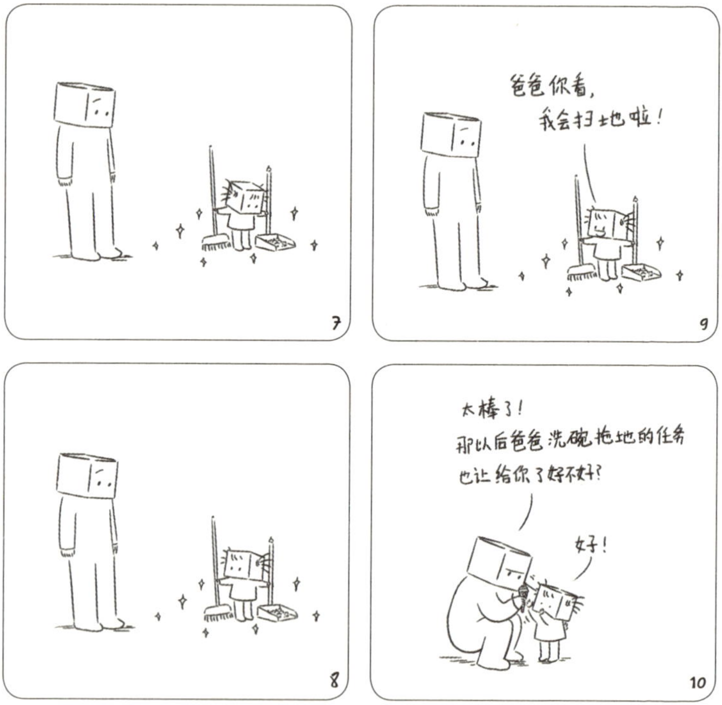
7
8
爸爸你看，
我会扫地啦！
9
太棒了！
那以后爸爸洗碗拖地的任务
也让给你了好不好？
好！
10

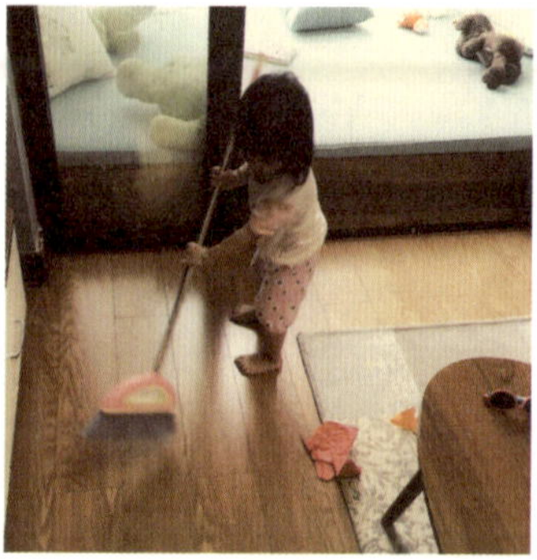

[3.何必互相伤害]

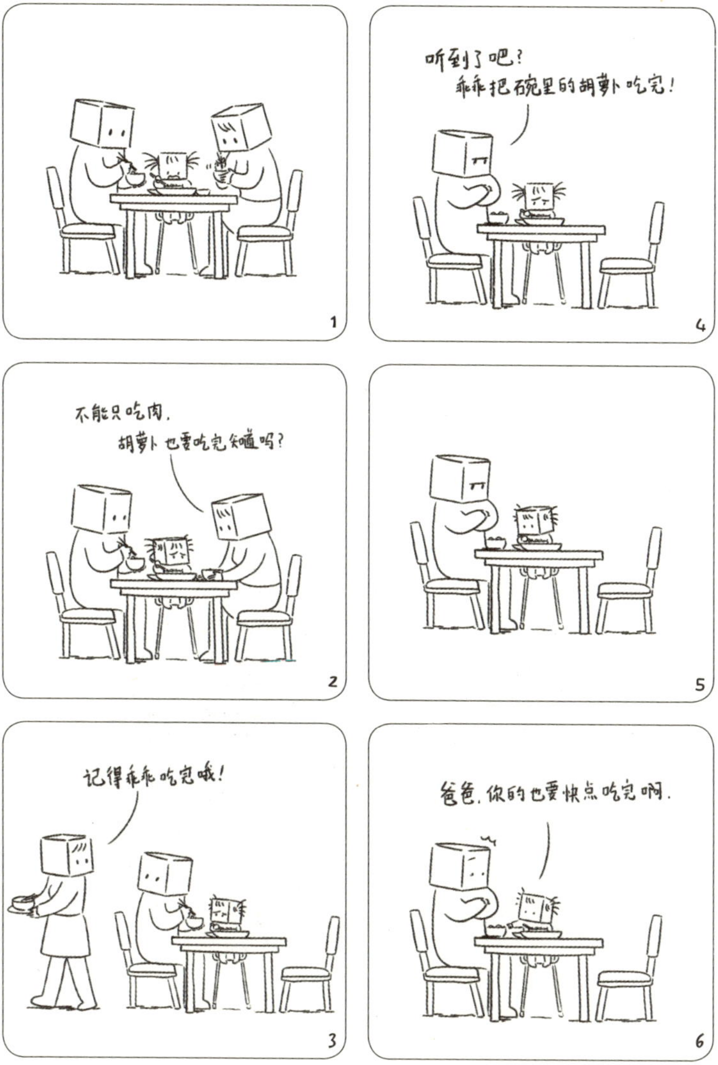
不能只吃肉，
胡萝卜也要吃完知道吗？
记得乖乖吃完哦！
听到了吧？
乖乖把碗里的胡萝卜吃完！
爸爸，你的也要快点吃完啊。
1
2
3
4
5
6

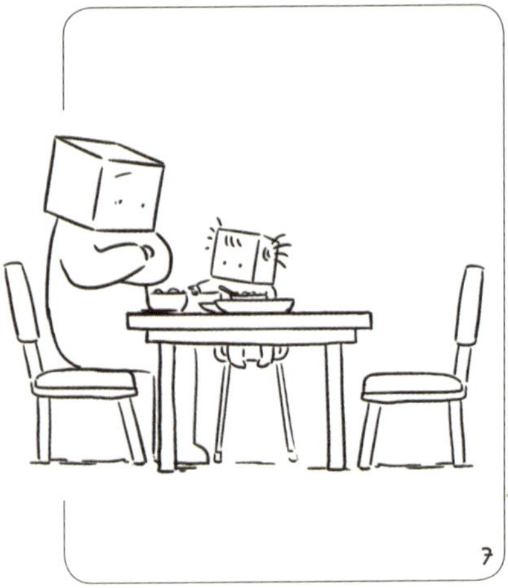
7

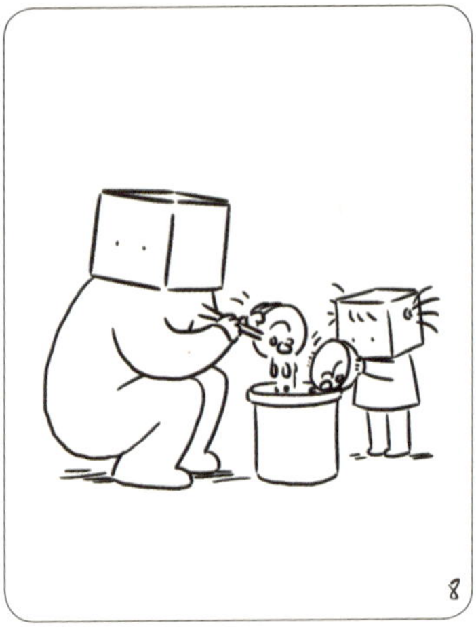
8

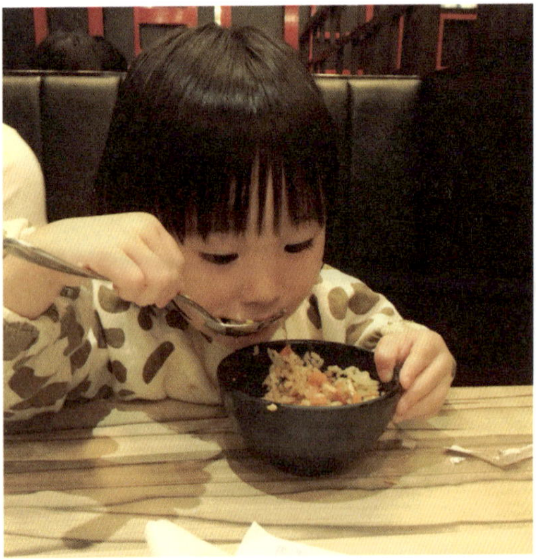

[4.没原则？]

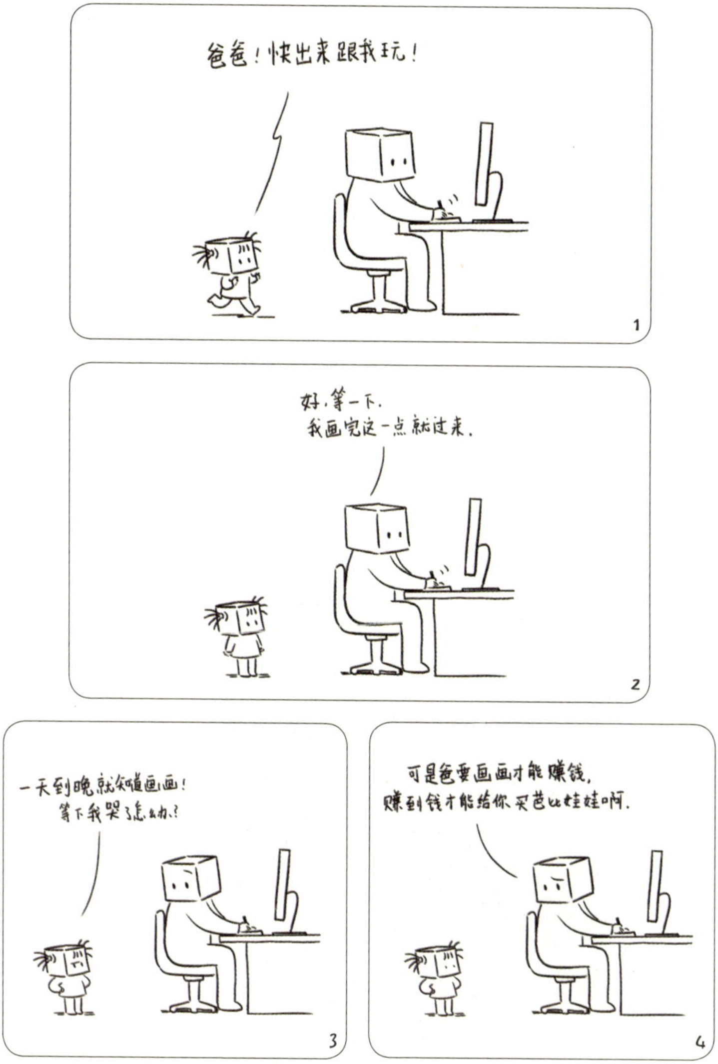
爸爸！快出来跟我玩！
好，等一下.
我画完这一点就过来.
一天到晚就知道画画！
等下我哭了怎么办？
可是爸要画画才能赚钱，
赚到钱才能给你买芭比娃娃啊.

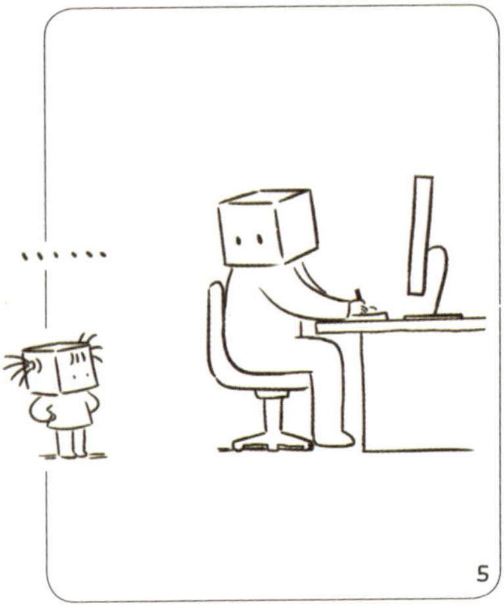
……
5

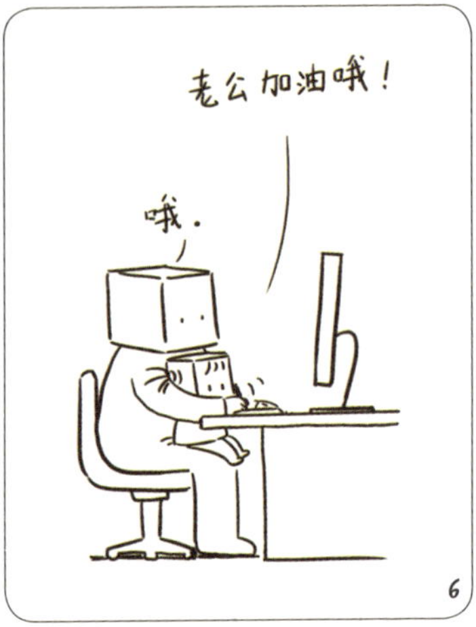
老公加油哦！
哦。
6

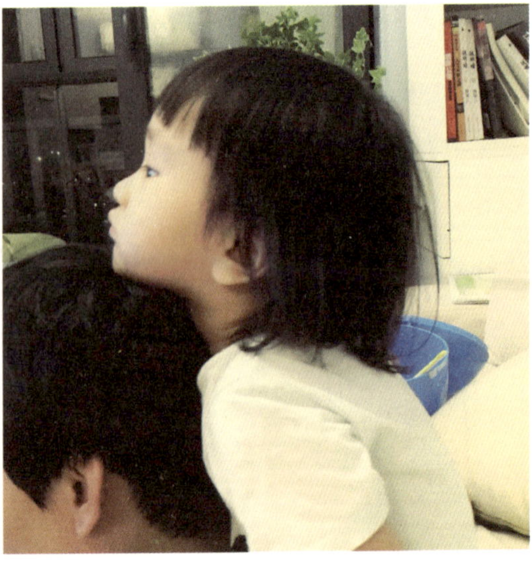

[5.不爱武力]

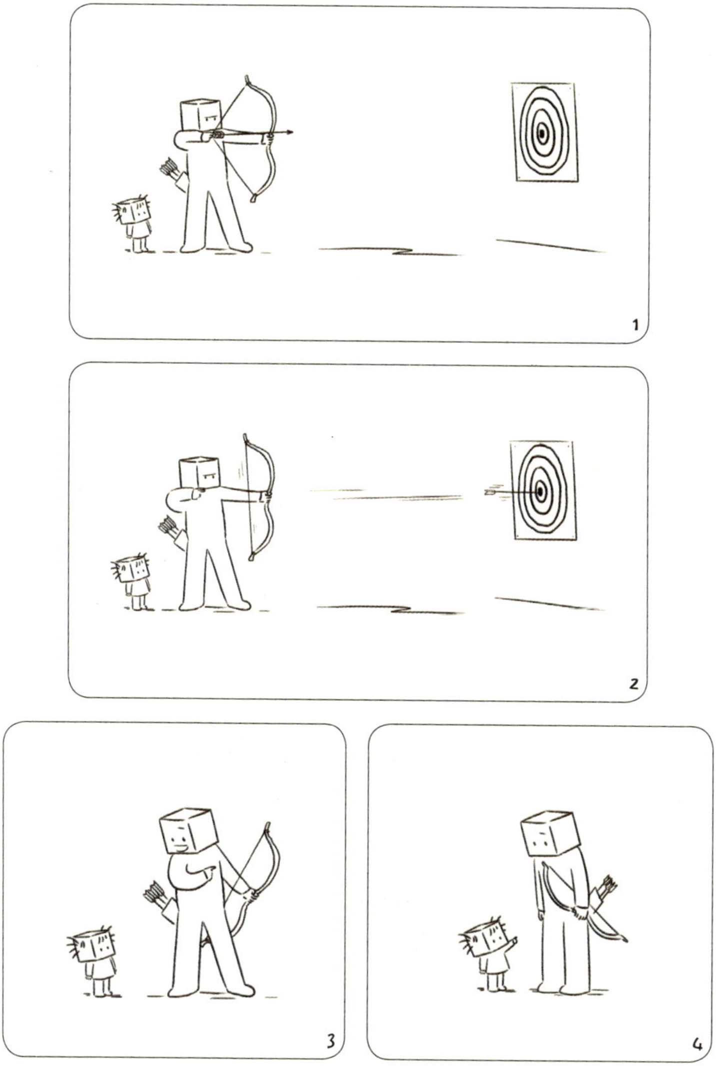

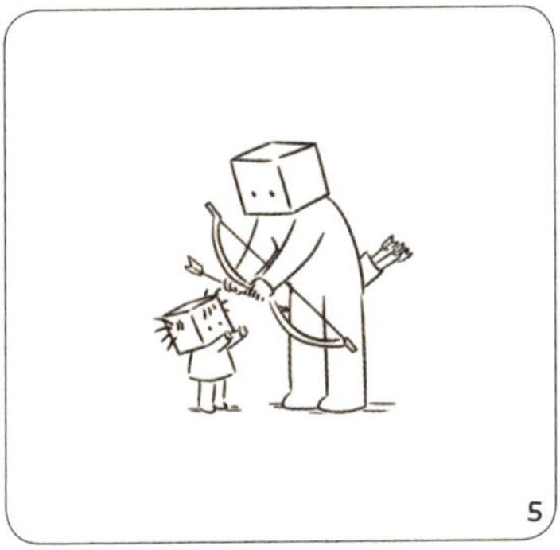
5

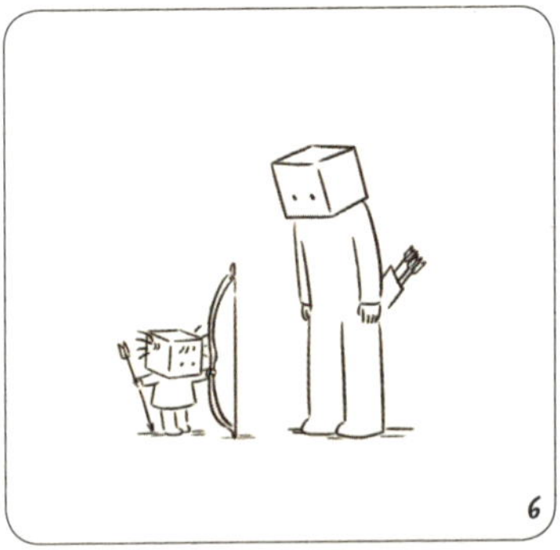
6

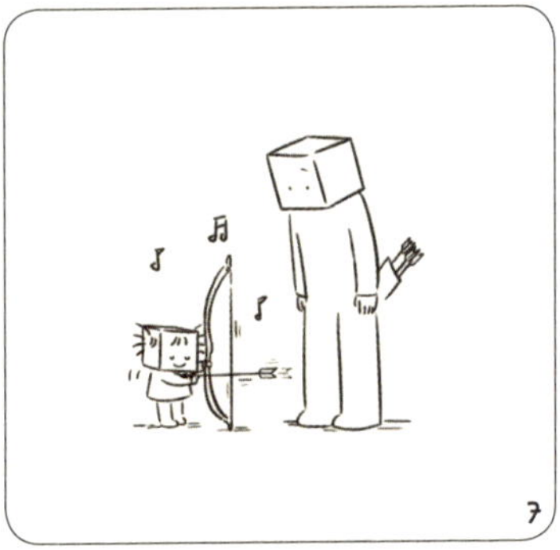
7

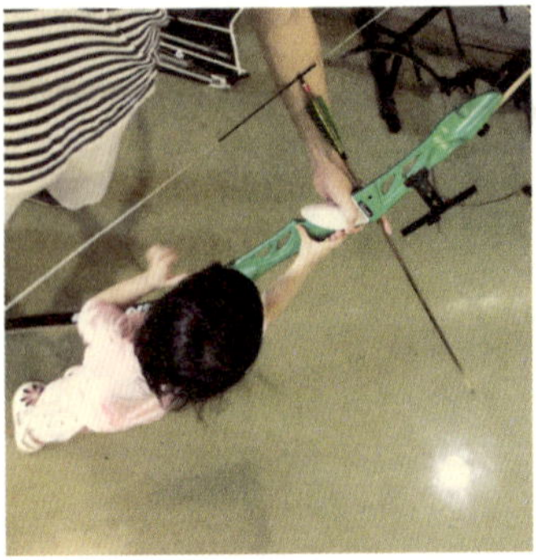

[6.新垫子]

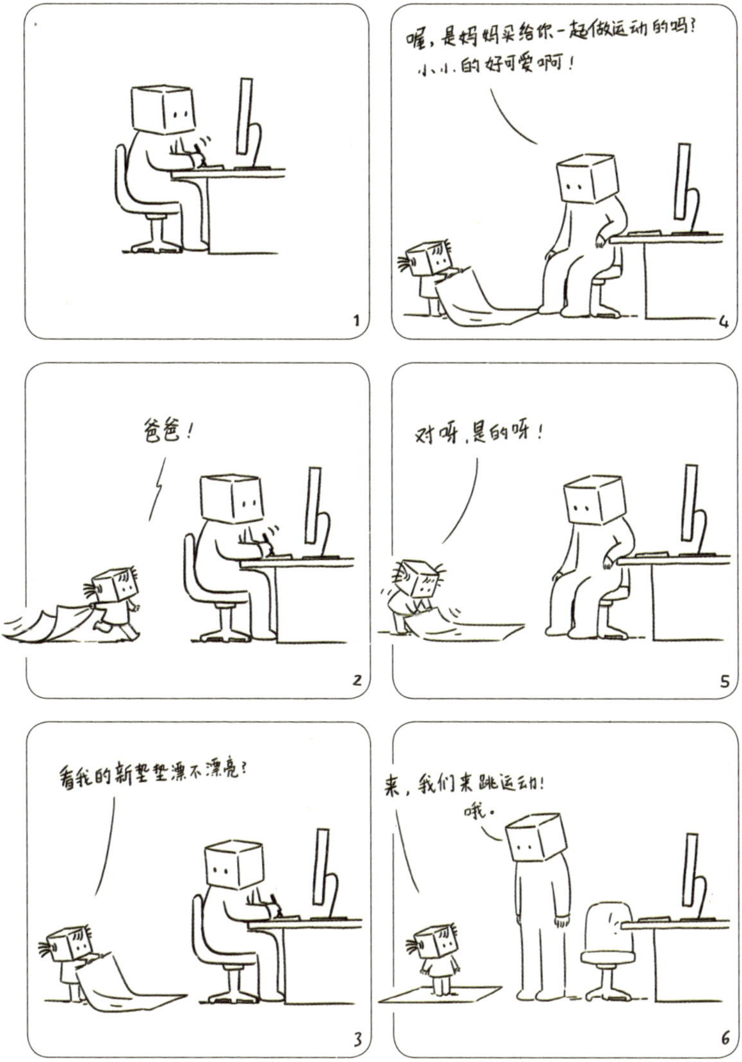
1
爸爸！
2
看我的新垫垫漂不漂亮？
3
喔，是妈妈买给你一起做运动的吗？
小小的好可爱啊！
4
对呀，是的呀！
5
来，我们来跳运动！
哦。
6

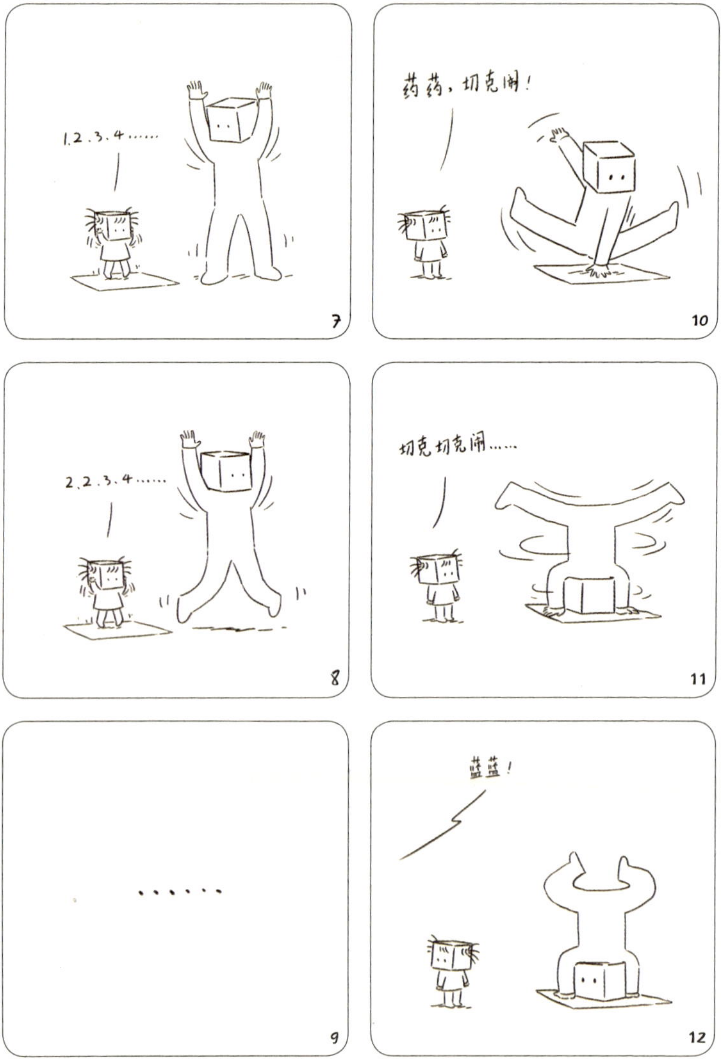
1.2.3.4……
7
2.2.3.4……
8
……
9
药药，切克闹！
10
切克切克闹……
11
蓝蓝！
12

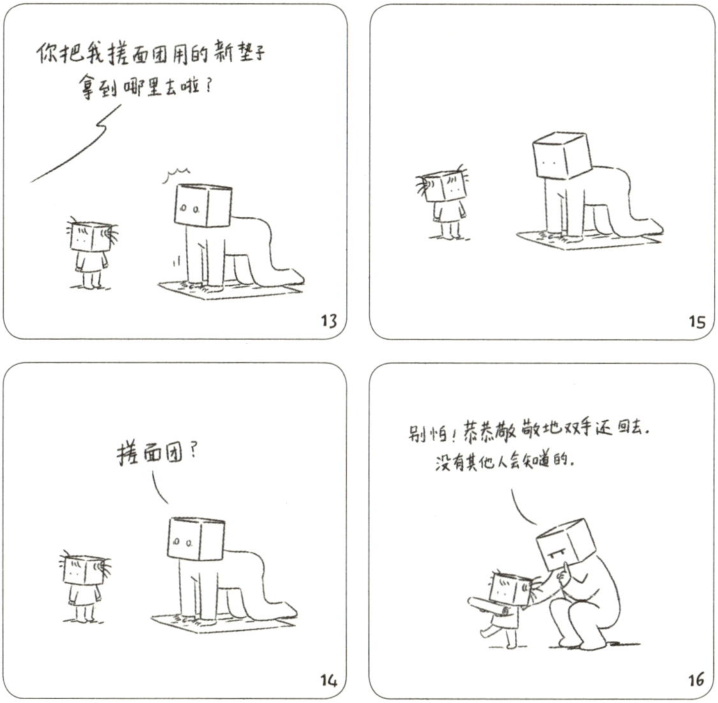
你把我搓面团用的新垫子
拿到哪里去啦？
13
搓面团？
14
15
别怕！恭恭敬敬地双手还回去。
没有其他人会知道的。
16

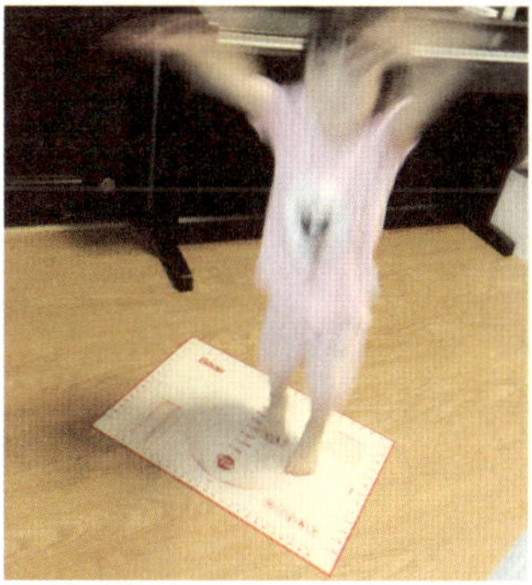

[7.她开心就好]

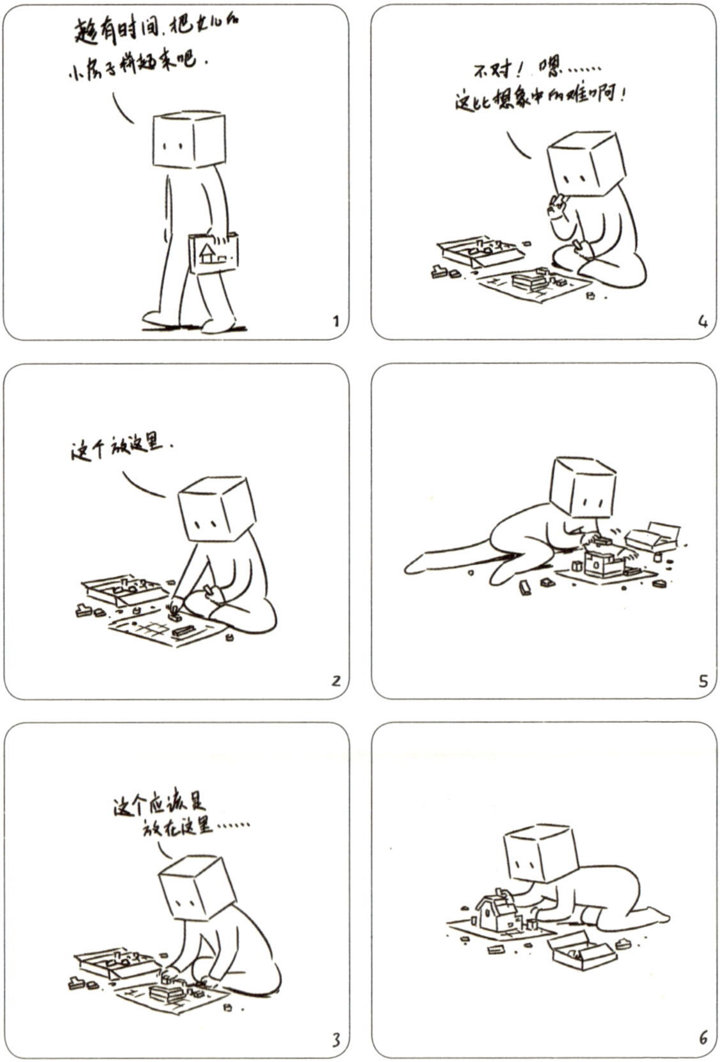

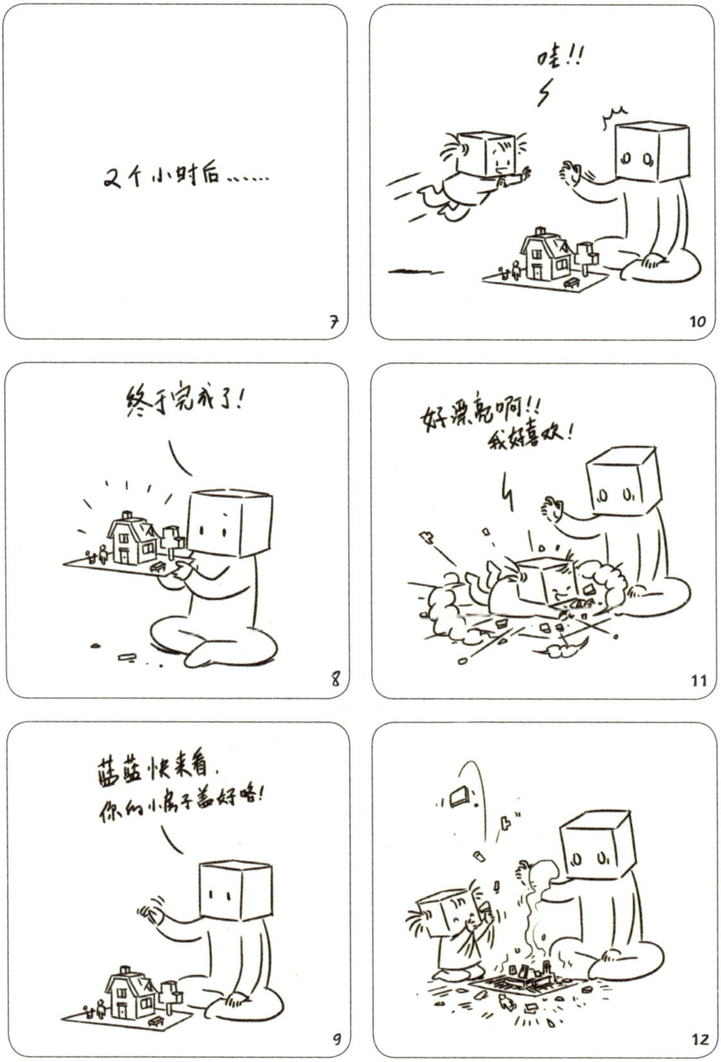
2个小时后……
7
终于完成了!
8
蓝蓝快来看,
你的小房子盖好咯!
9
哇!!
10
好漂亮啊!!
我好喜欢!
11
12

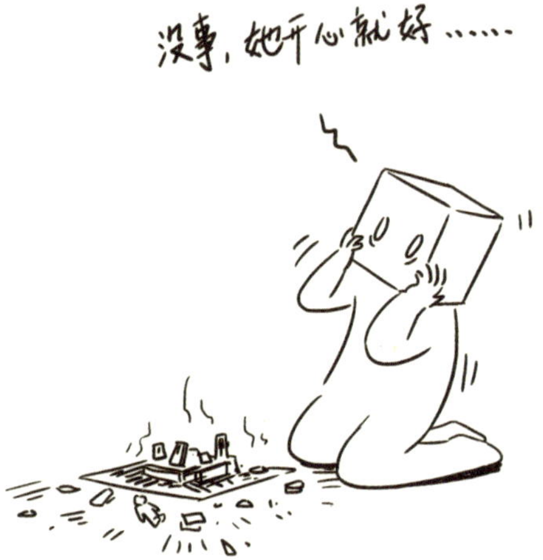

13

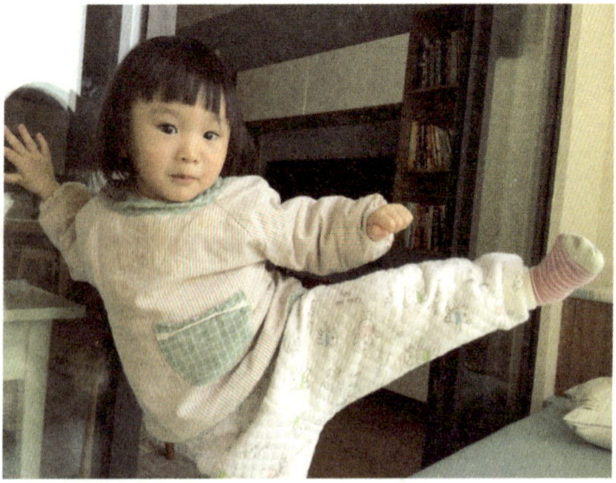

[8.心·都碎了]

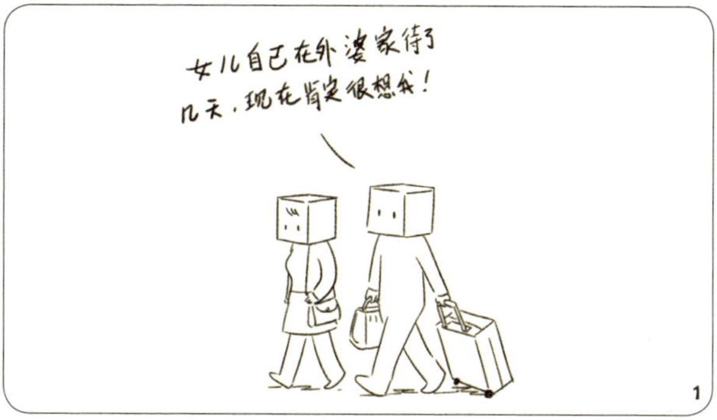

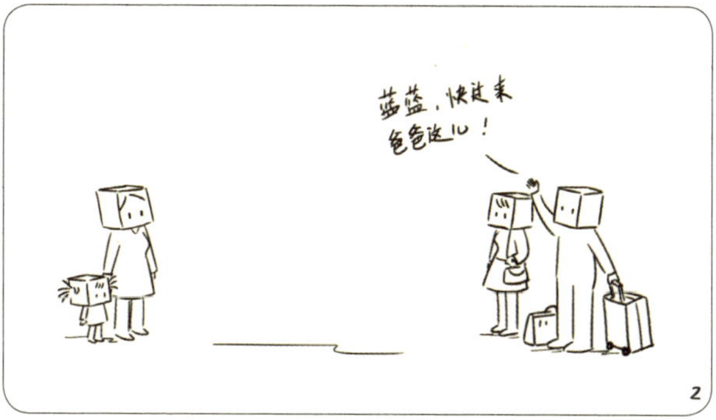

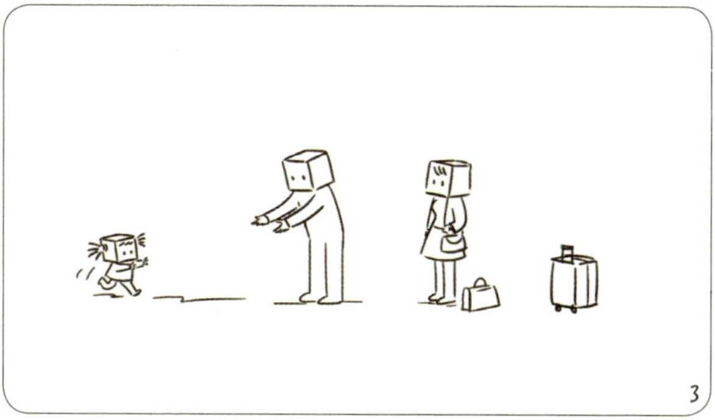

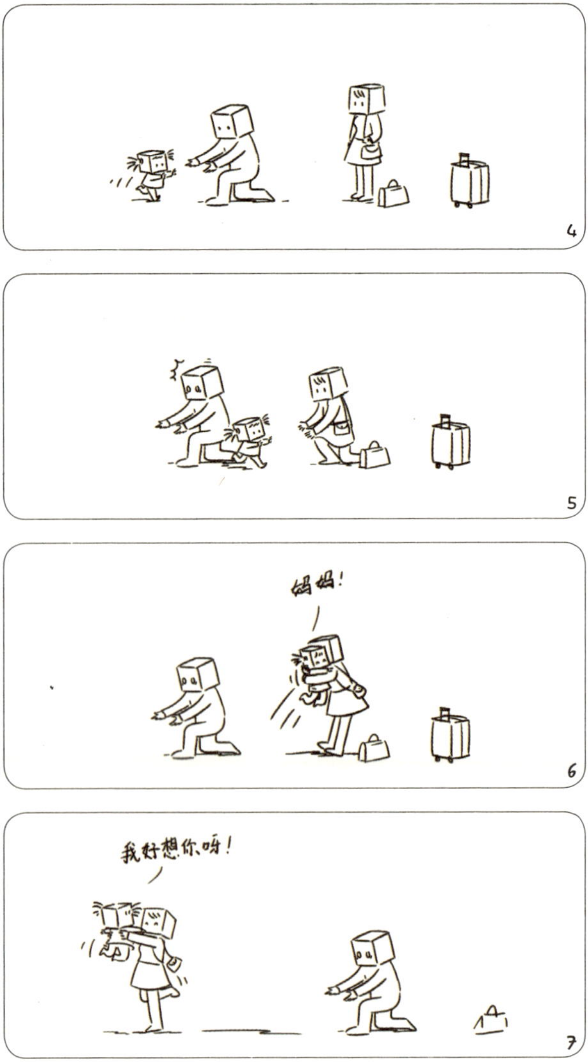
4
5
妈妈!
6
我好想你呀!
7

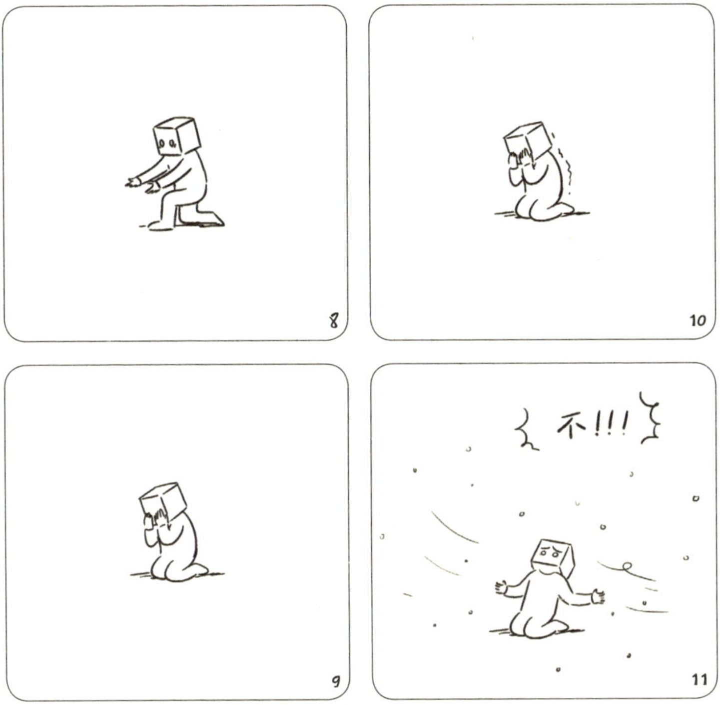
8
9
10
不!!!
11

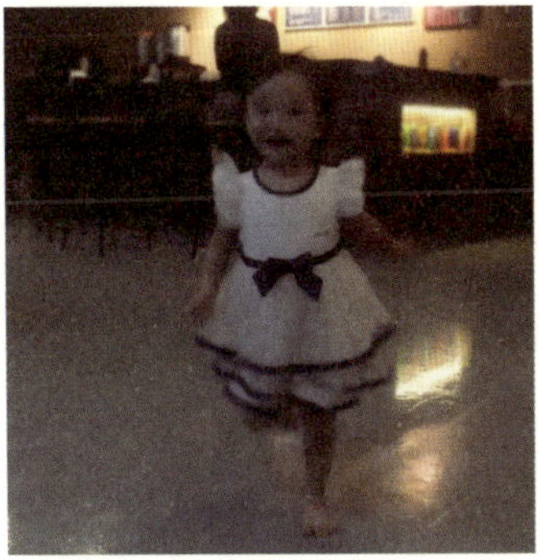

Part 6

我来做陪伴你的大树

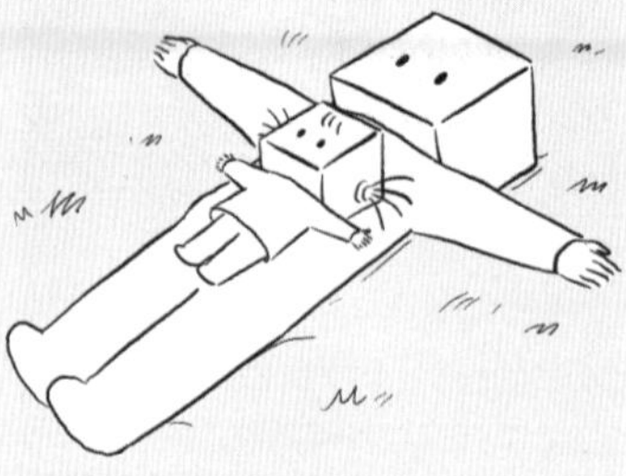

[1.爬山]

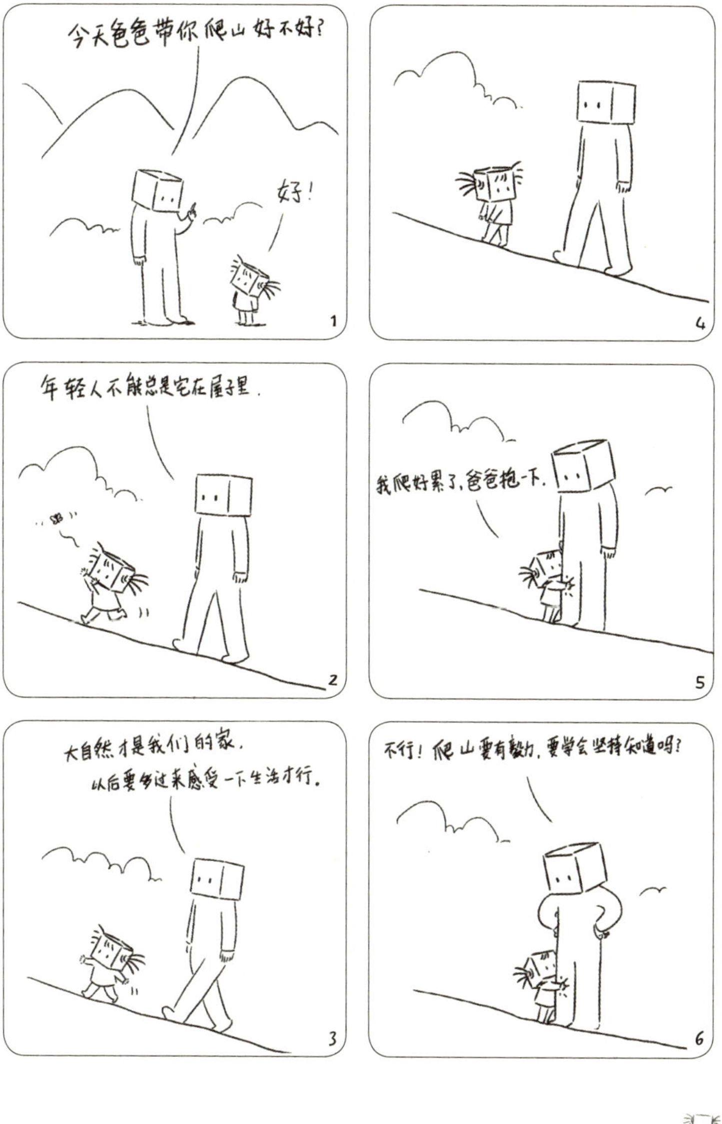
今天爸爸带你爬山好不好?
好!
1
年轻人不能总是宅在屋子里.
2
大自然才是我们的家,
以后要多过来感受一下生活才行.
3
4
我爬好累了,爸爸抱一下.
5
不行!爬山要有毅力,要学会坚持知道吗?
6

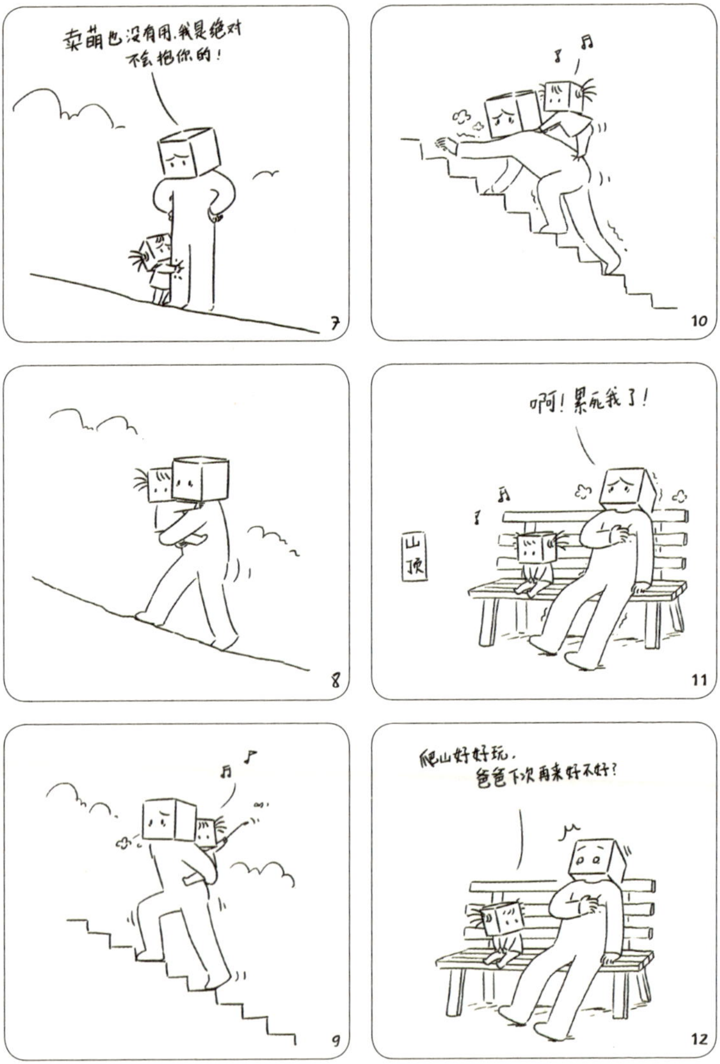
卖萌也没有用，我是绝对不会抱你的！
啊！累死我了！
山顶
爬山好好玩，爸爸下次再来好不好？

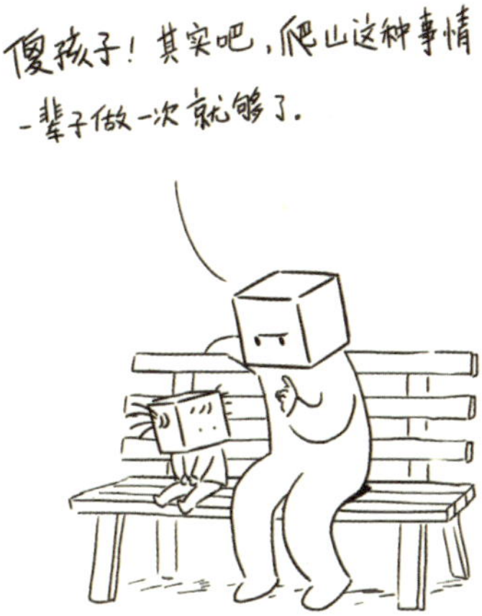

13

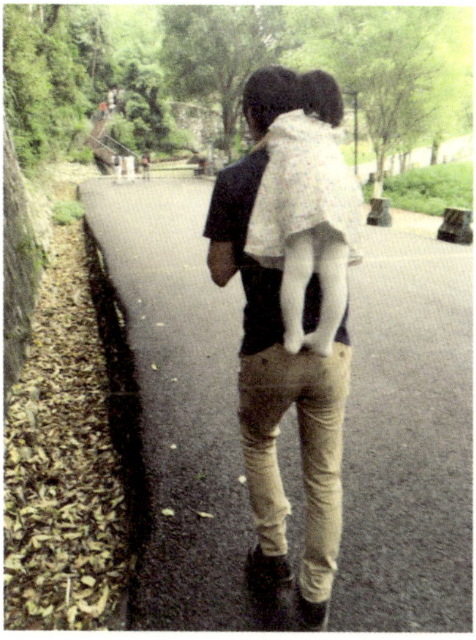

[2.小树跳舞]

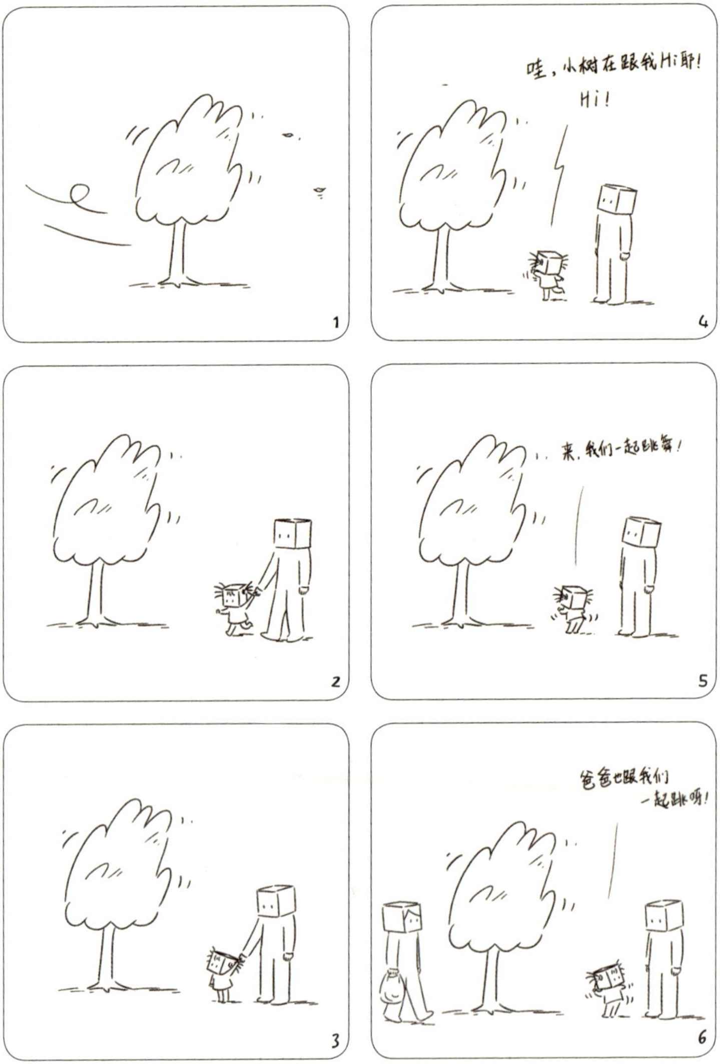

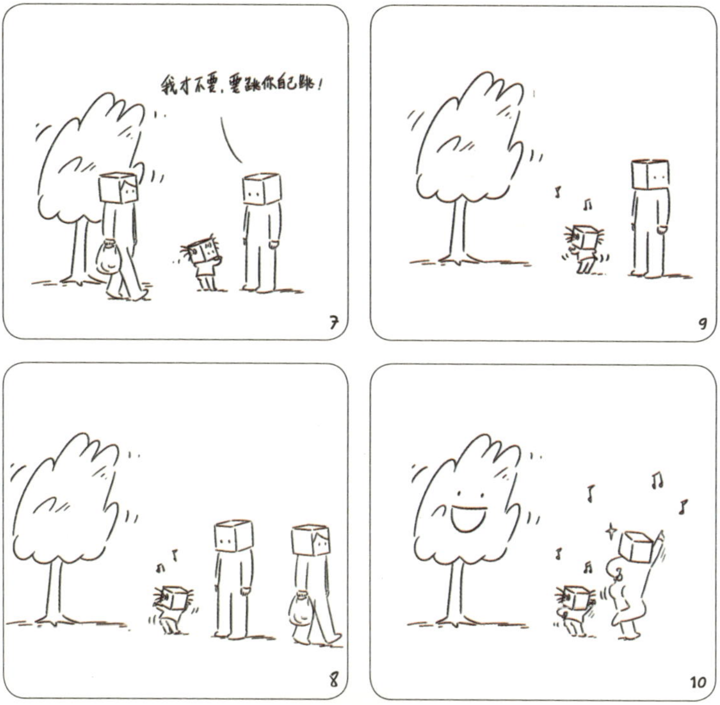
我才不要，要跳你自己跳！
7
9
8
10

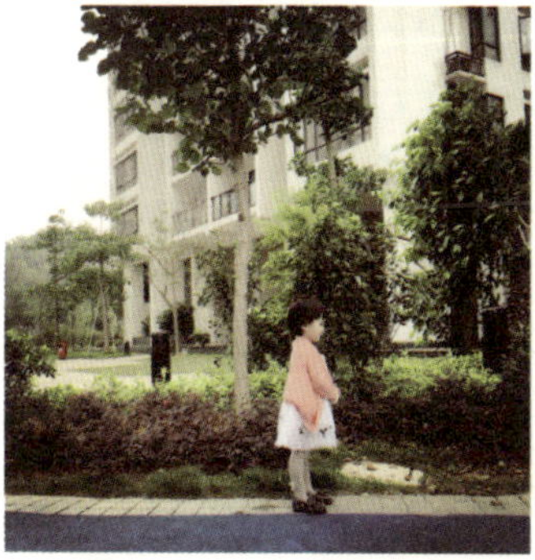

[3.下雨了]

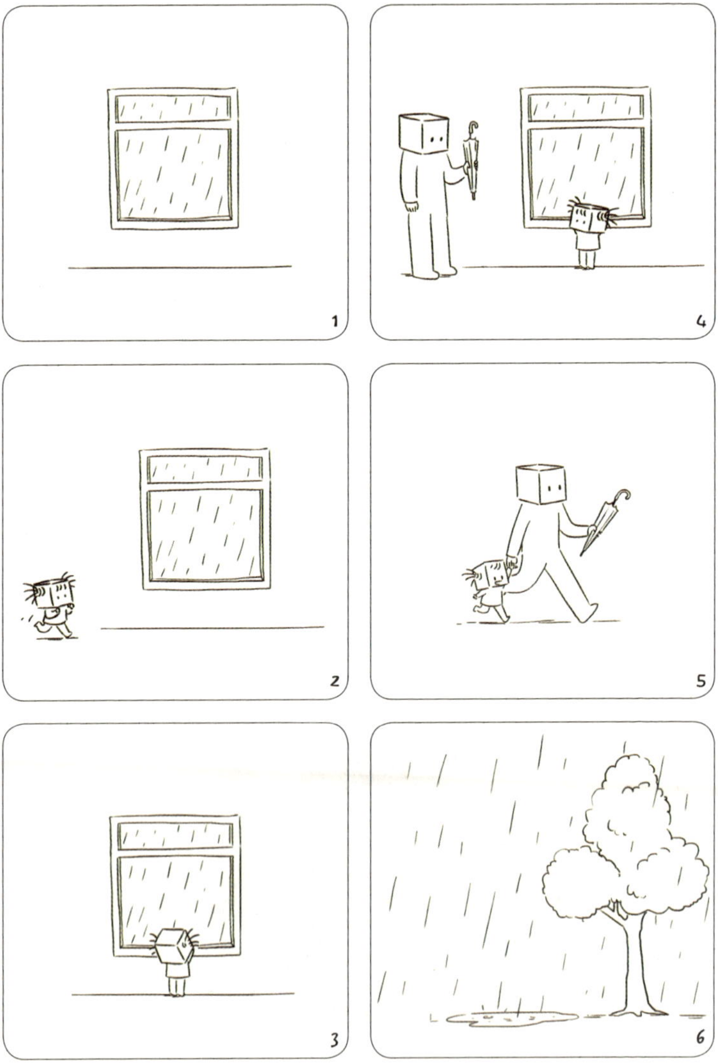

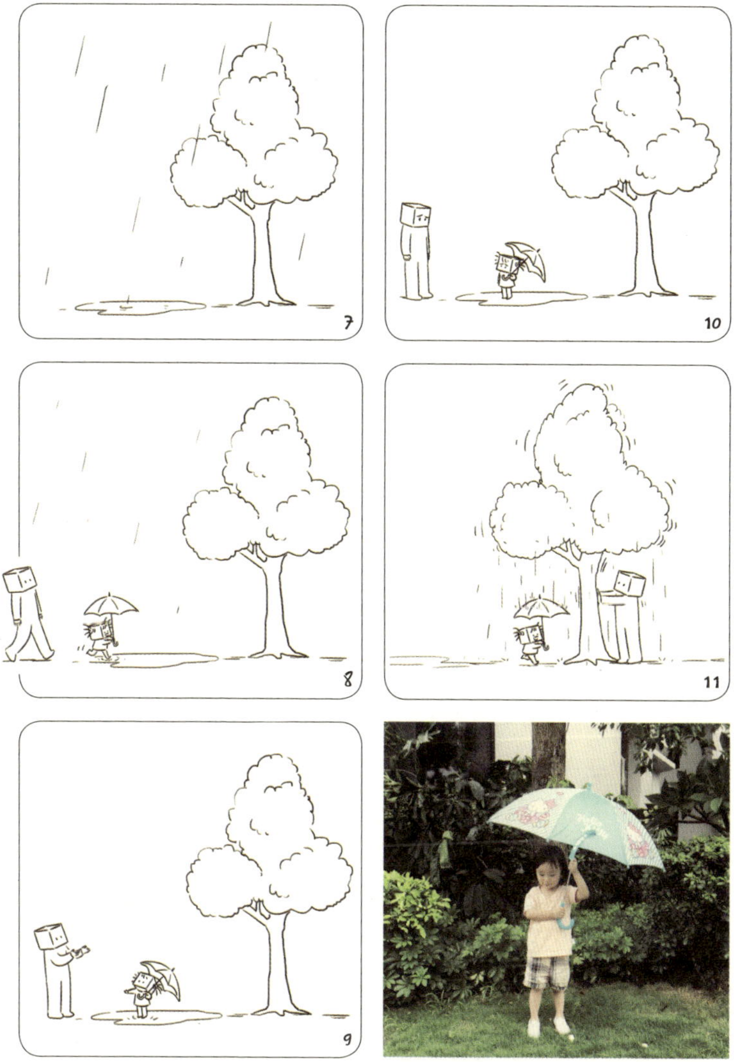
7
8
9
10
11

[4.闪电]

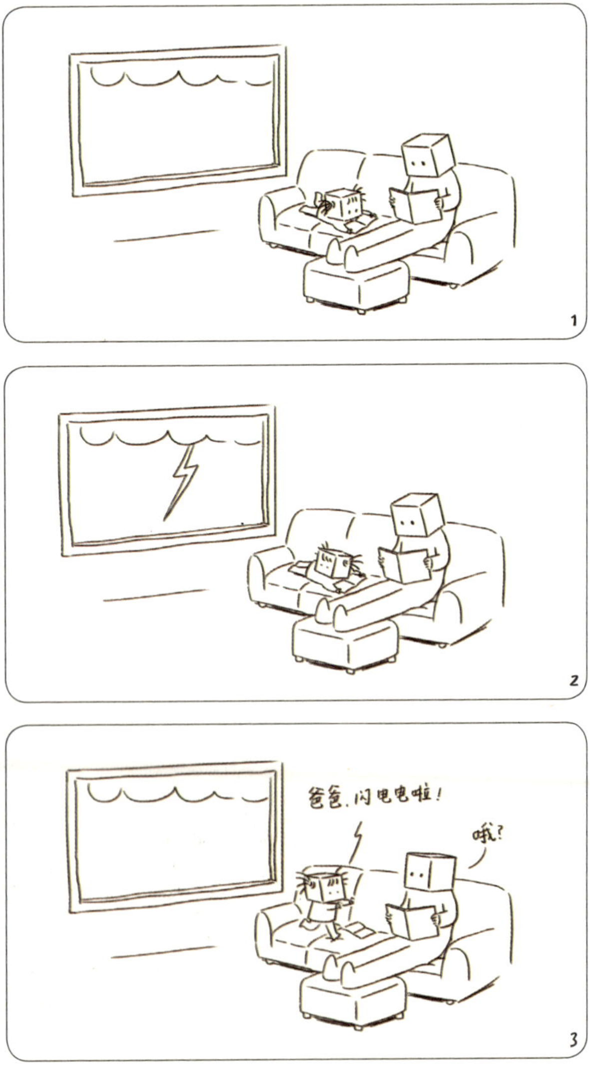

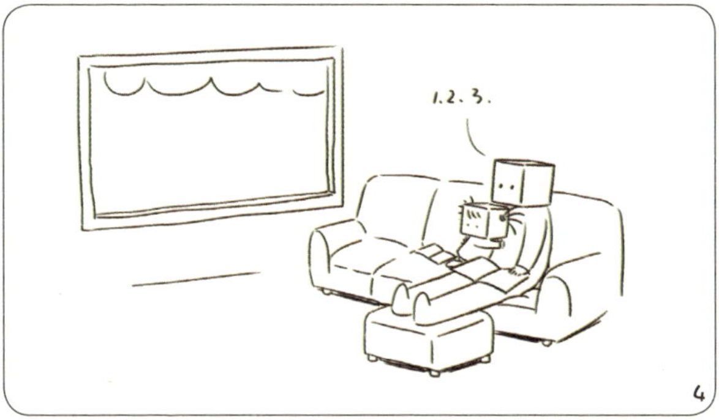
1.2.3.
4

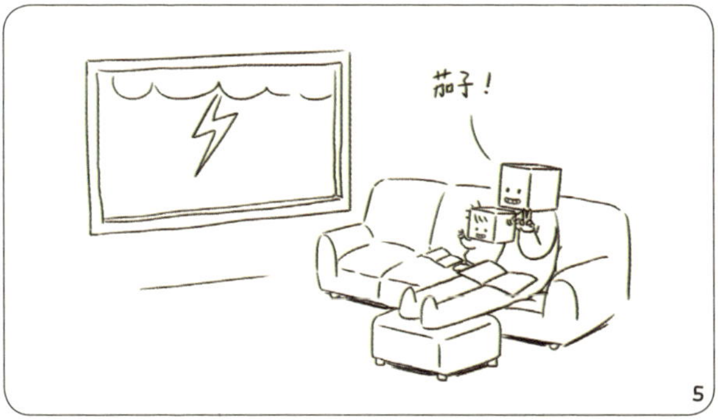
茄子！
5

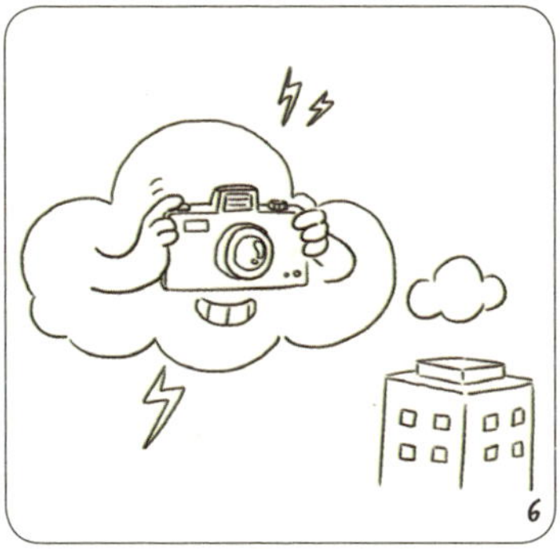
6

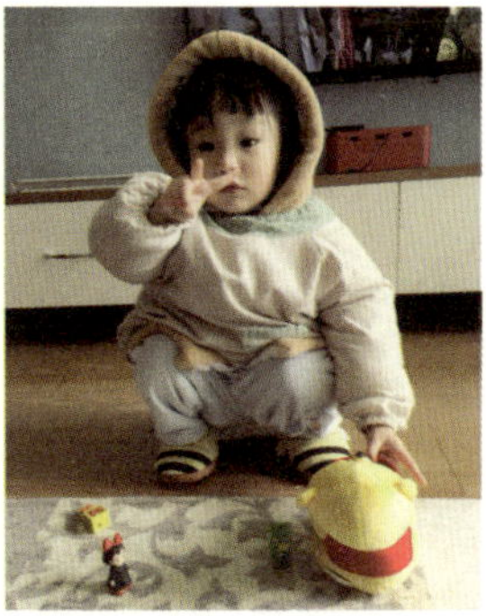

[5.抓蝴蝶]

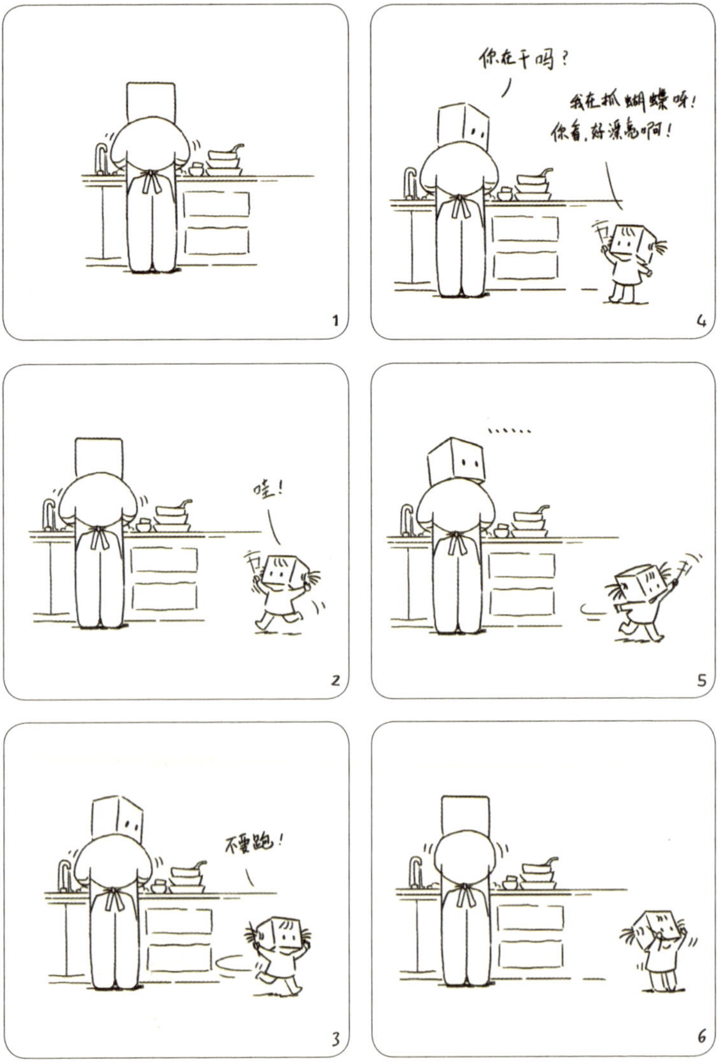

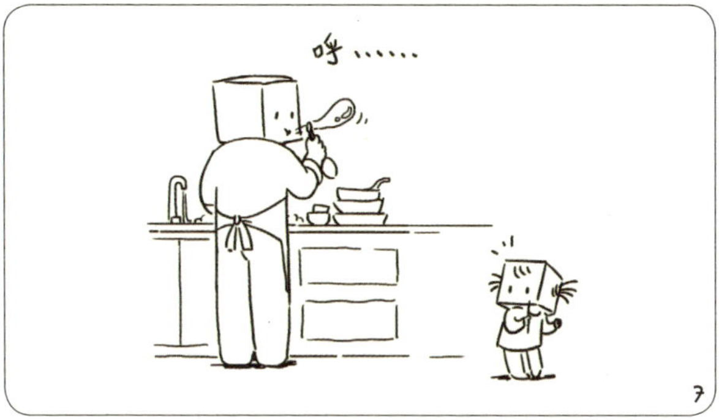
呼……
7

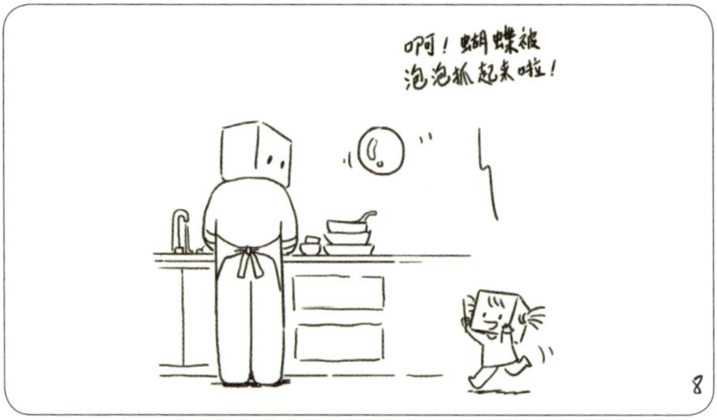
啊！蝴蝶被
泡泡抓起来啦！
8

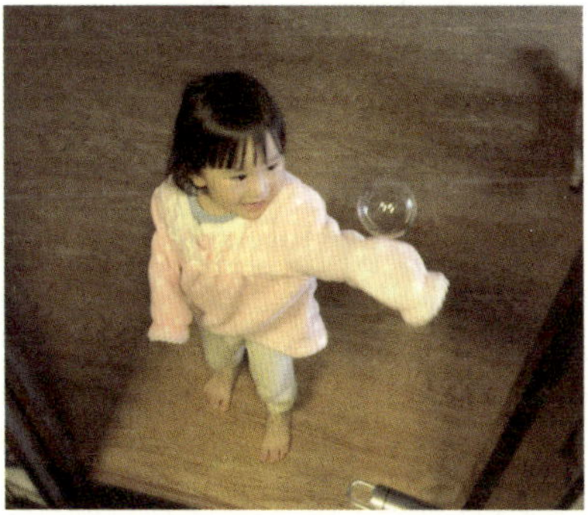

[6.抓蝌蚪]

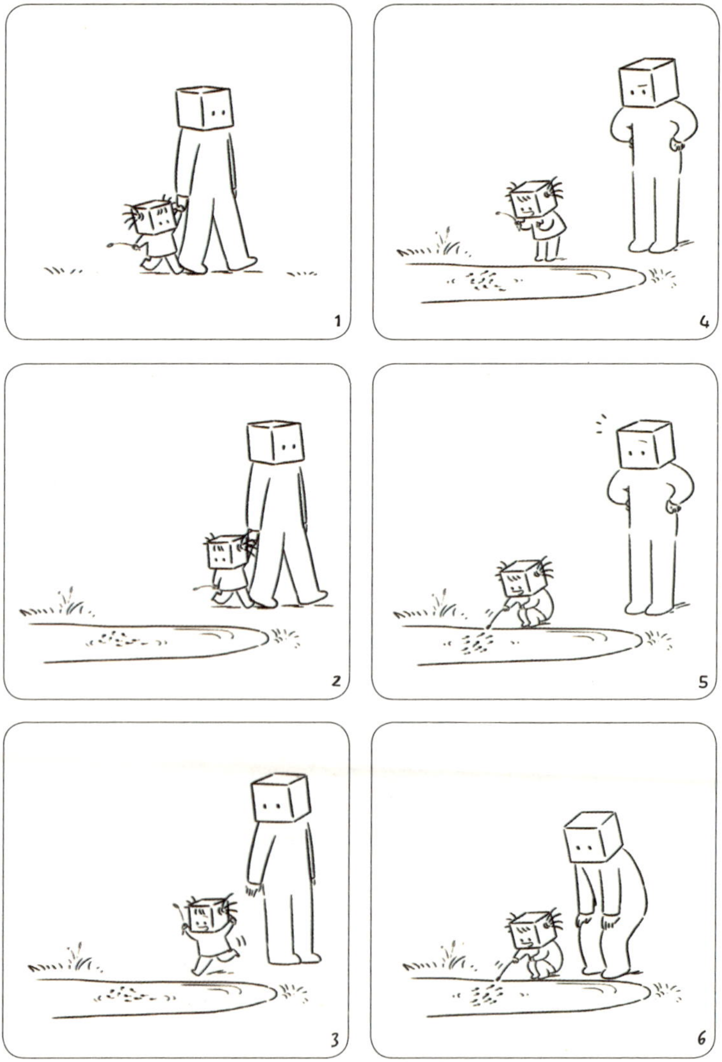

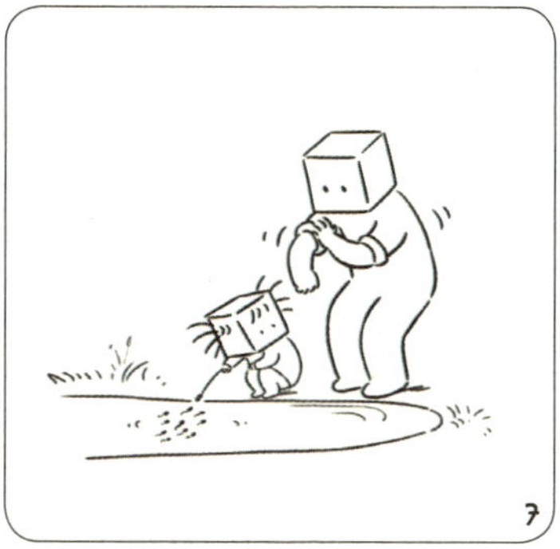
7

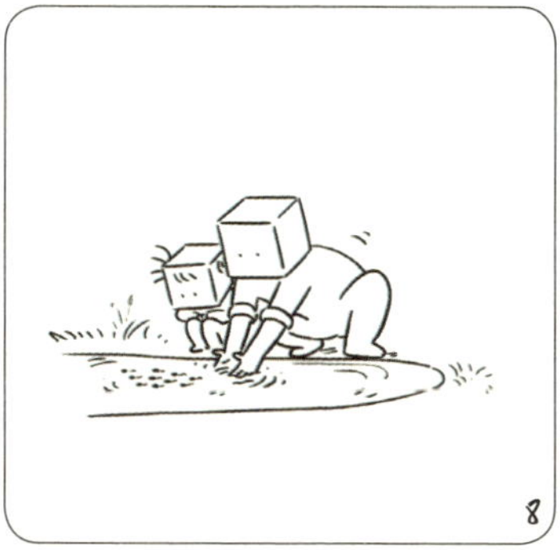
8

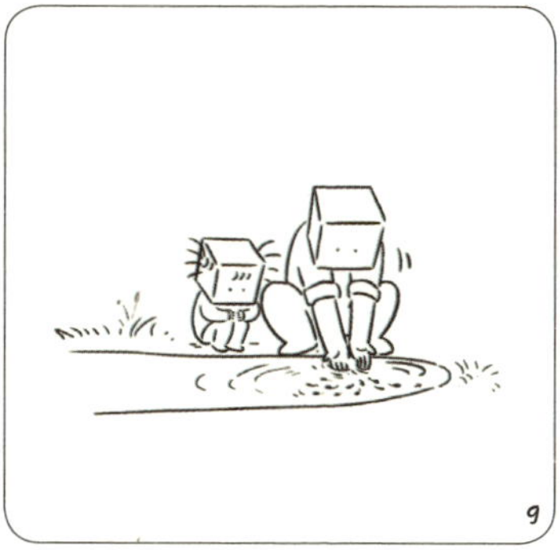
9

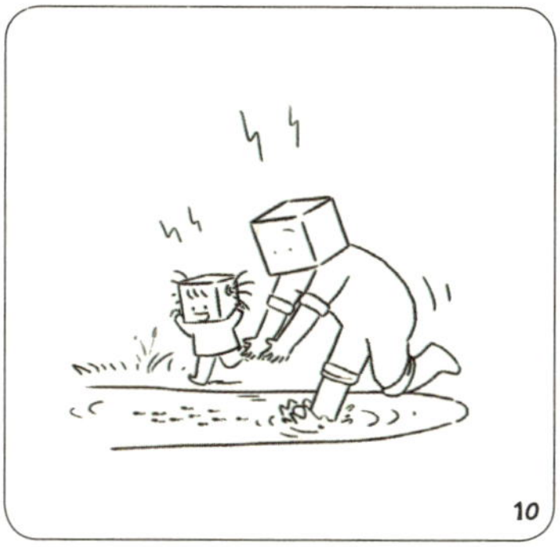
10

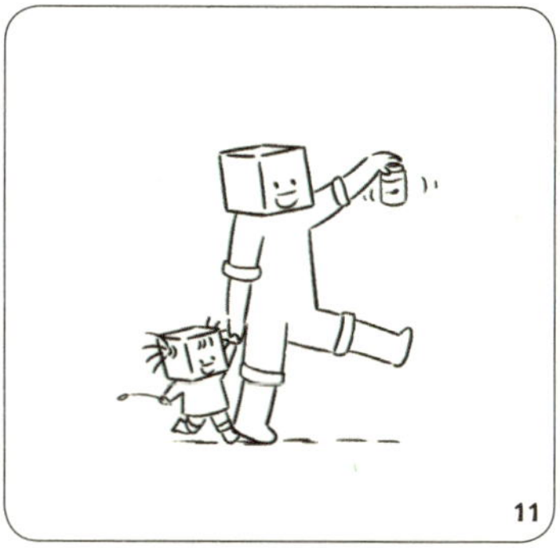
11

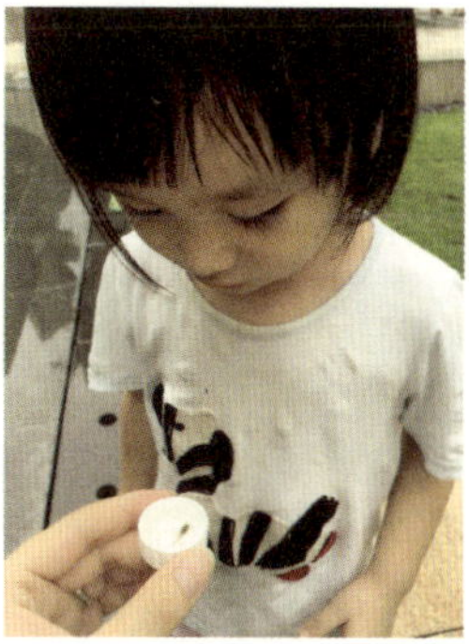

[7.偷地瓜]

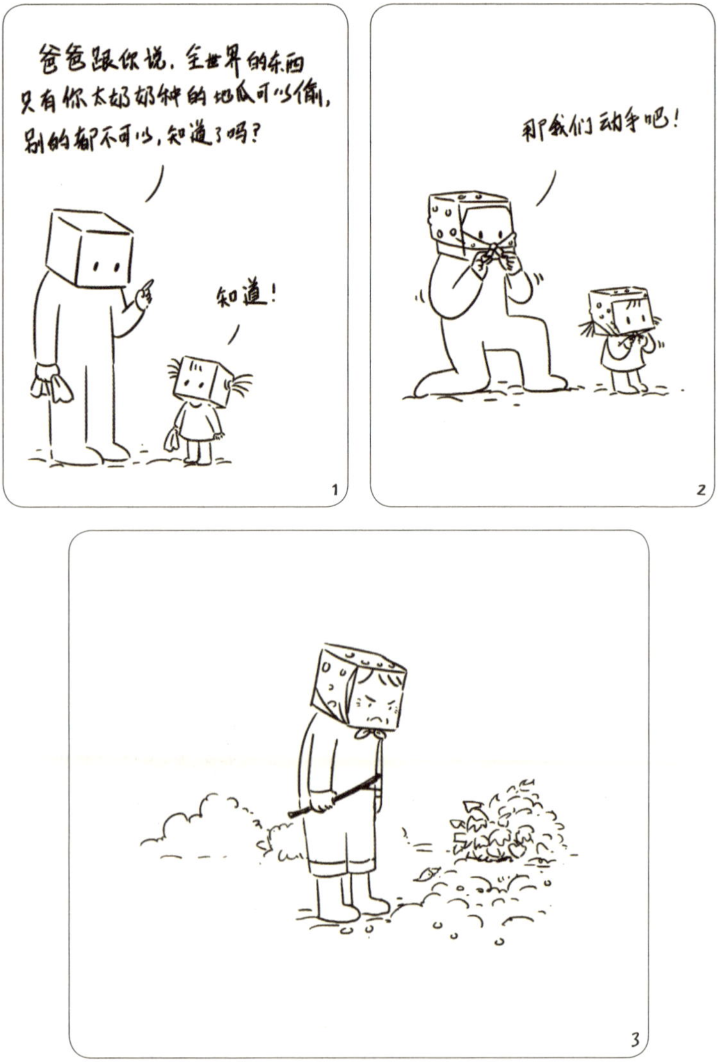

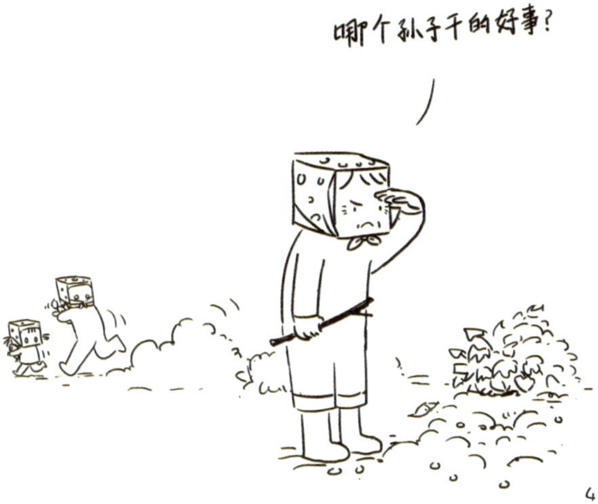
哪个孙子干的好事？
4

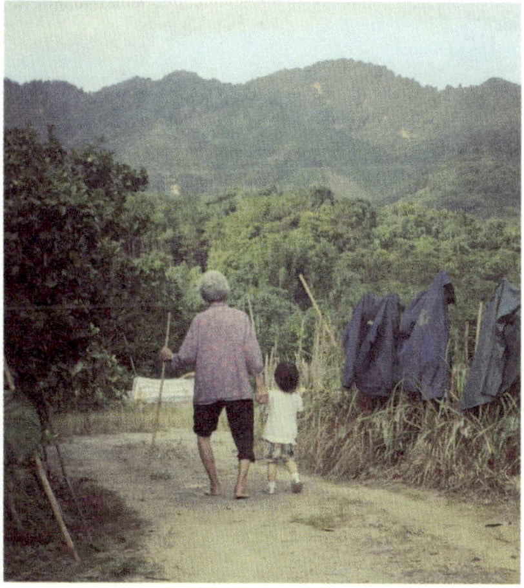

[8.家乡的大树]

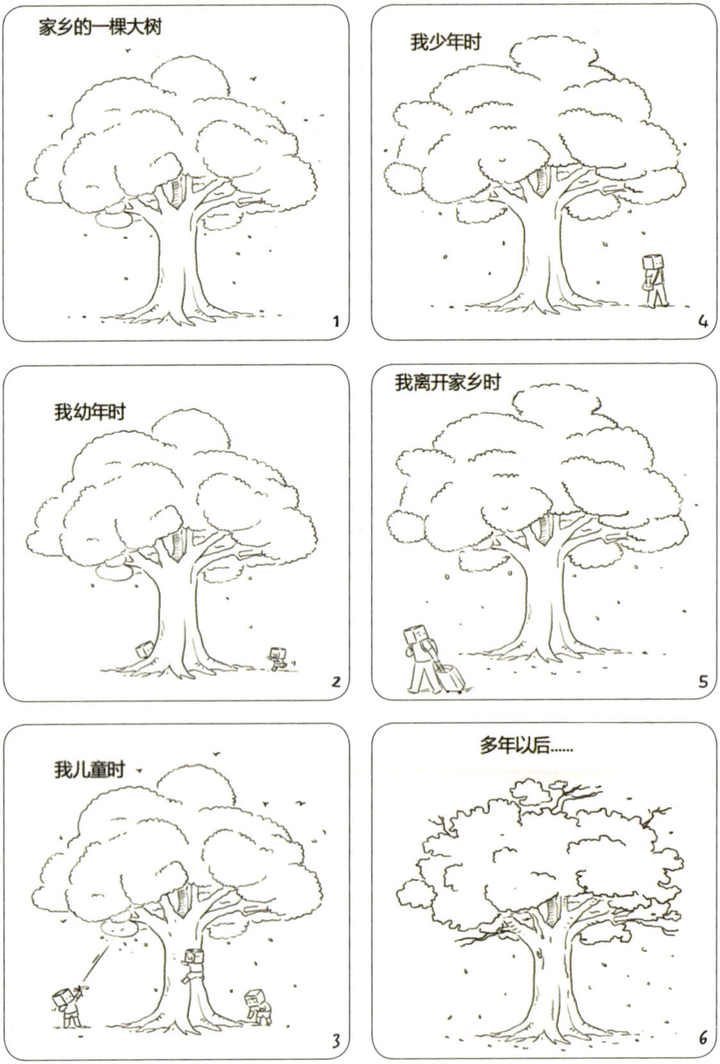

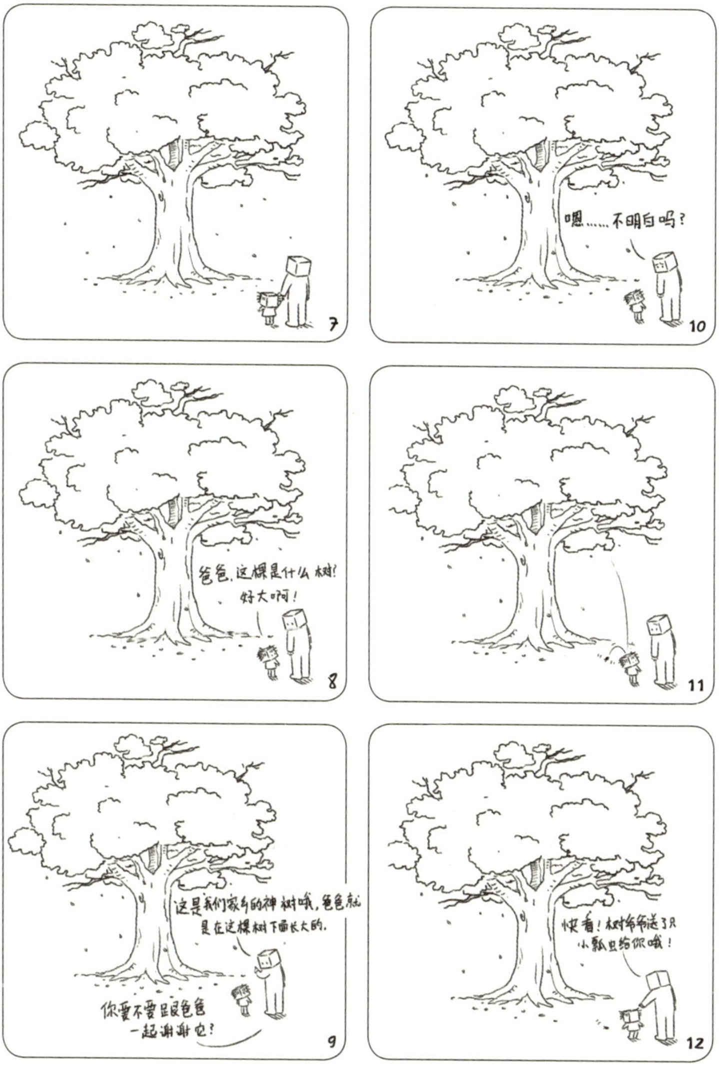
7
爸爸，这棵是什么树？
好大啊！
8
这是我们家乡的神树哦，爸爸就是在这棵树下面长大的。
你要不要跟爸爸一起谢谢它？
9
嗯……不明白吗？
10
11
快看！树爷爷送了只小瓢虫给你哦！
12

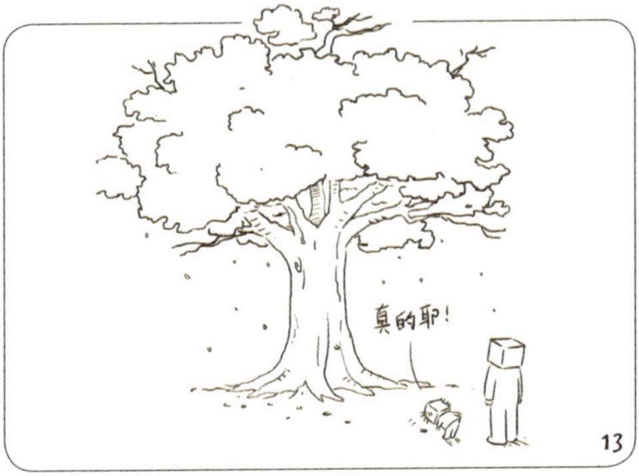
真的耶！
13

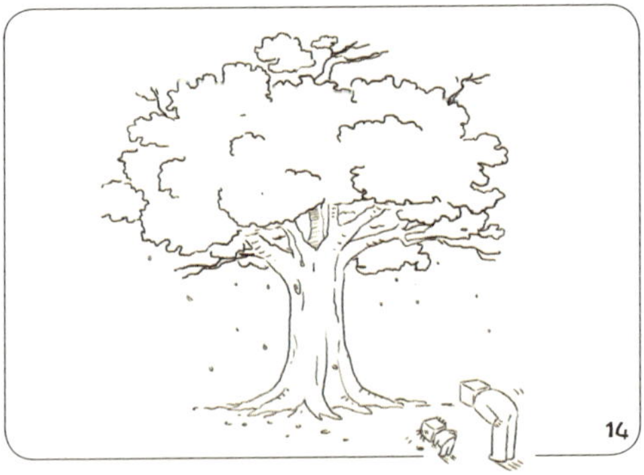
14

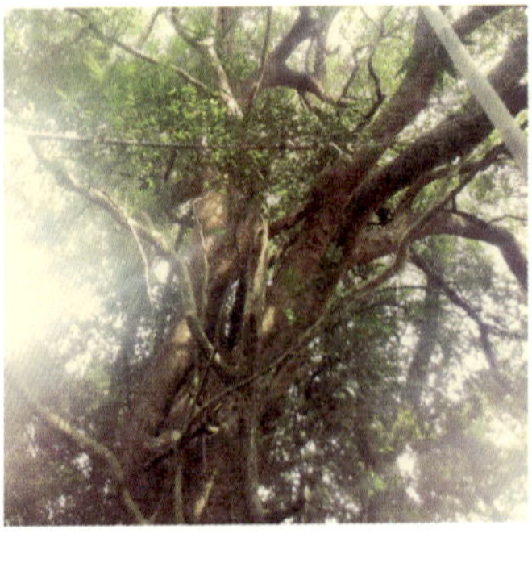

Part 7

简简单单的生活

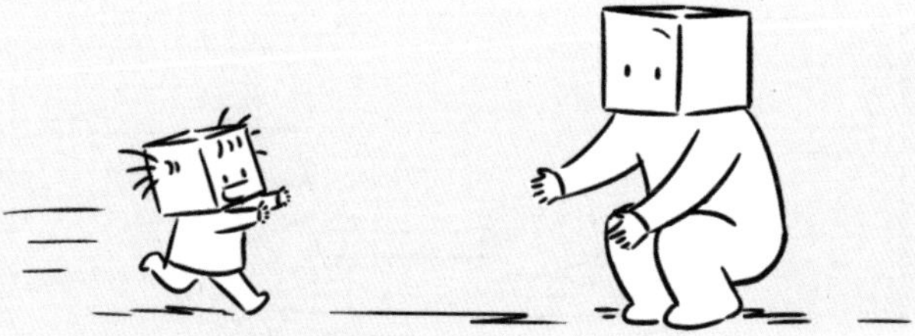

[1.BlueBlue]

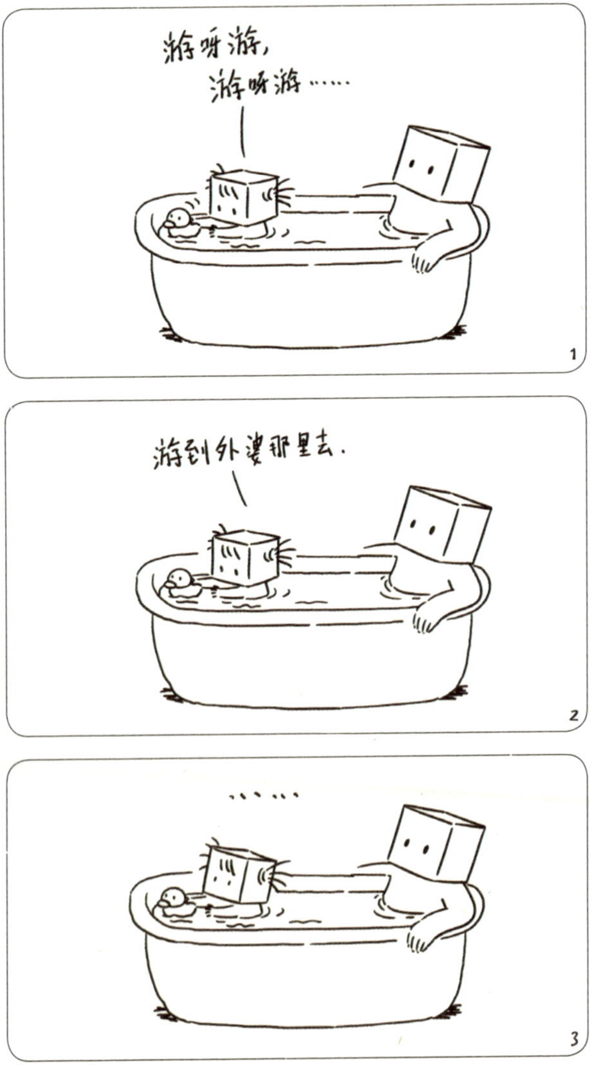

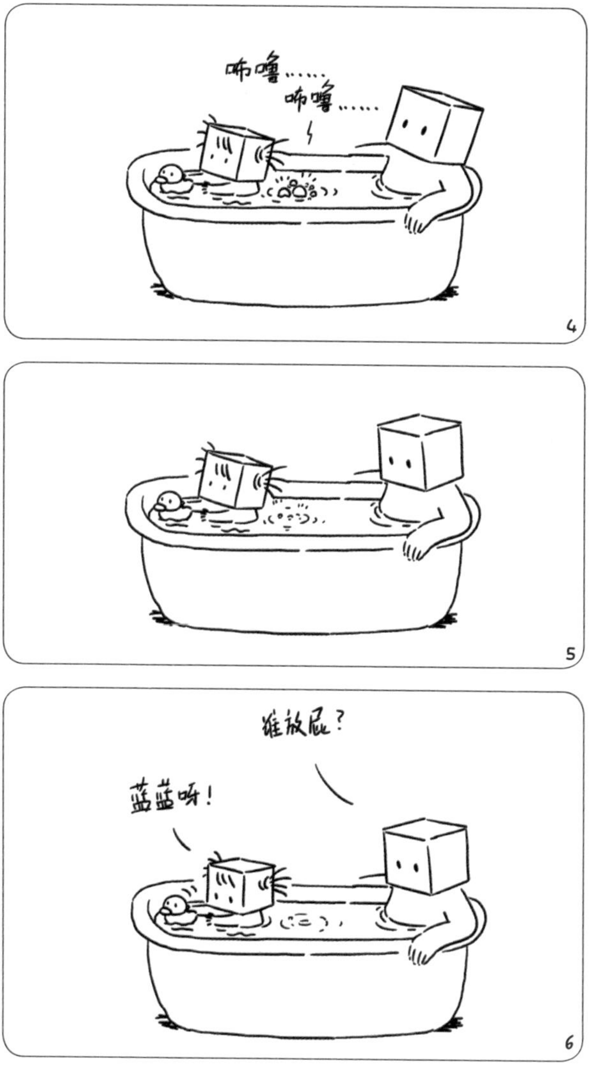
咘噜……
咘噜……
4
5
谁放屁？
蓝蓝呀！
6

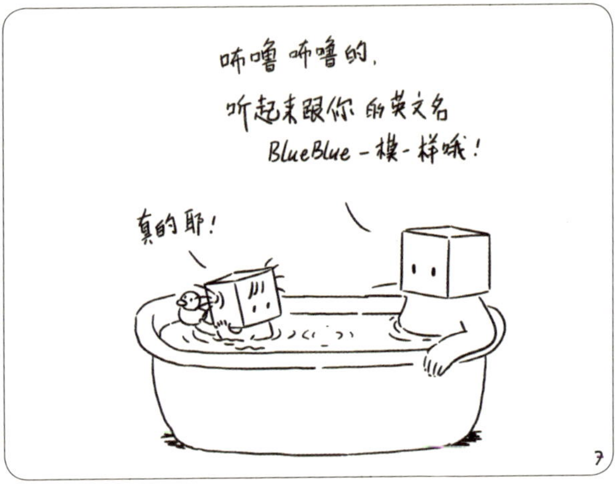
咘噜咘噜的，
听起来跟你的英文名
BlueBlue一模一样哦！
真的耶！
7

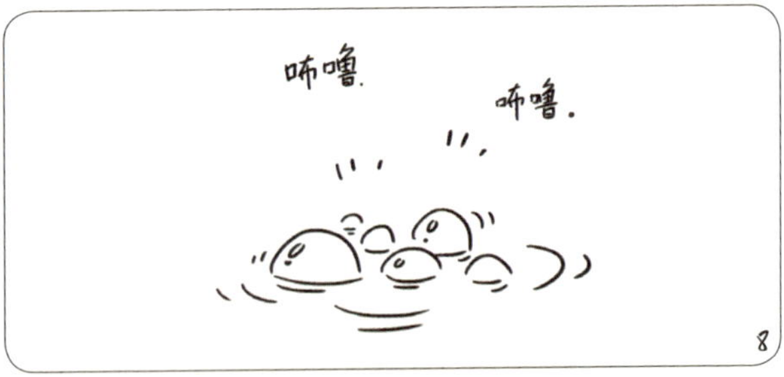
咘噜。
咘噜。
8

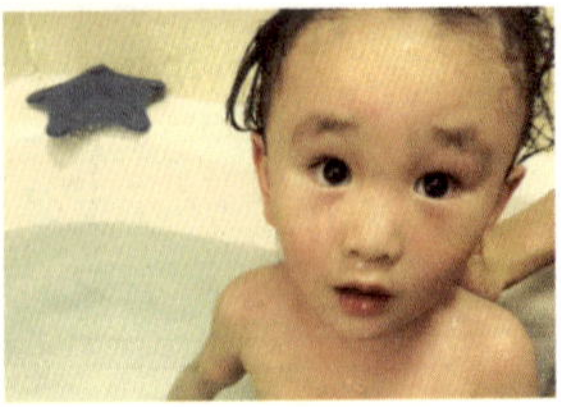

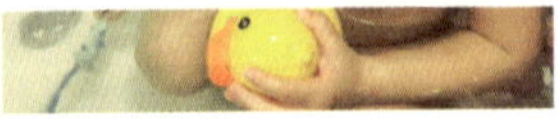

[2.遛什么]

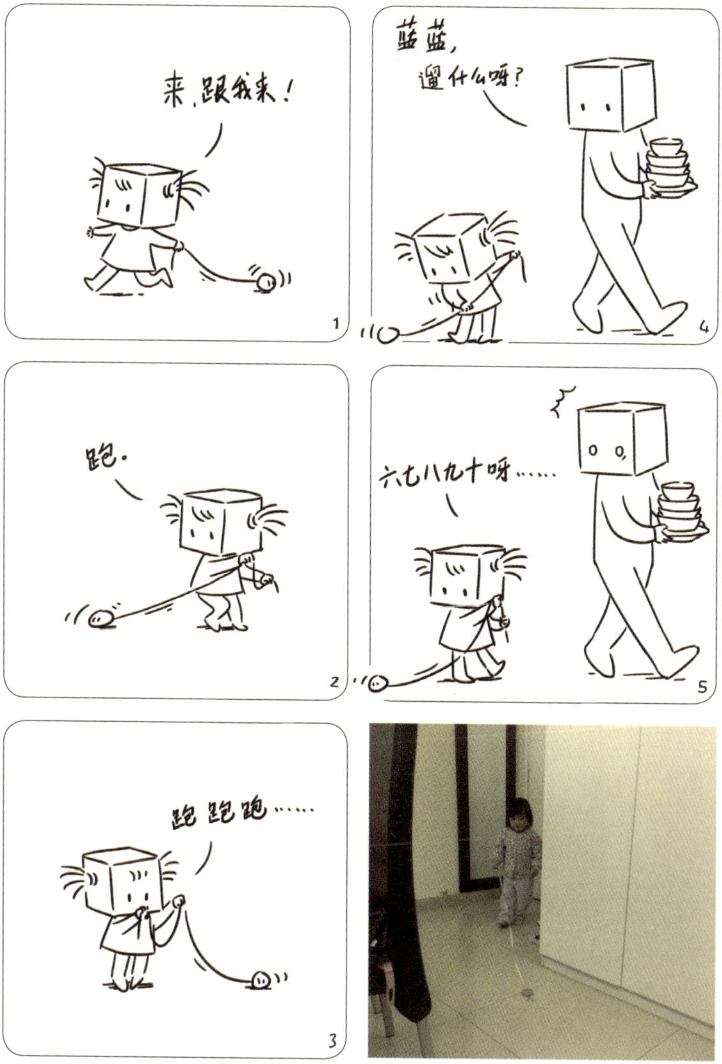

[3.木马]

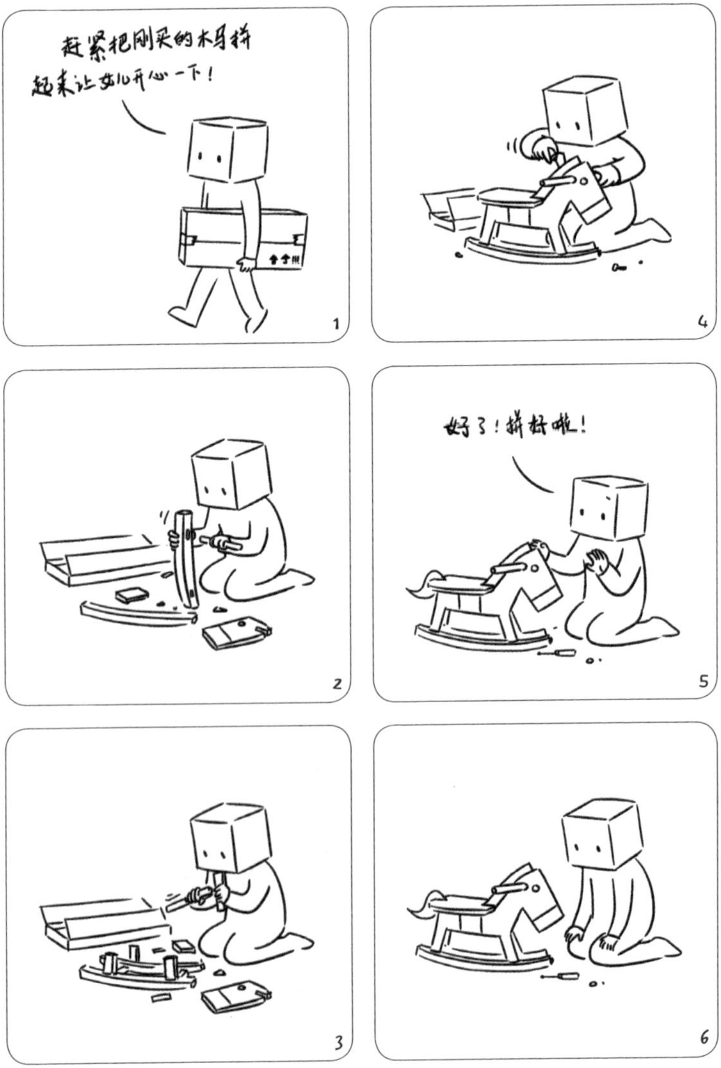

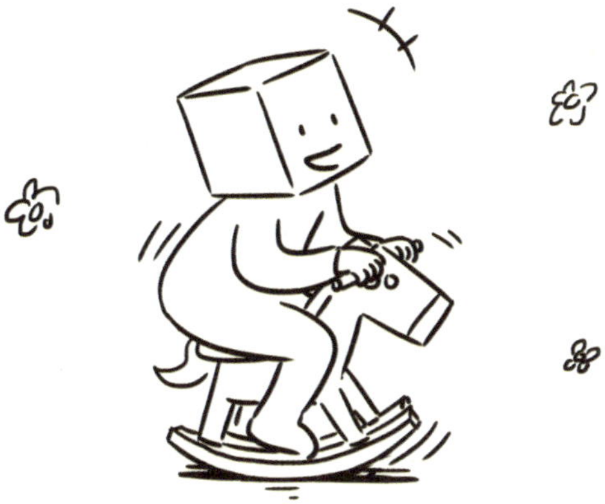

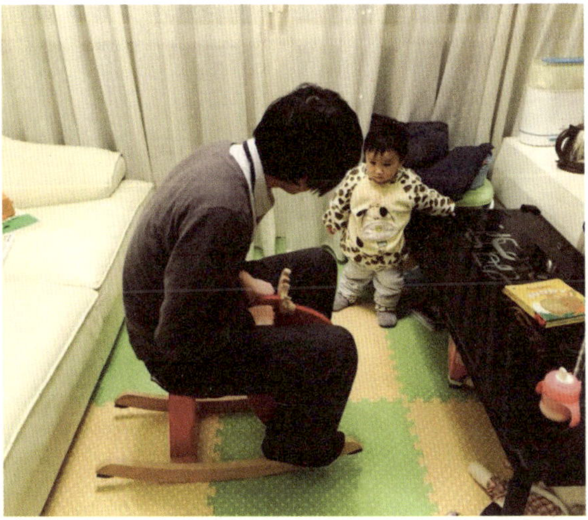

[4.瓦力]

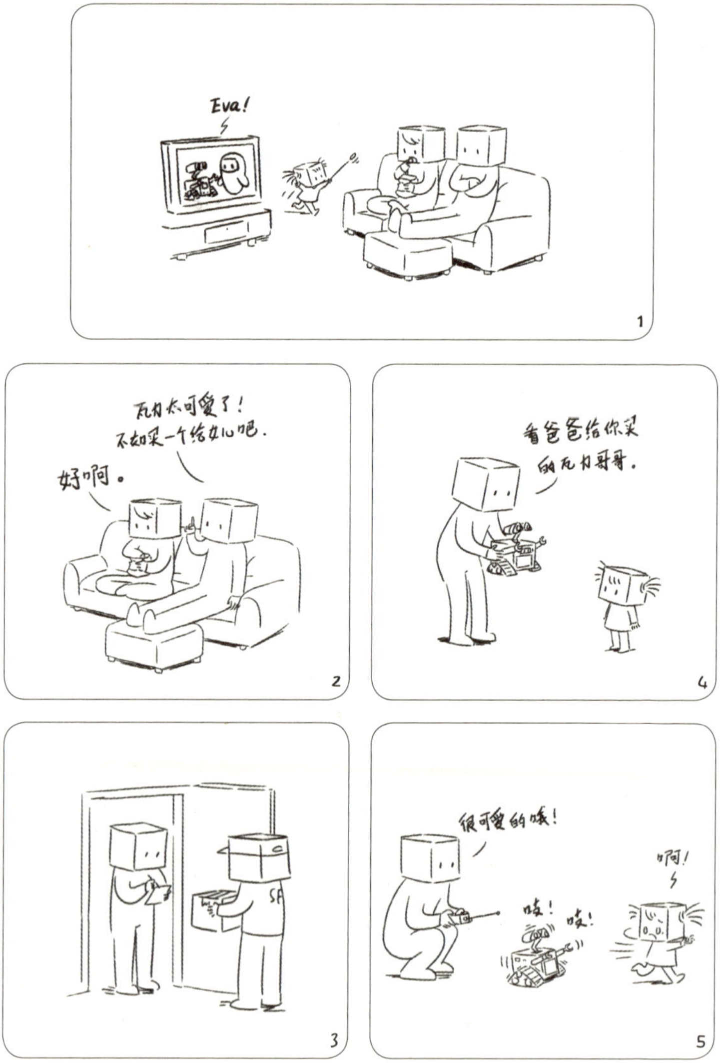

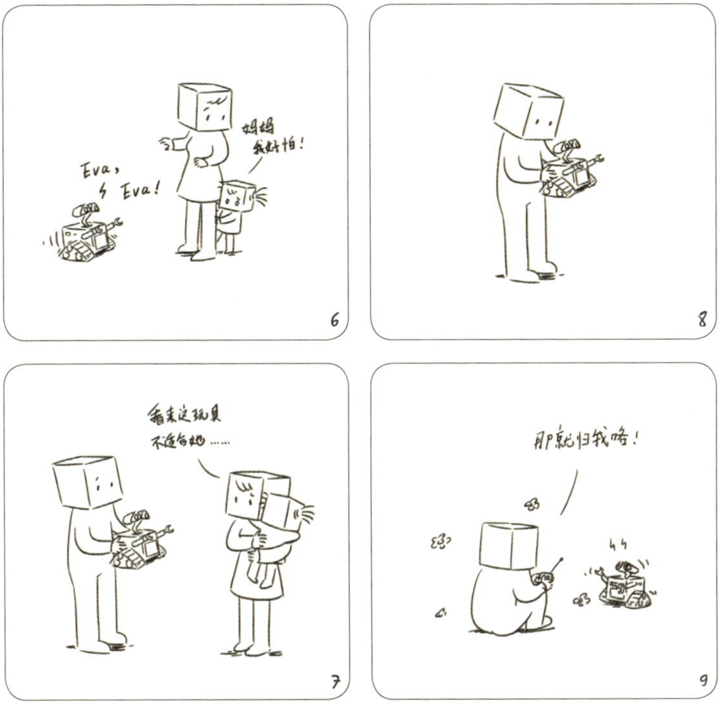

Eva，
Eva！
妈妈
我好怕！
6
看来这玩具
不适合她……
7
8
那就归我咯！
9

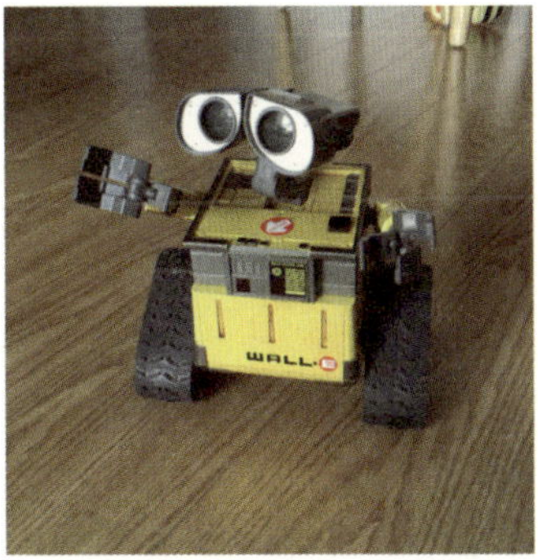

WALL·E

[5.一位平凡的英雄]

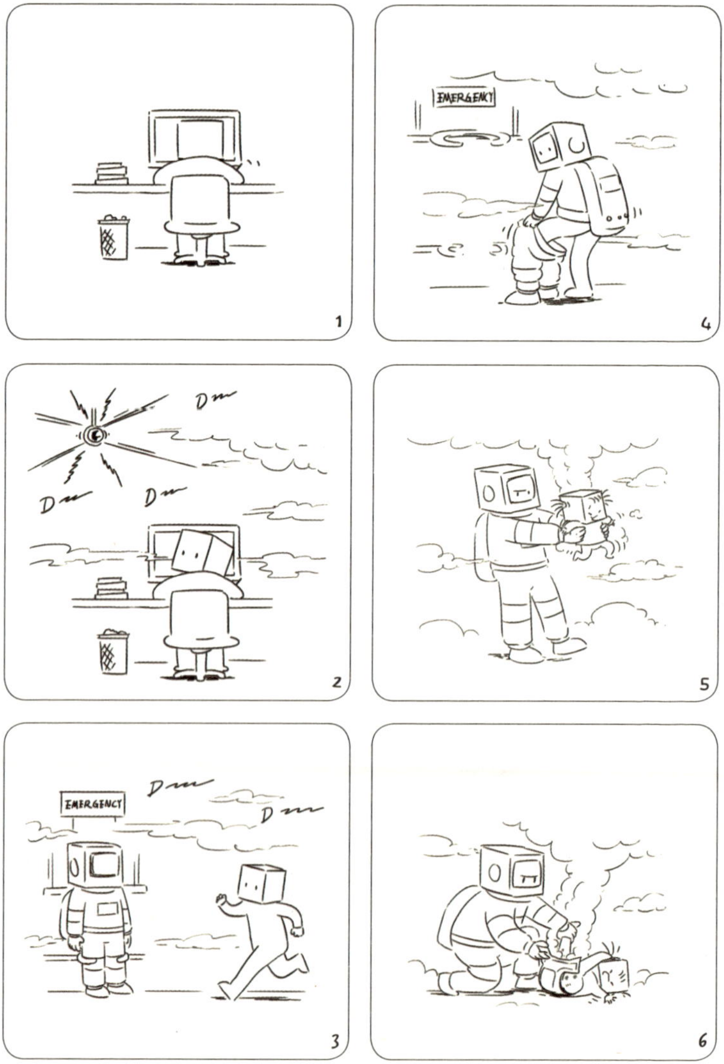

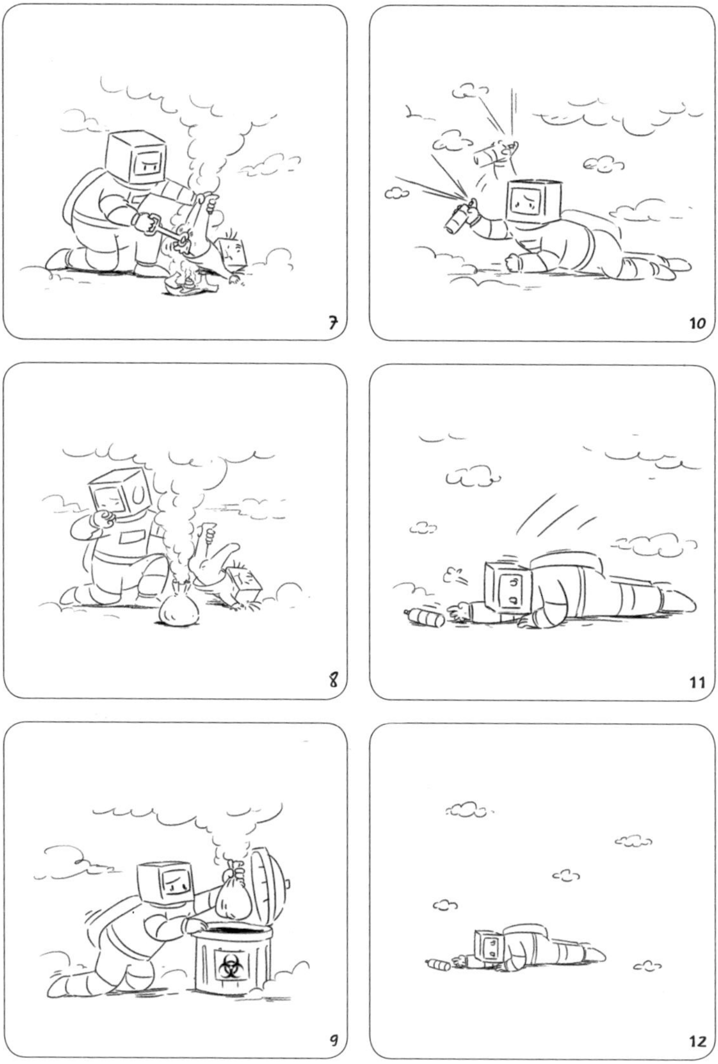
7
8
9
10
11
12

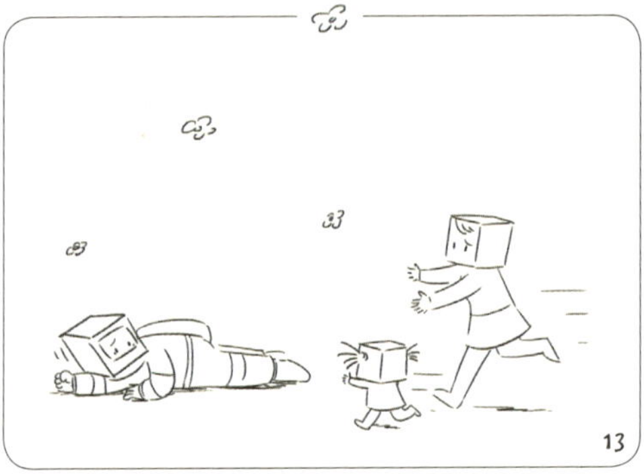
13

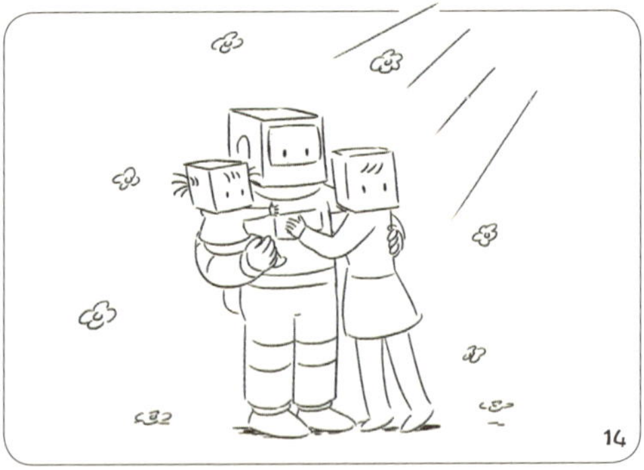
14

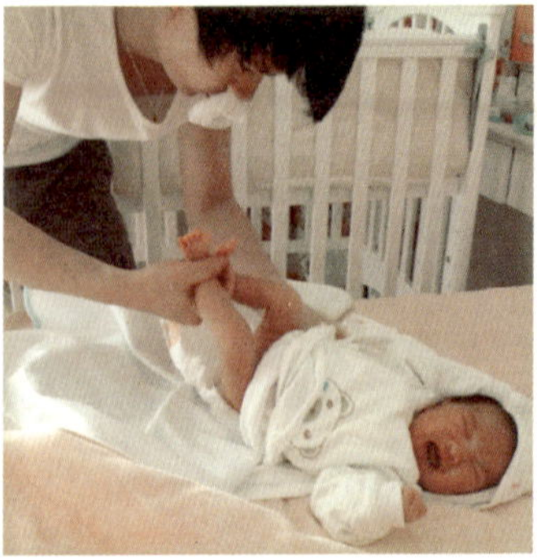

[6.不够高]

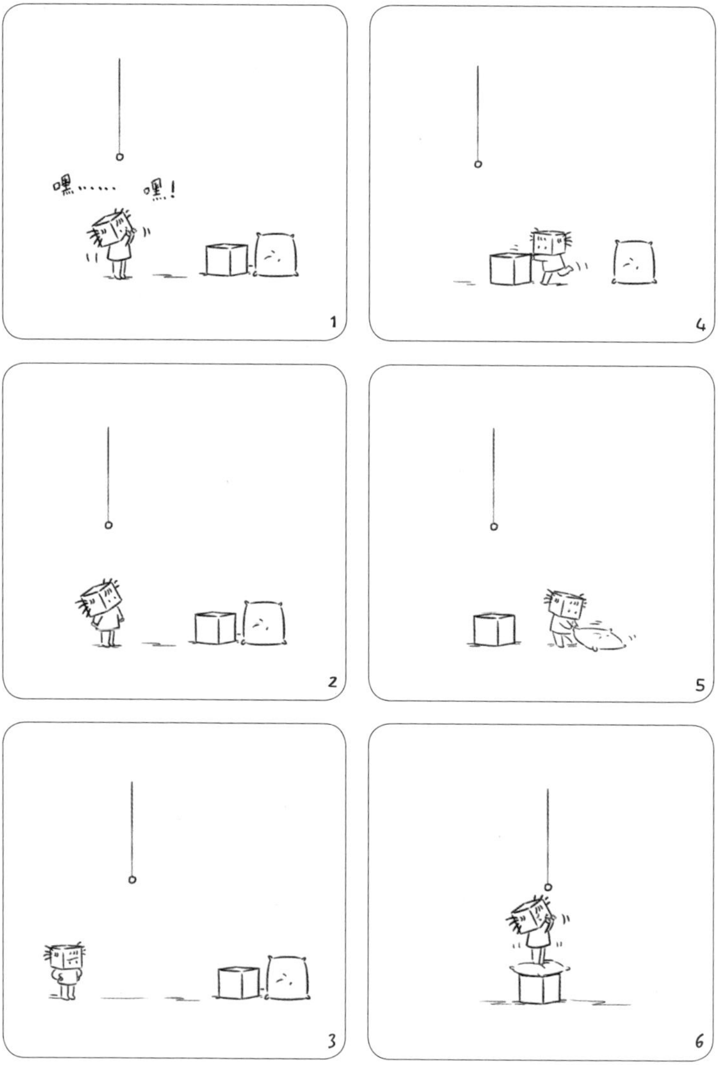

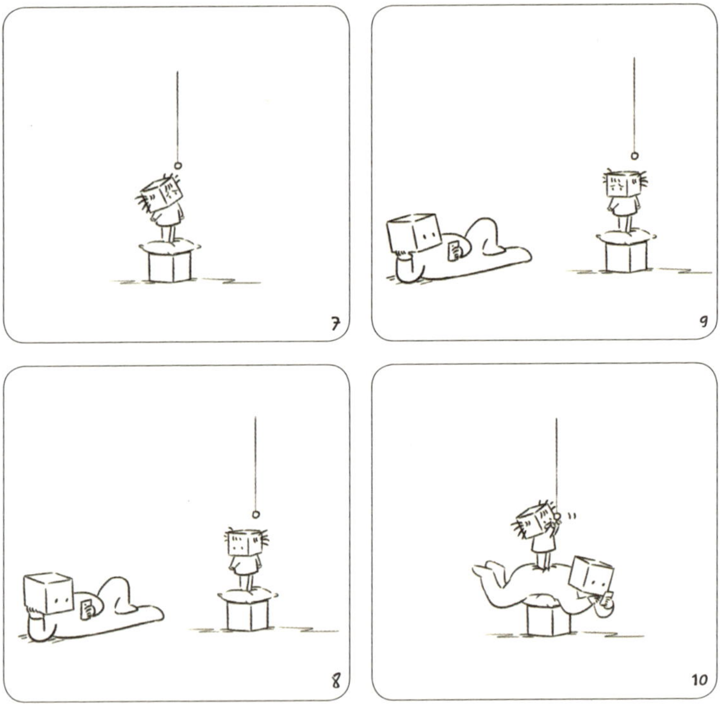
7
8
9
10

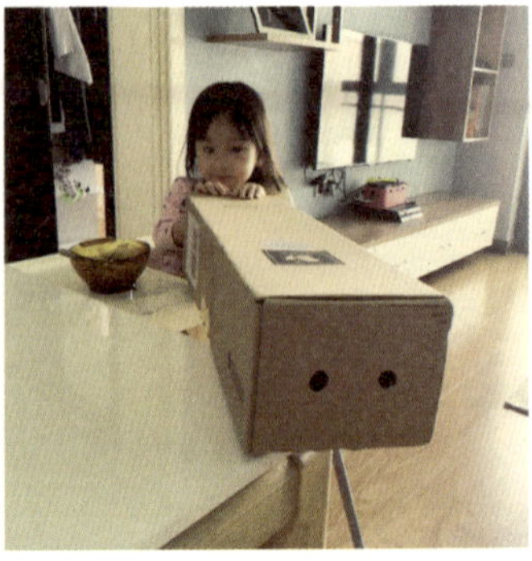

[7.某一刻]

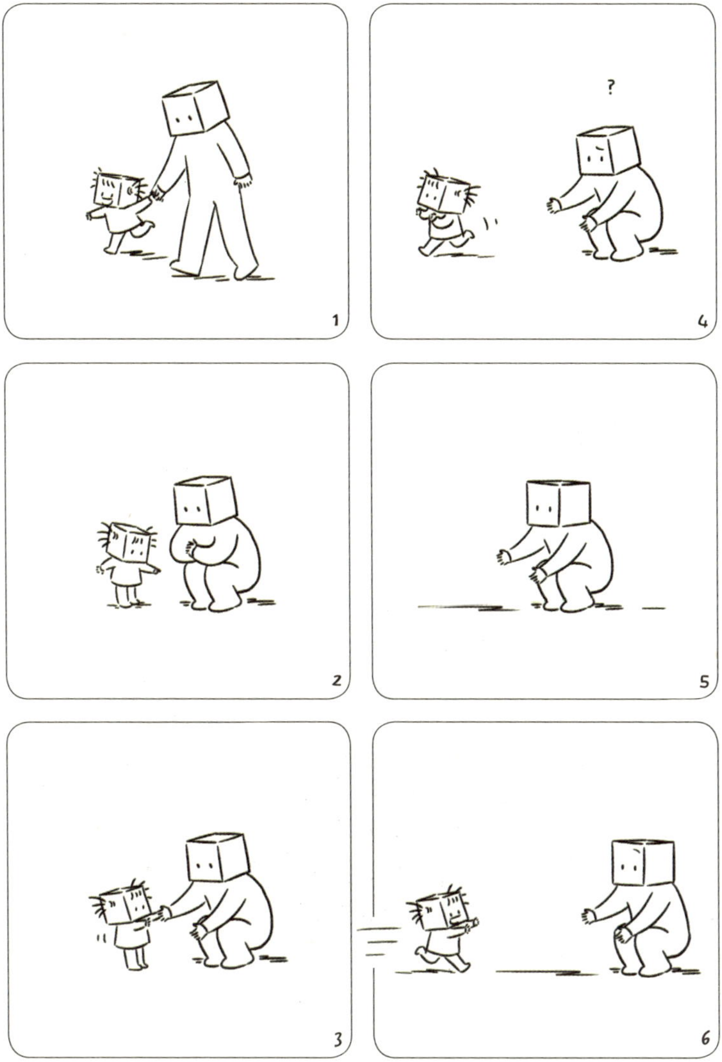

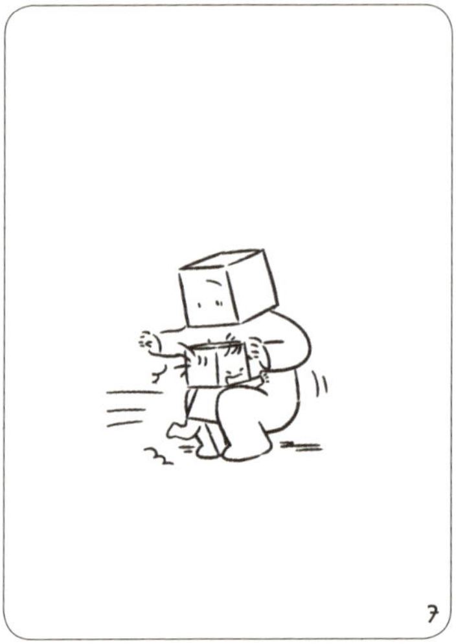

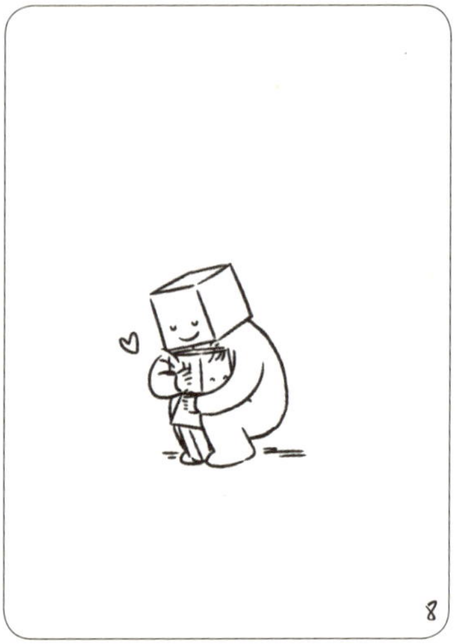

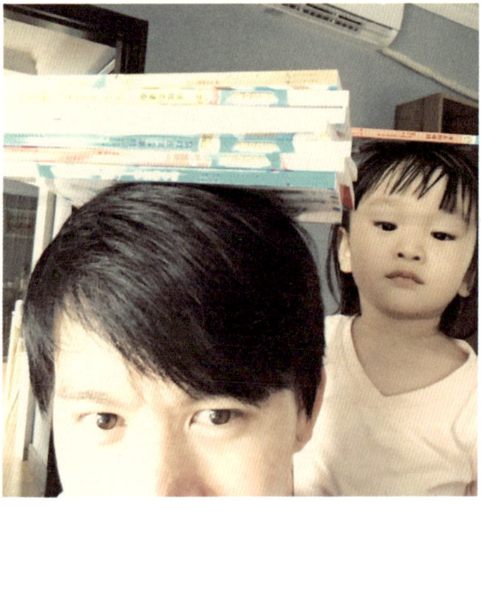

[8.深夜的一餐]

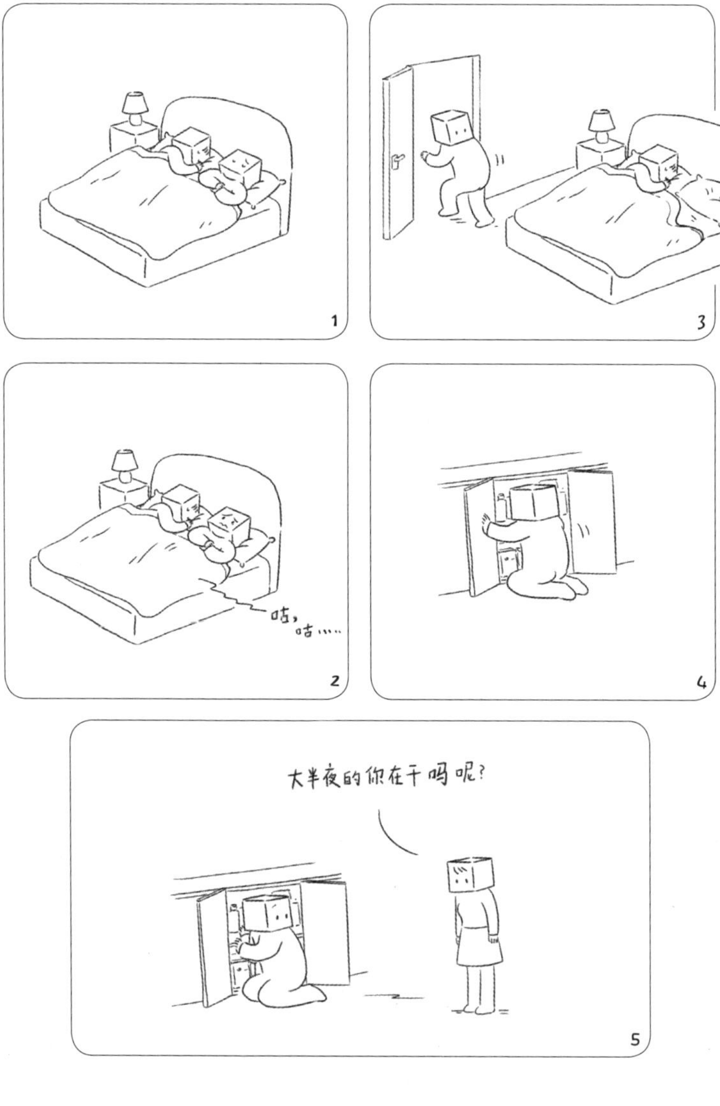

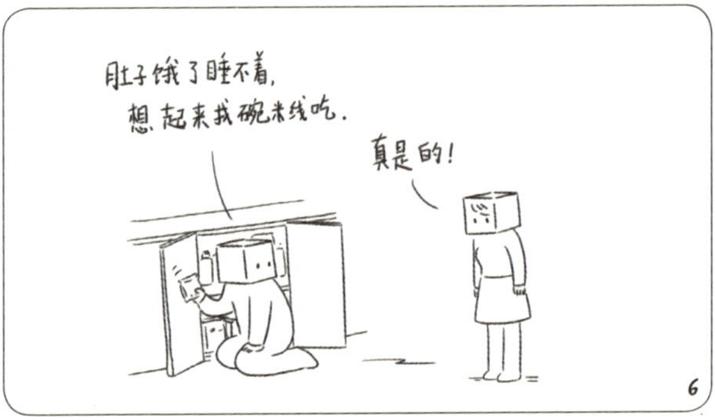
肚子饿了睡不着，
想起来找碗米线吃。
真是的！
6

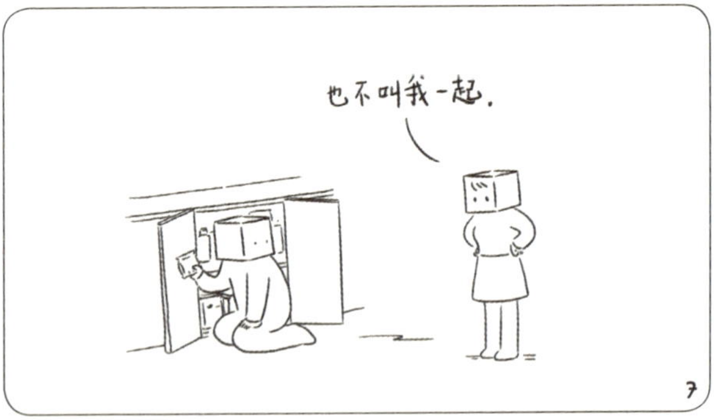
也不叫我一起。
7

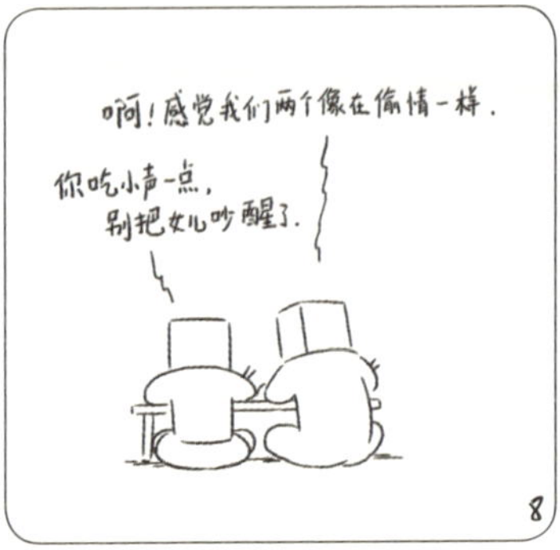
啊！感觉我们两个像在偷情一样。
你吃小声一点，
别把女儿吵醒了。
8

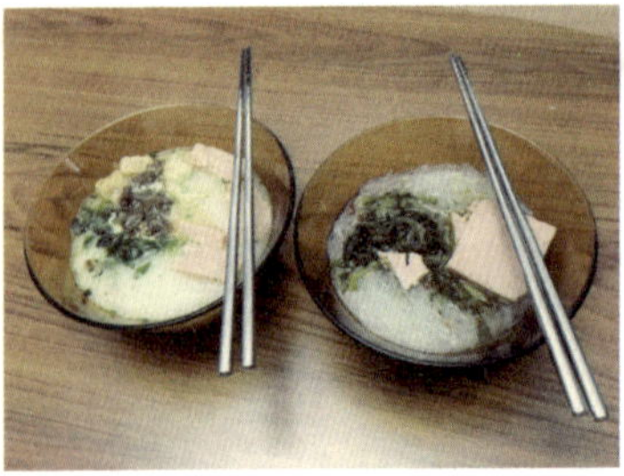

Part 8

我们仨的小日子

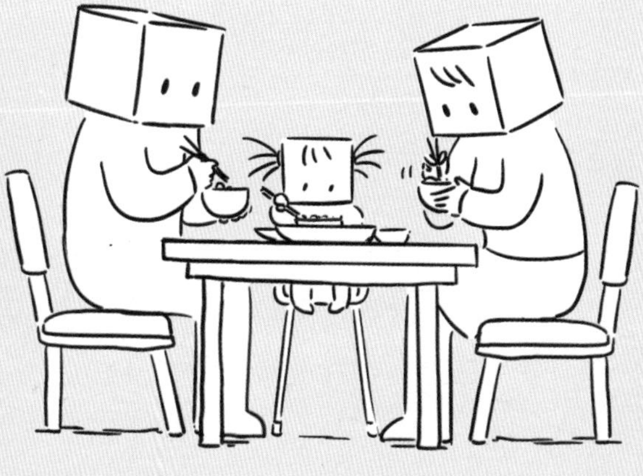

[1.还要吃]

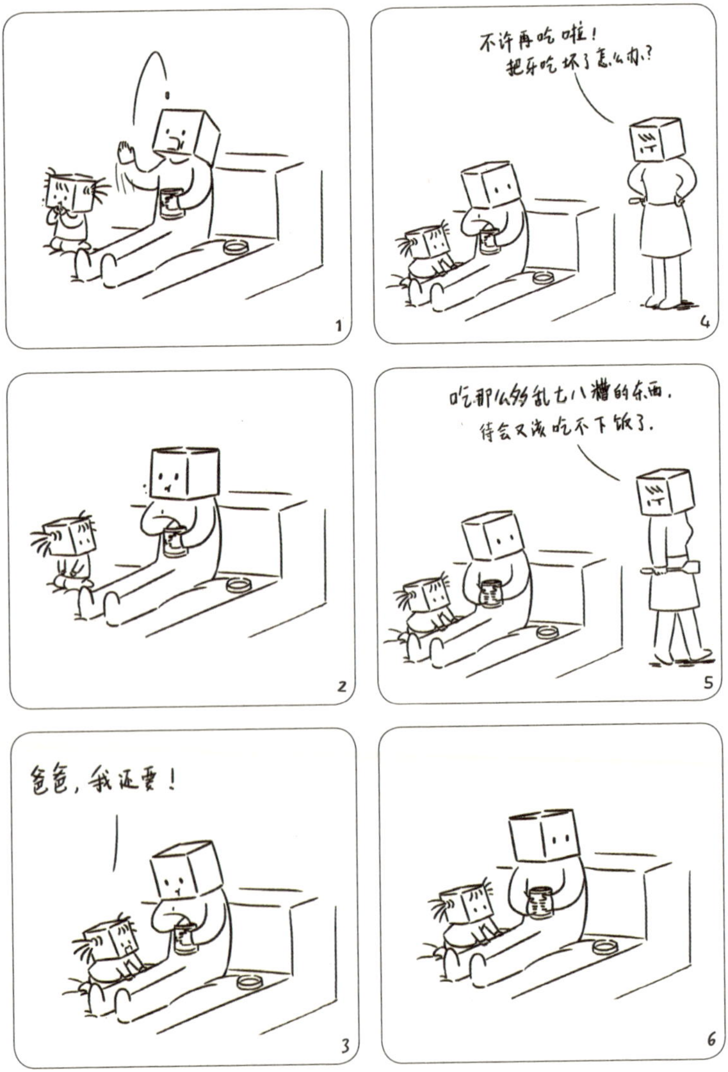

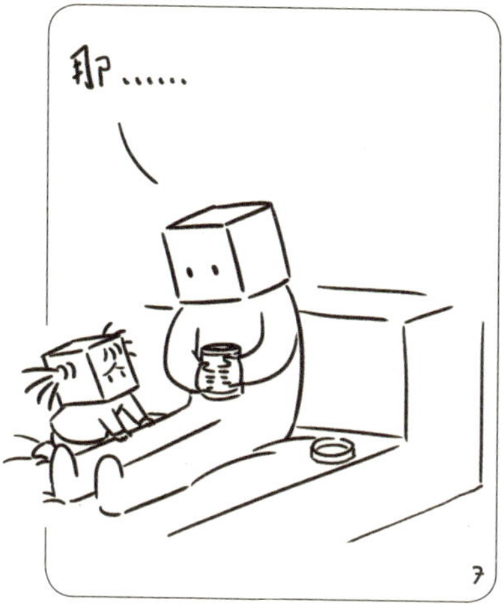
那……
7

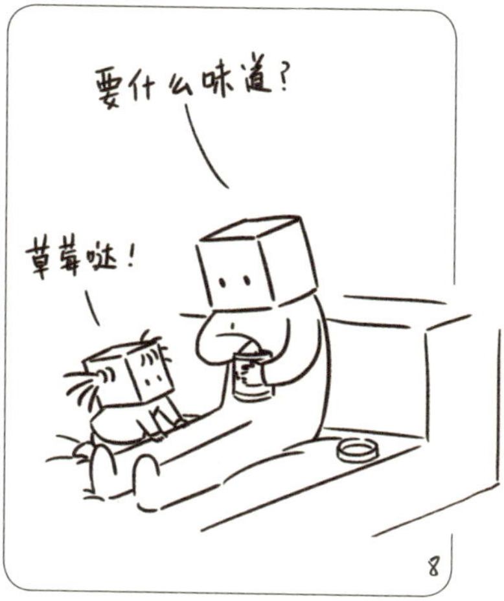
要什么味道？
草莓哒！
8

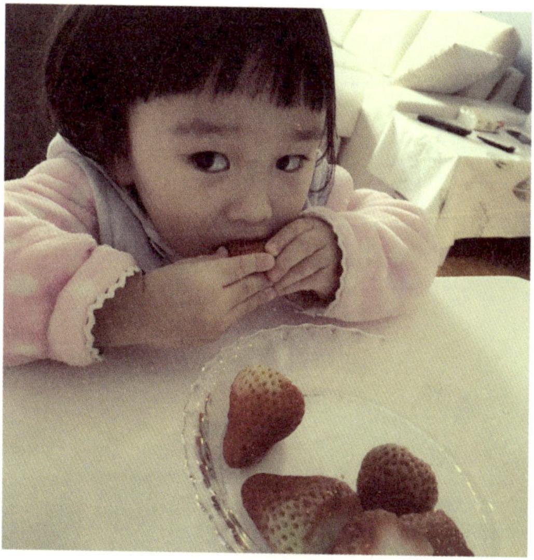

[2.一点都不甜蜜的电视时间]

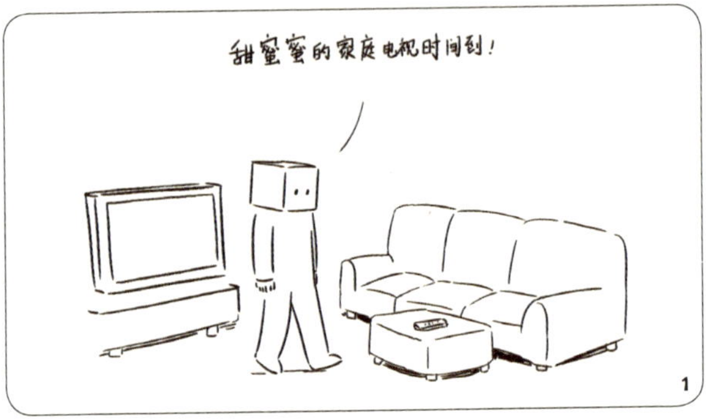

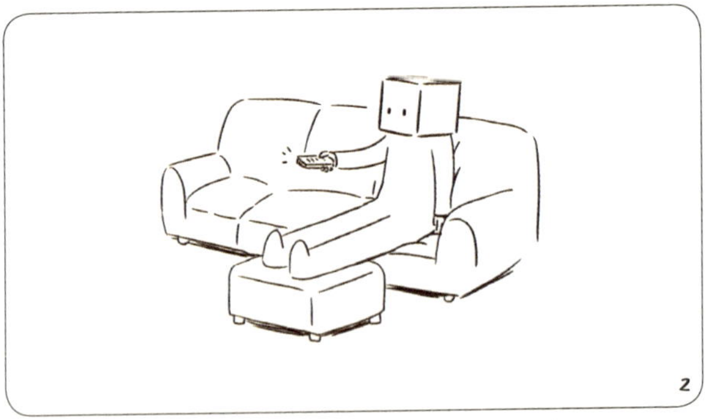

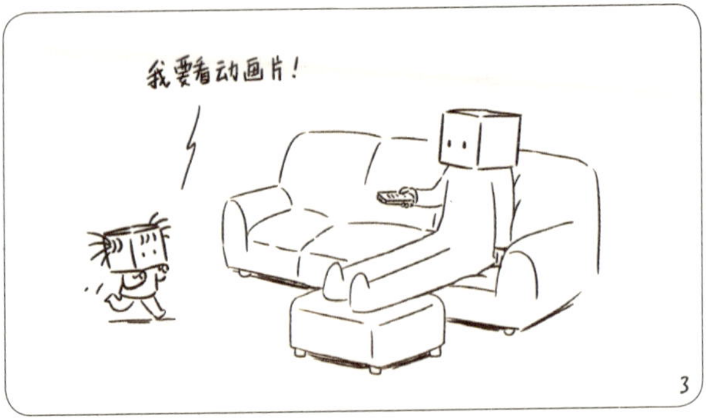

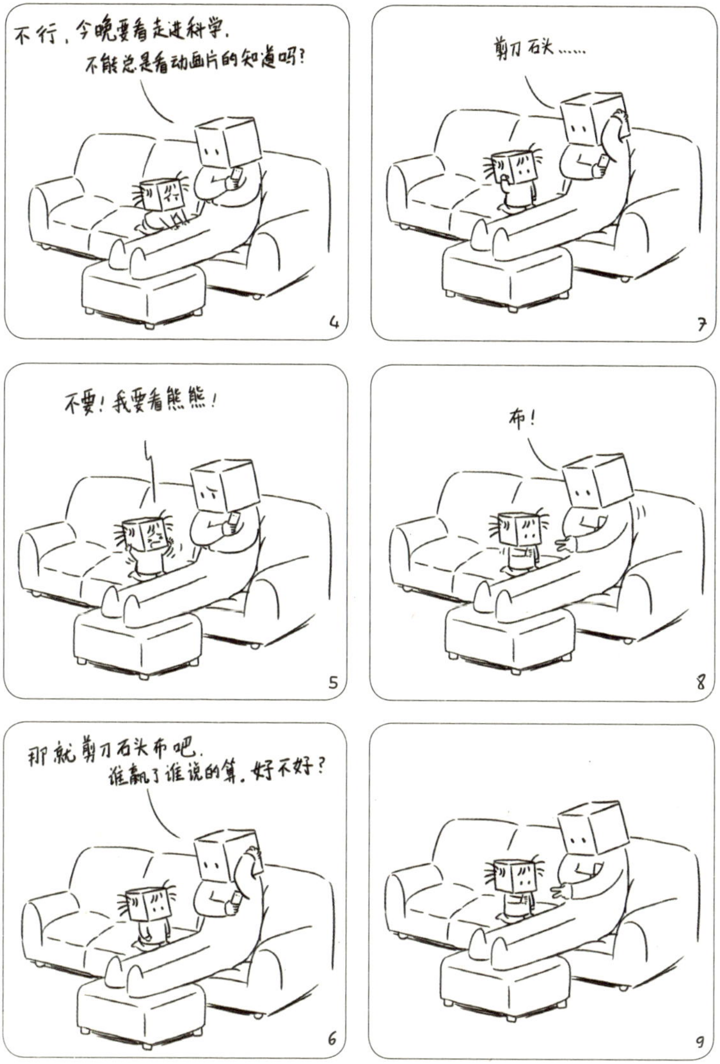
不行，今晚要看走进科学，
不能总是看动画片的知道吗？
不要！我要看熊熊！
那就剪刀石头布吧，
谁赢了谁说的算，好不好？
剪刀石头……
布！

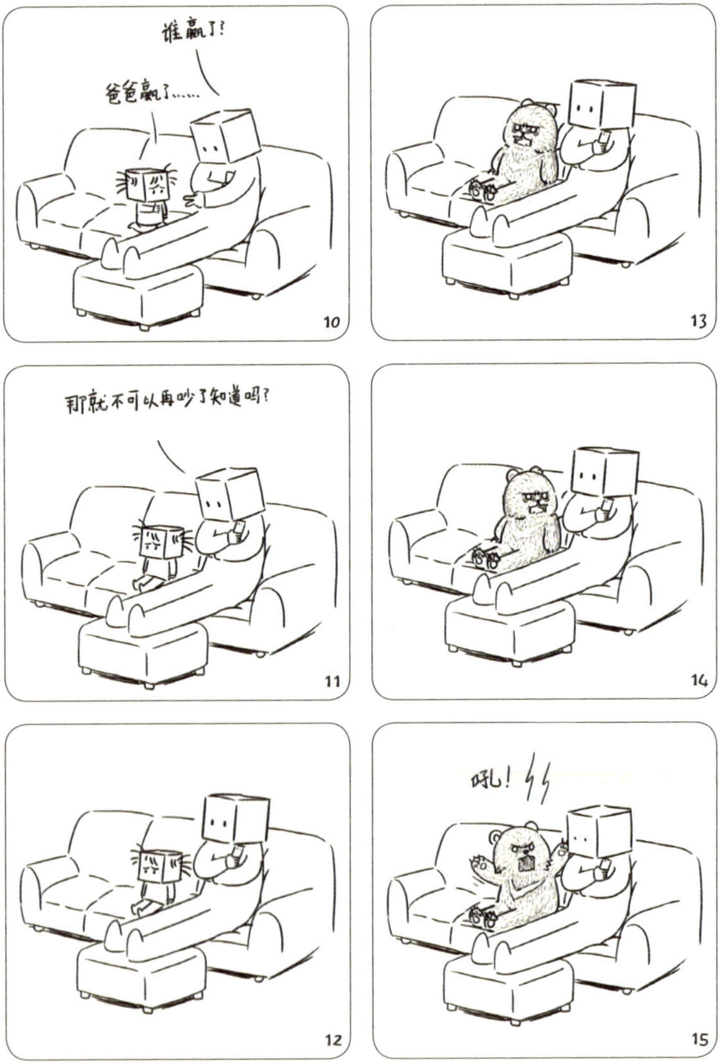
谁赢了?
爸爸赢了……
那就不可以再吵了知道吗?
吼!

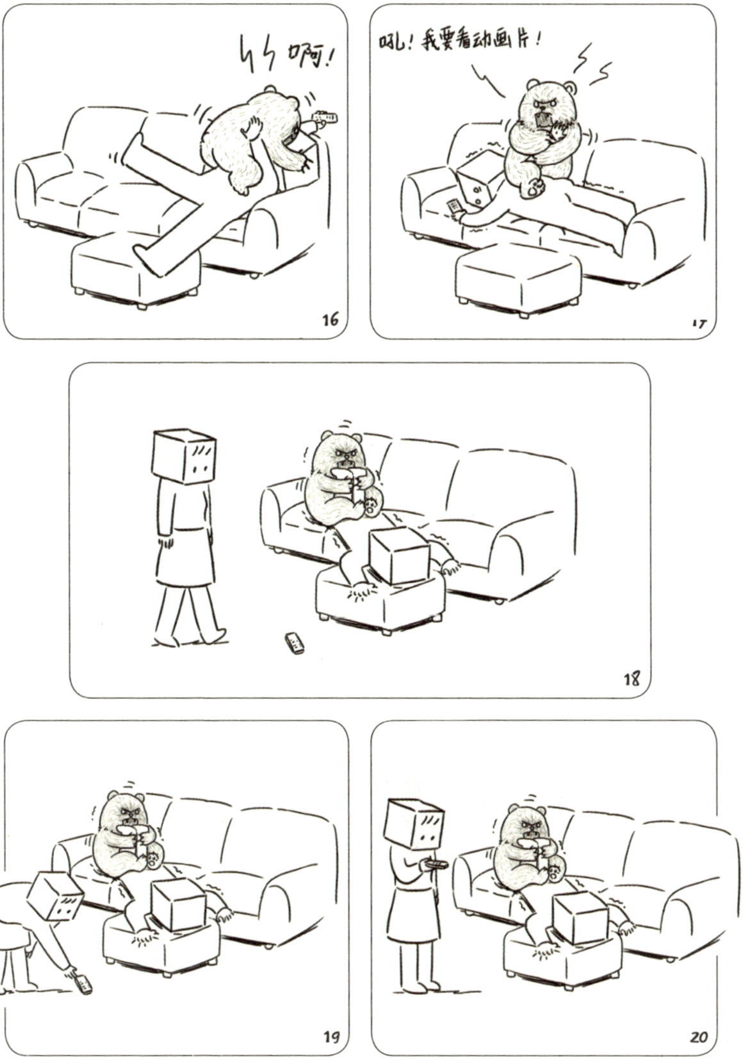
啊!
16
吼!我要看动画片!
17
18
19
20

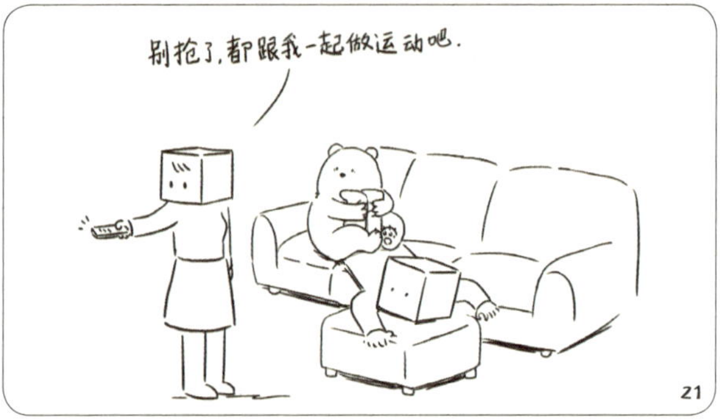
别抢了，都跟我一起做运动吧。
21

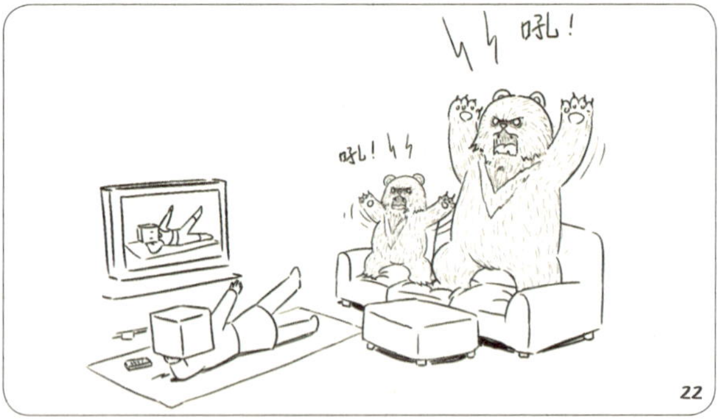
吼！
吼！
22

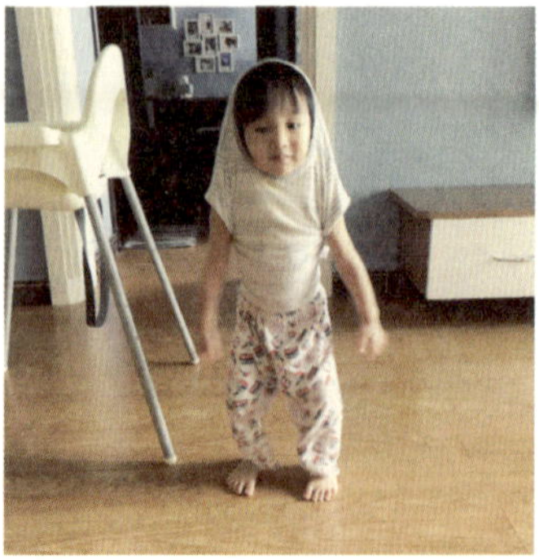

[3.报名]

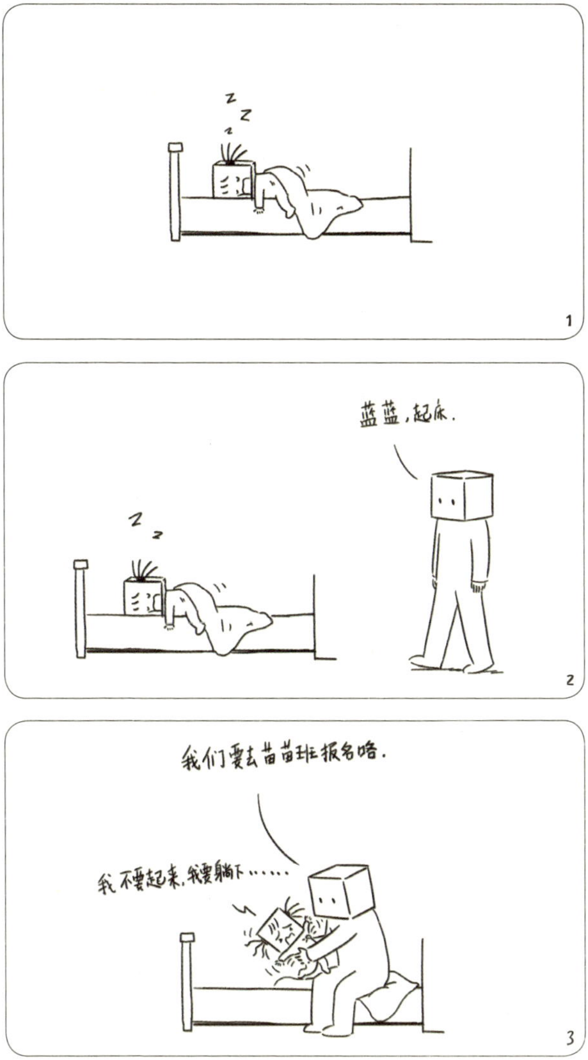

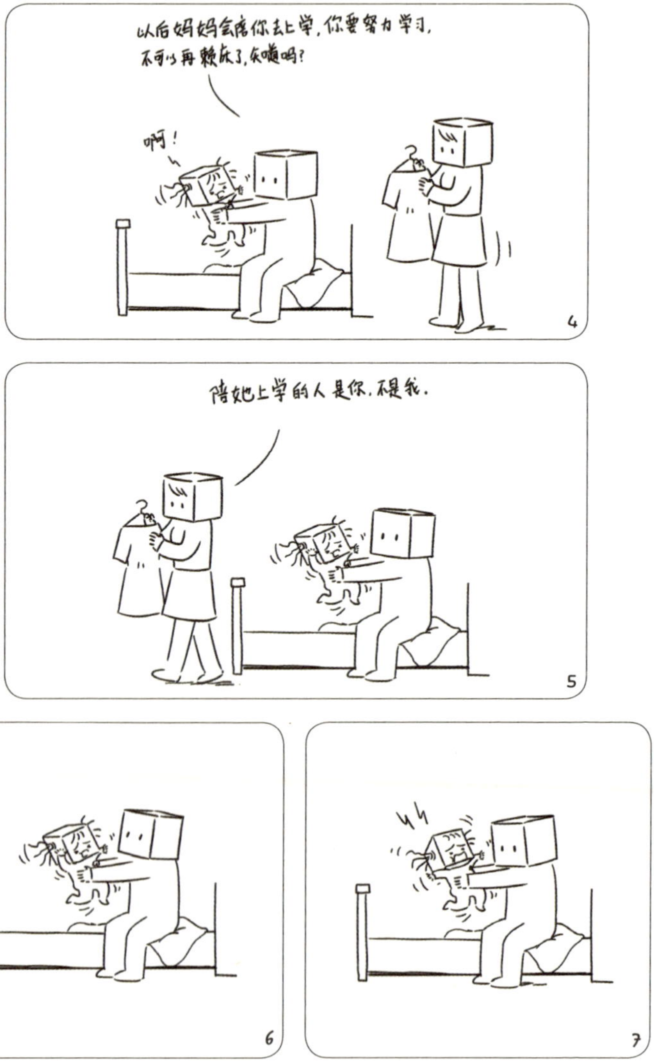
以后妈妈会陪你去上学，你要努力学习，
不可以再赖床了，知道吗？
啊！
4
陪她上学的人是你，不是我。
5
6
7

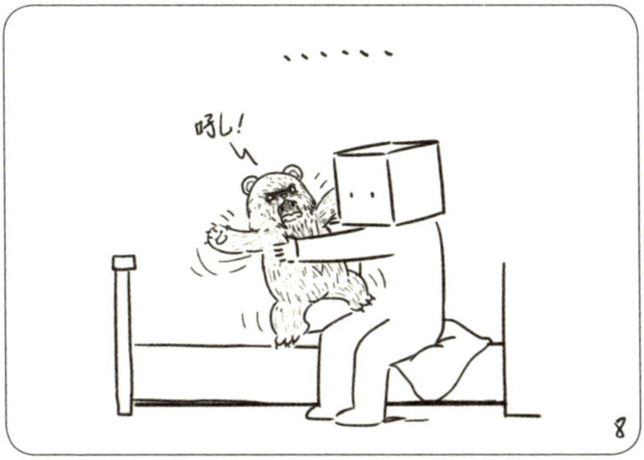
……
吼!
8

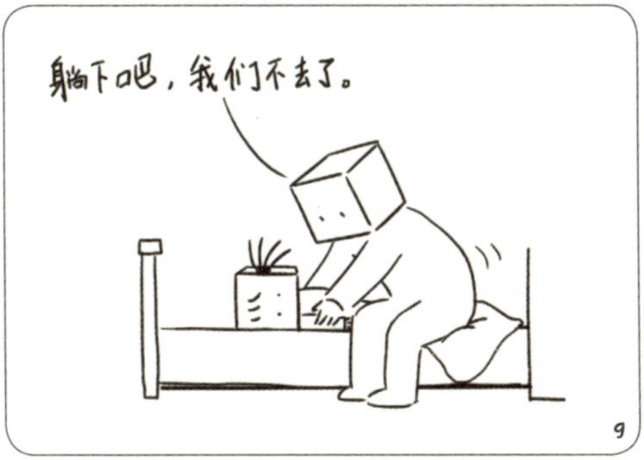
躺下吧，我们不去了。
9

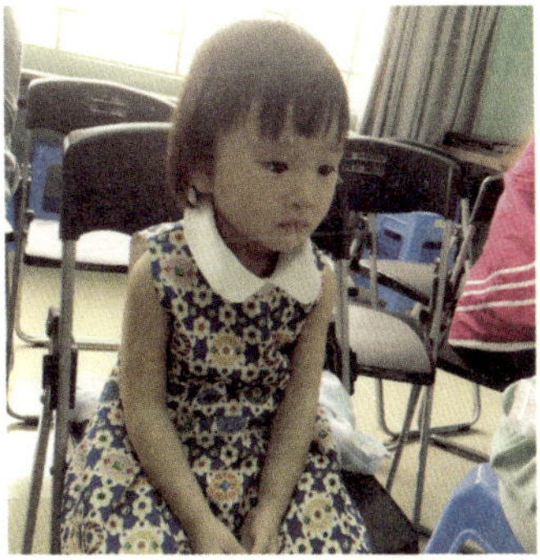

[4.叫爸爸]

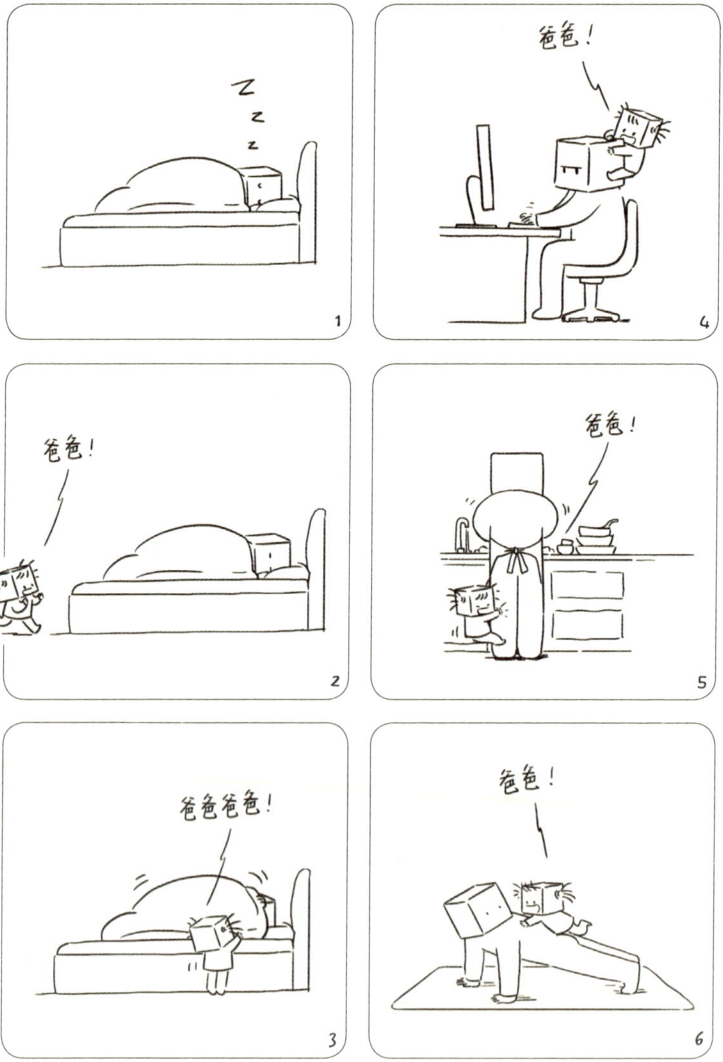

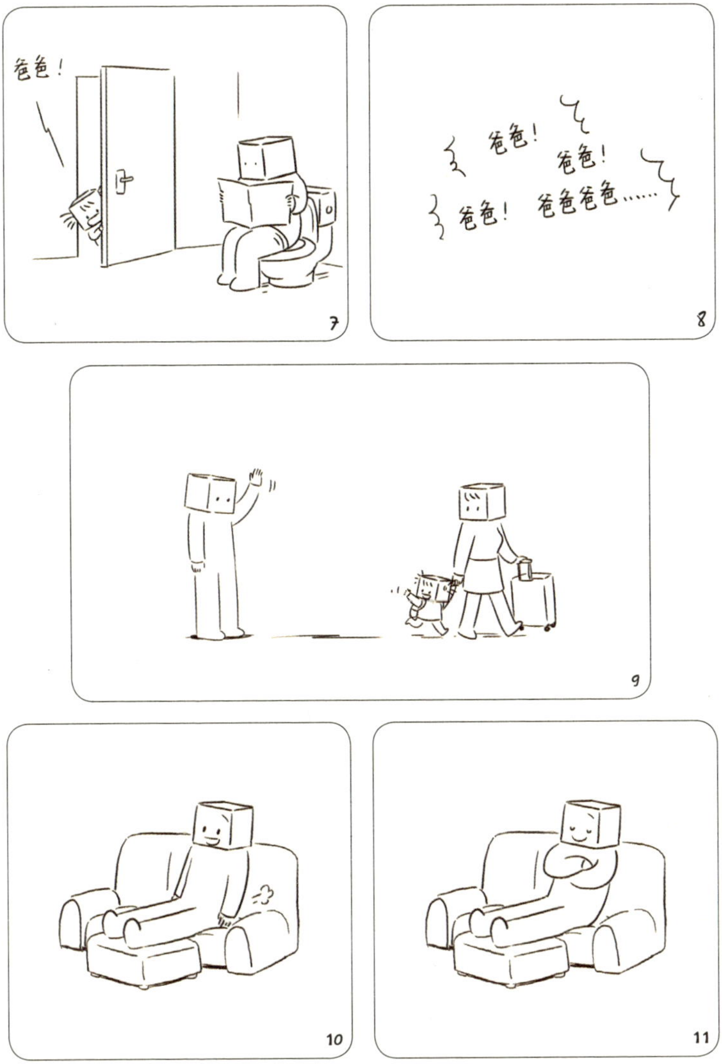
爸爸！
7
爸爸！
爸爸！
爸爸！
爸爸爸爸……
8
9
10
11

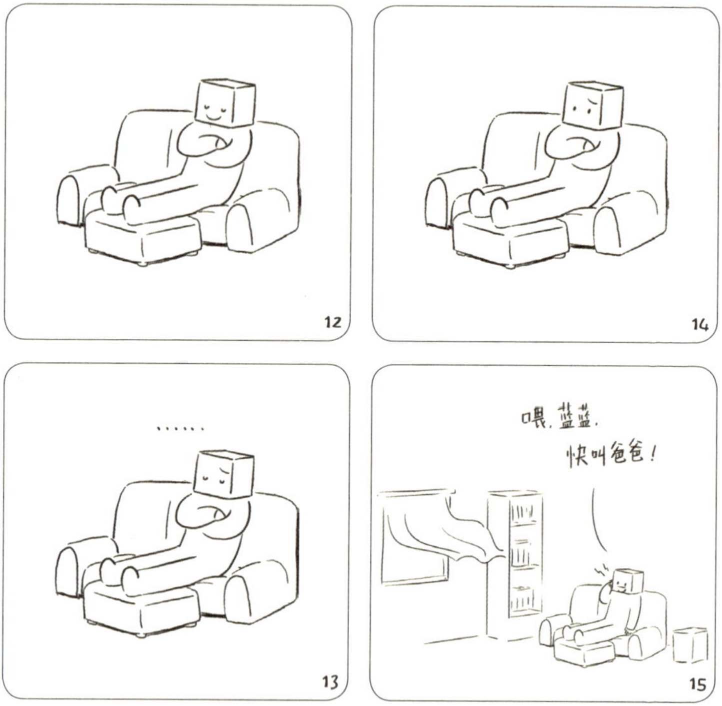
12
14
……
13
喂，蓝蓝，
快叫爸爸！
15

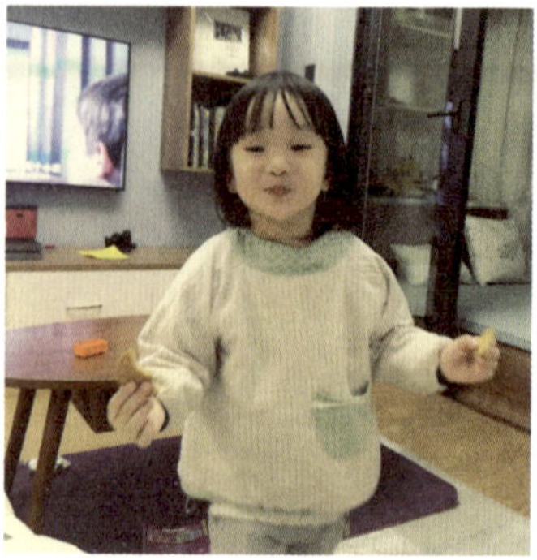

[5.逛街]

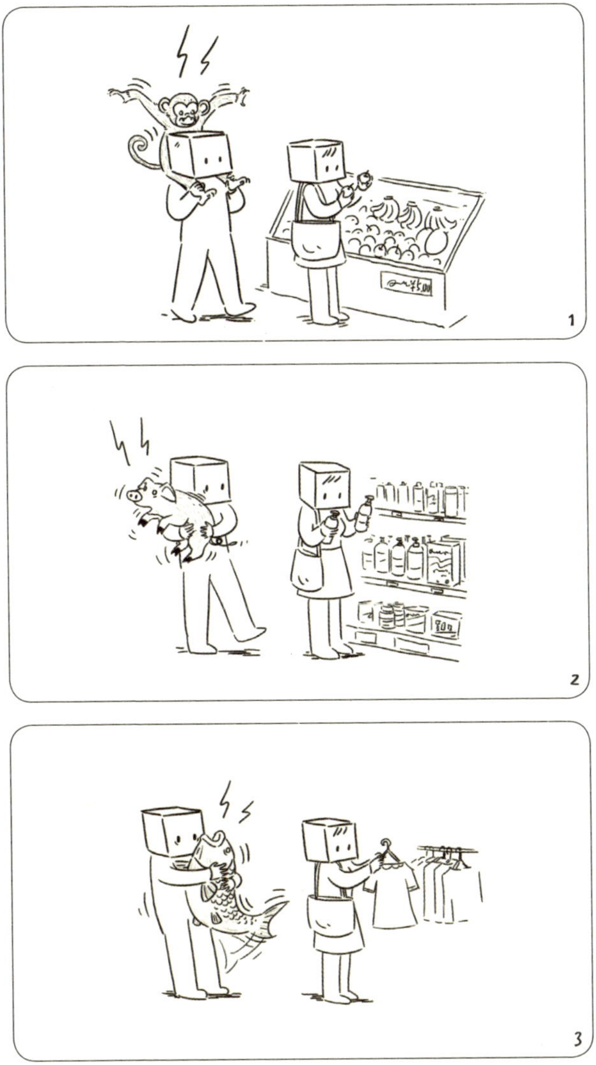

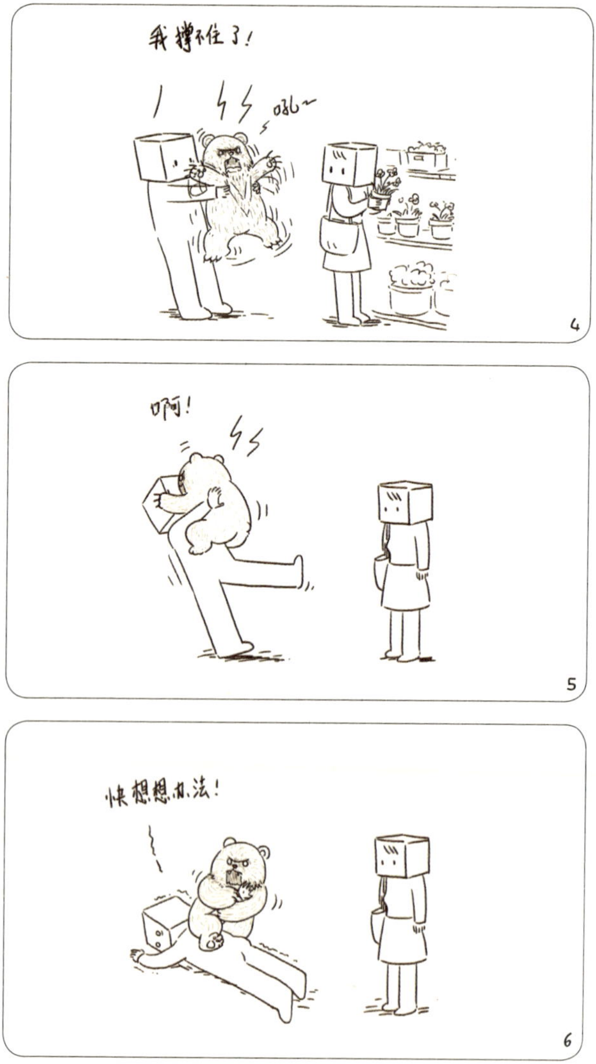
我撑不住了!
吼~
4
啊!
5
快想想办法!
6

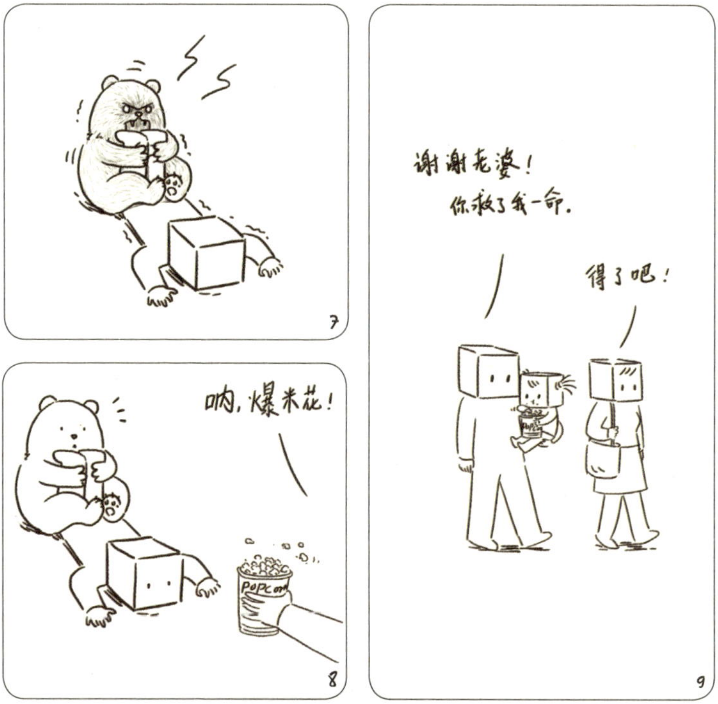
呐，爆米花！
POPCORN
谢谢老婆！
你救了我一命。
得了吧！

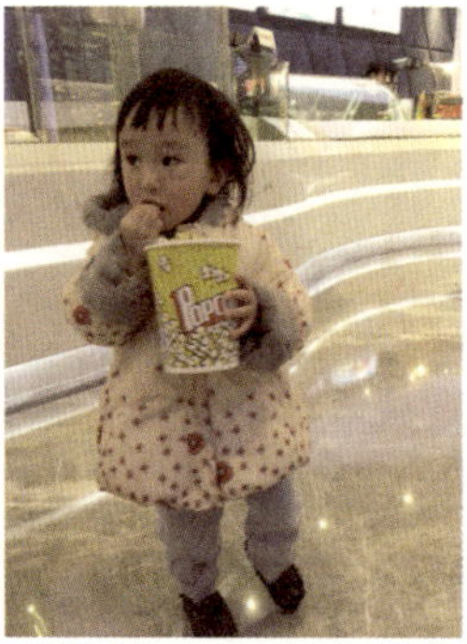

[6爸爸睡哪里]

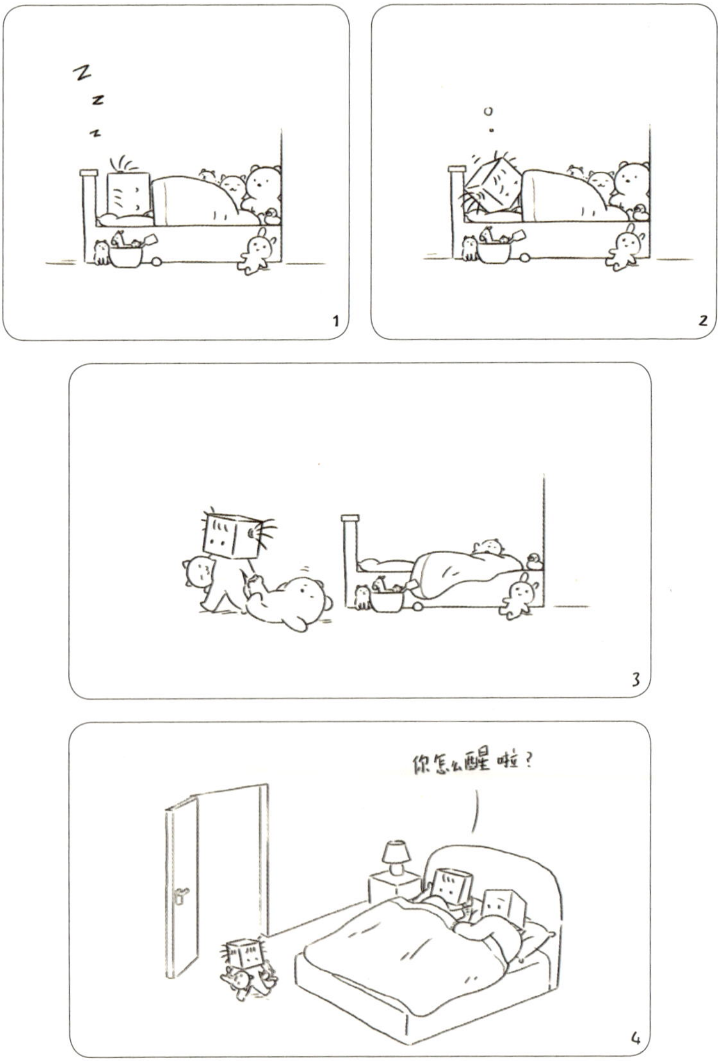

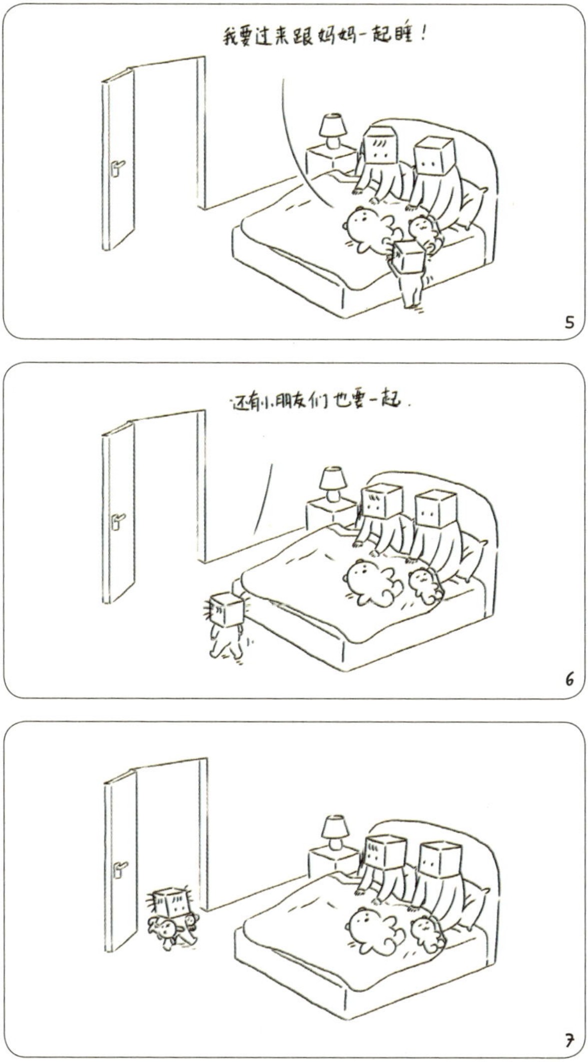
我要过来跟妈妈一起睡！
5
还有小朋友们也要一起.
6
7

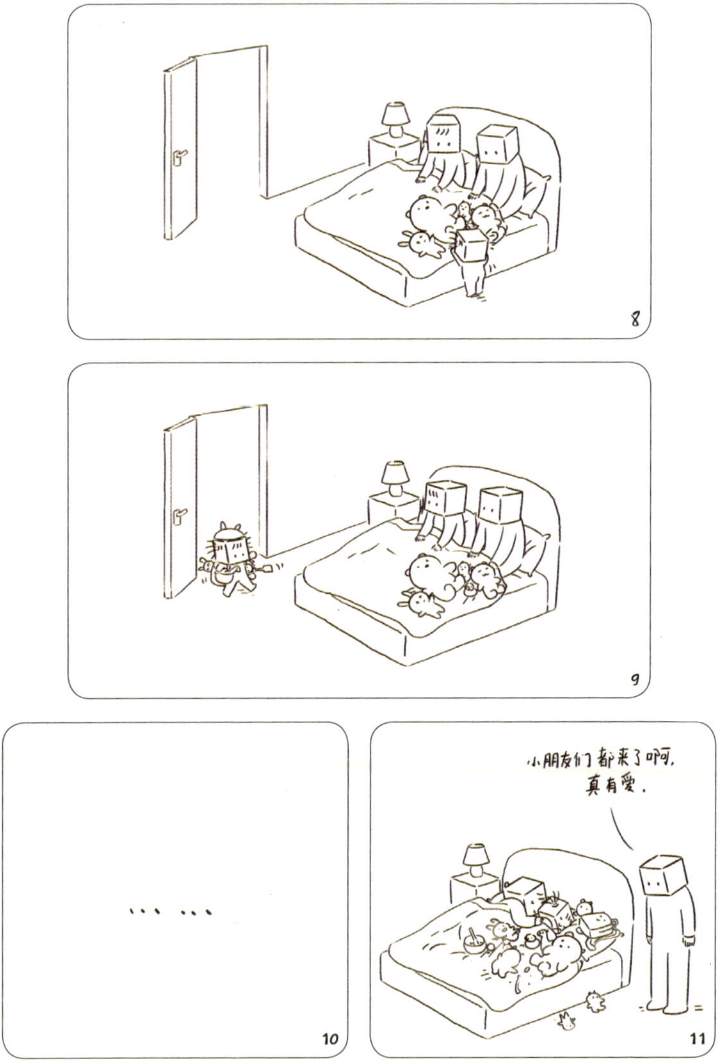
8
9
…… ……
10
小朋友们都来了呵呵，
真有爱。
11

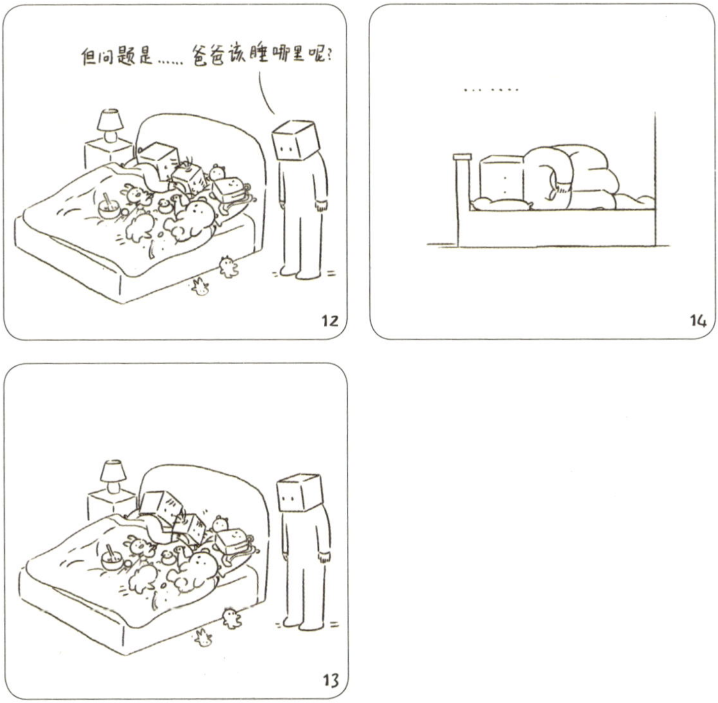
但问题是……爸爸该睡哪里呢？
12
13
……
14

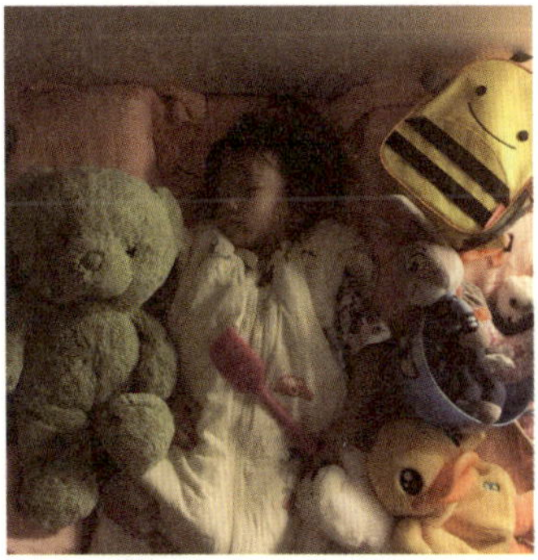

[7.妈妈的理想就是我们的理想]

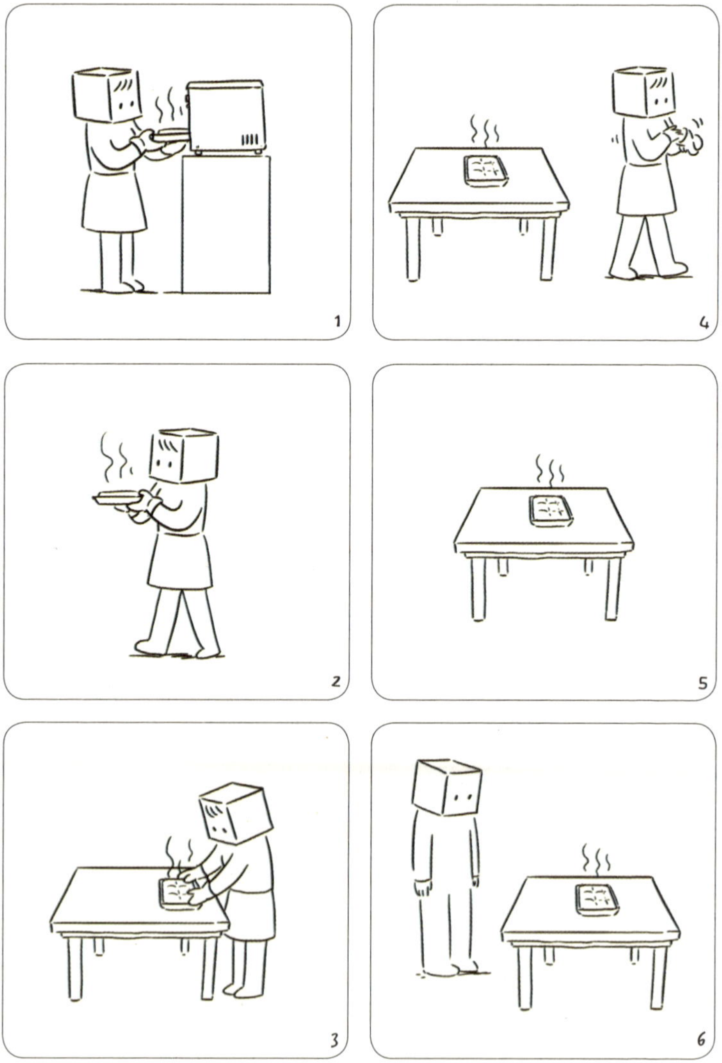

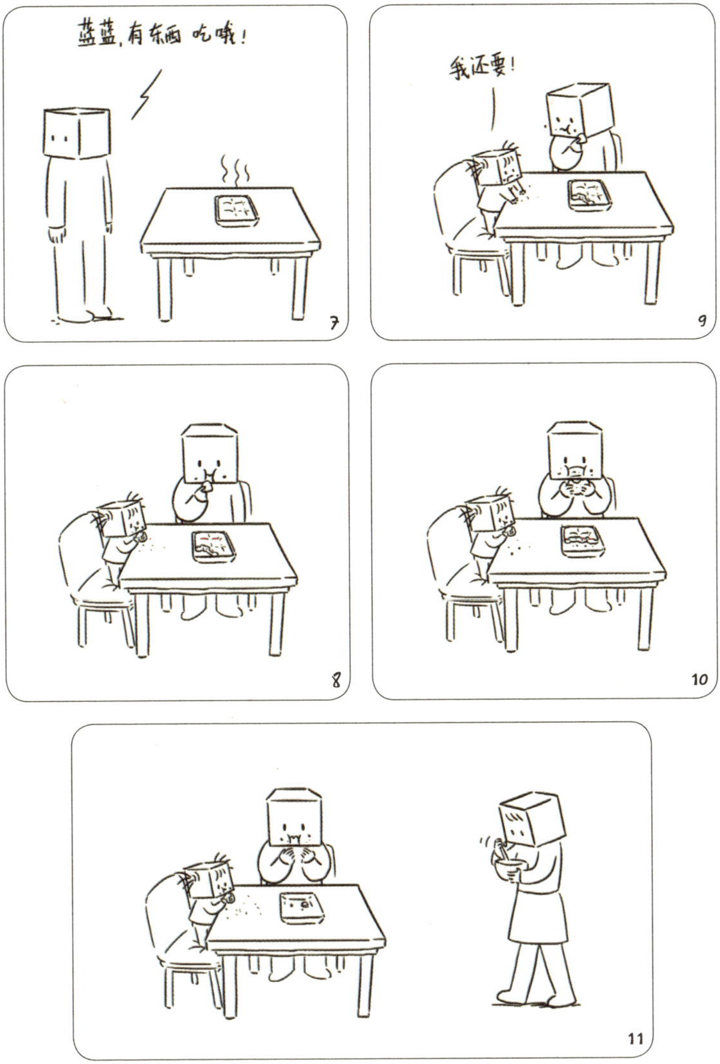
蓝蓝，有东西吃哦！
7
8
我还要！
9
10
11

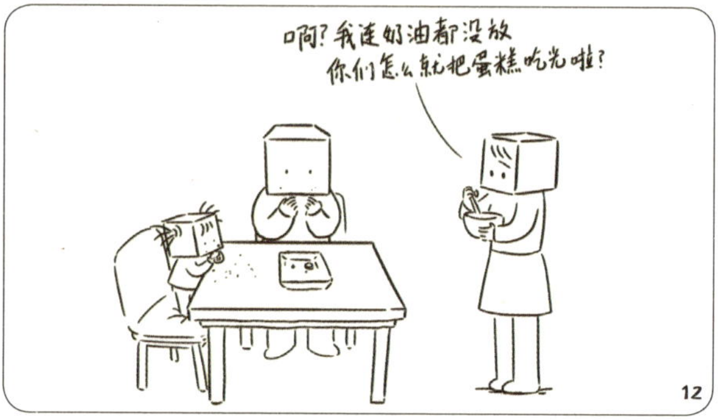
啊？我连奶油都没放
你们怎么就把蛋糕吃光啦？
12

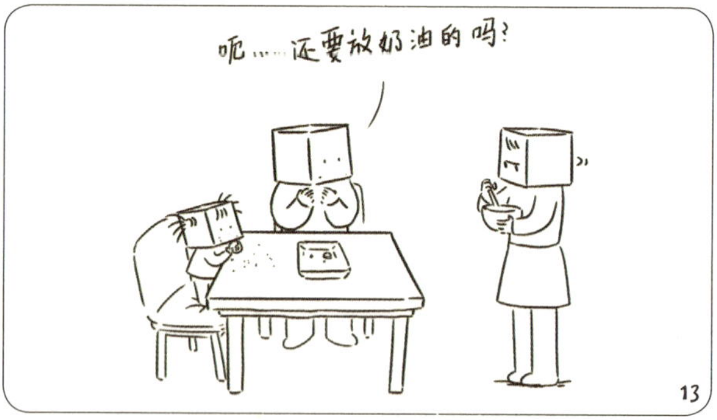
呃……还要放奶油的吗？
13

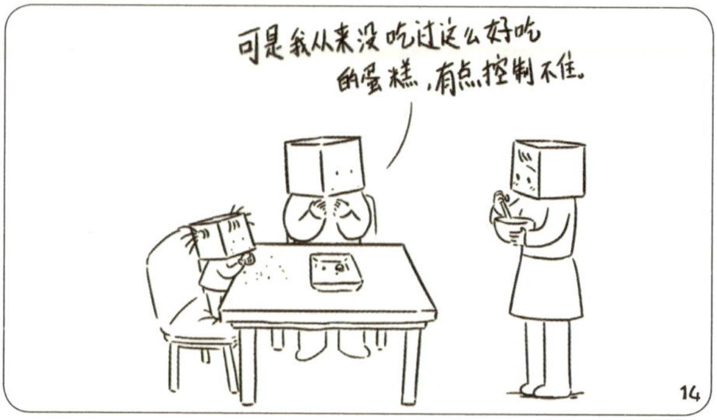
可是我从来没吃过这么好吃
的蛋糕，有点控制不住。
14

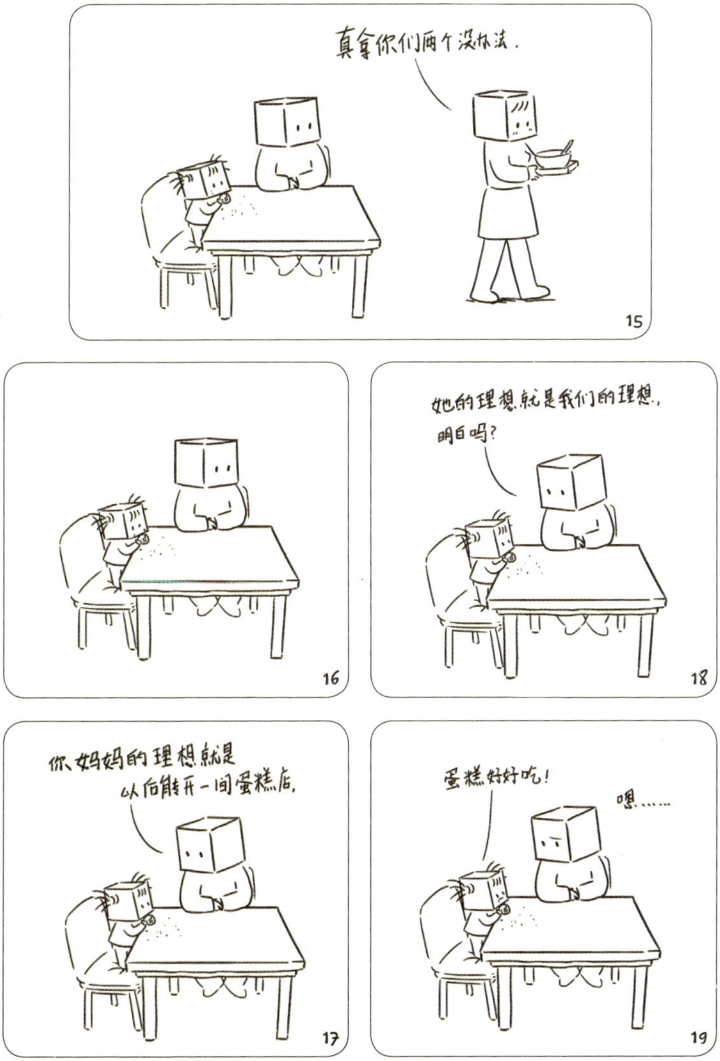
真拿你们两个没办法.
15
16
你、妈妈的理想就是以后能开一间蛋糕店.
17
她的理想就是我们的理想，明白吗？
18
蛋糕好好吃！
嗯……
19

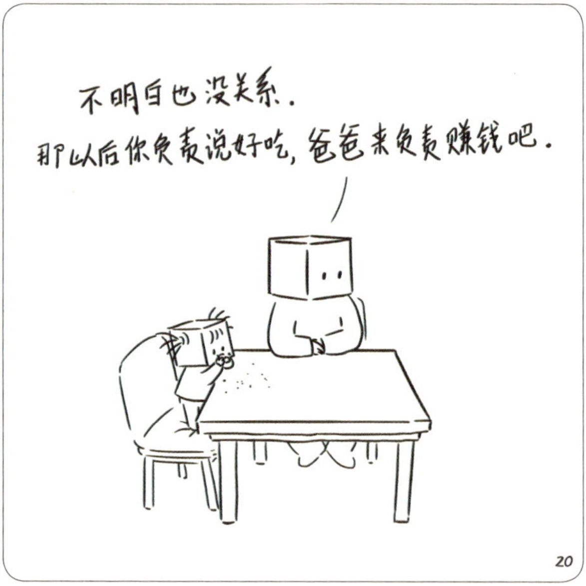
不明白也没关系。
那以后你负责说好吃，爸爸来负责赚钱吧。
20

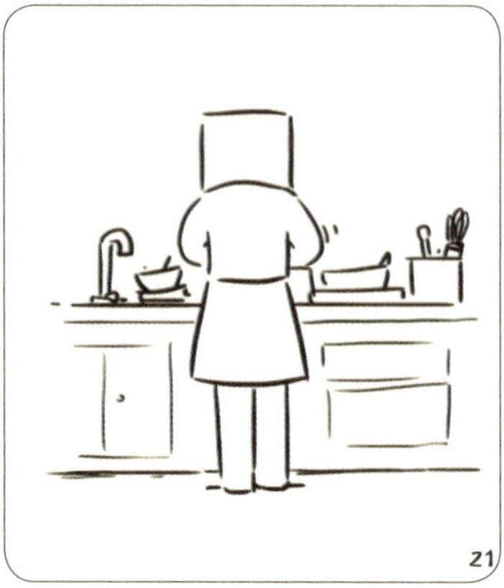
21

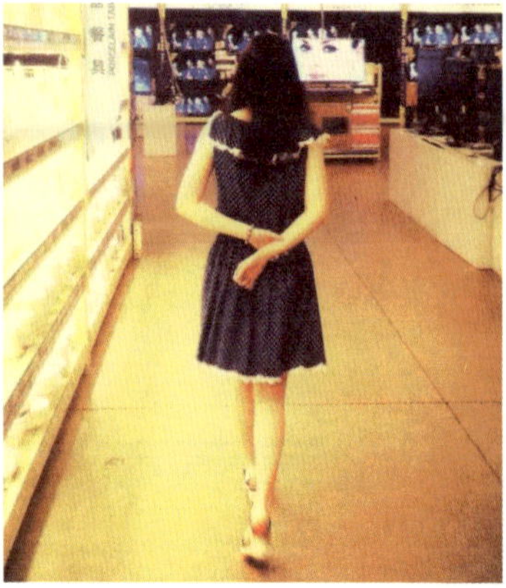

[8.谢谢你]

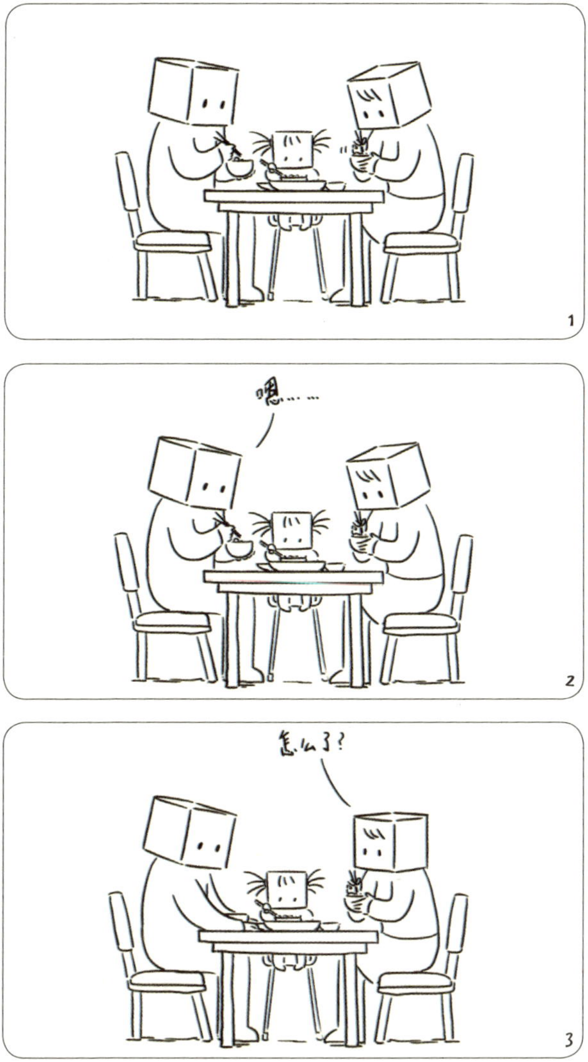

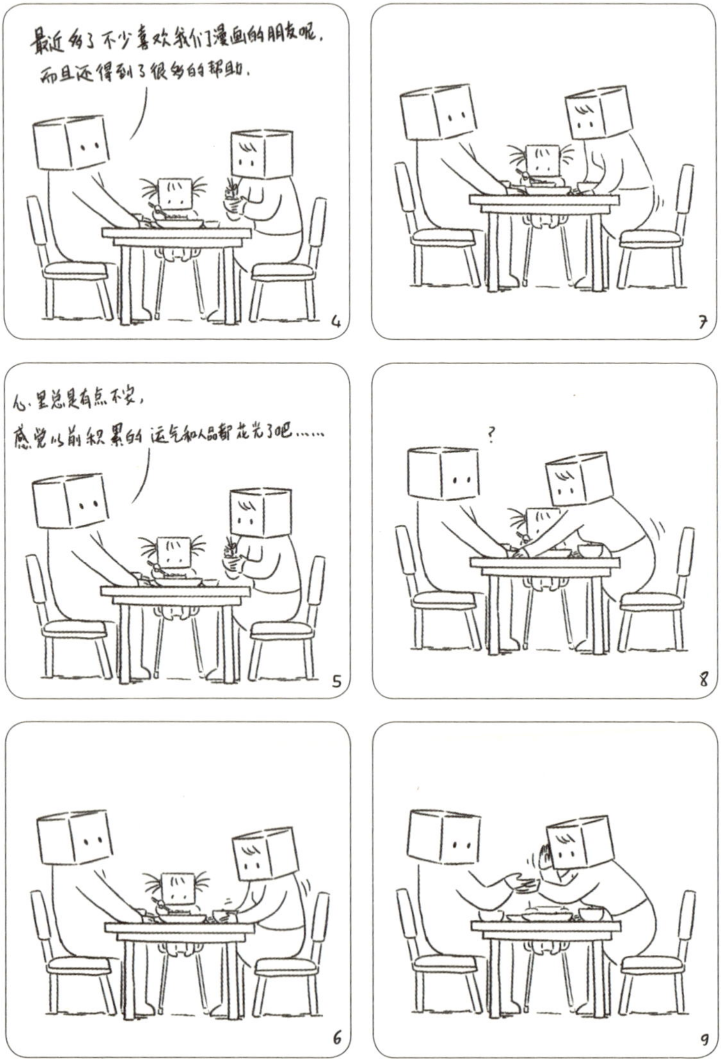
最近多了不少喜欢我们漫画的朋友呢，
而且还得到了很多的帮助。
4
心里总是有点不安，
感觉以前积累的运气和人品都花光了吧……
5
6
7
?
8
9

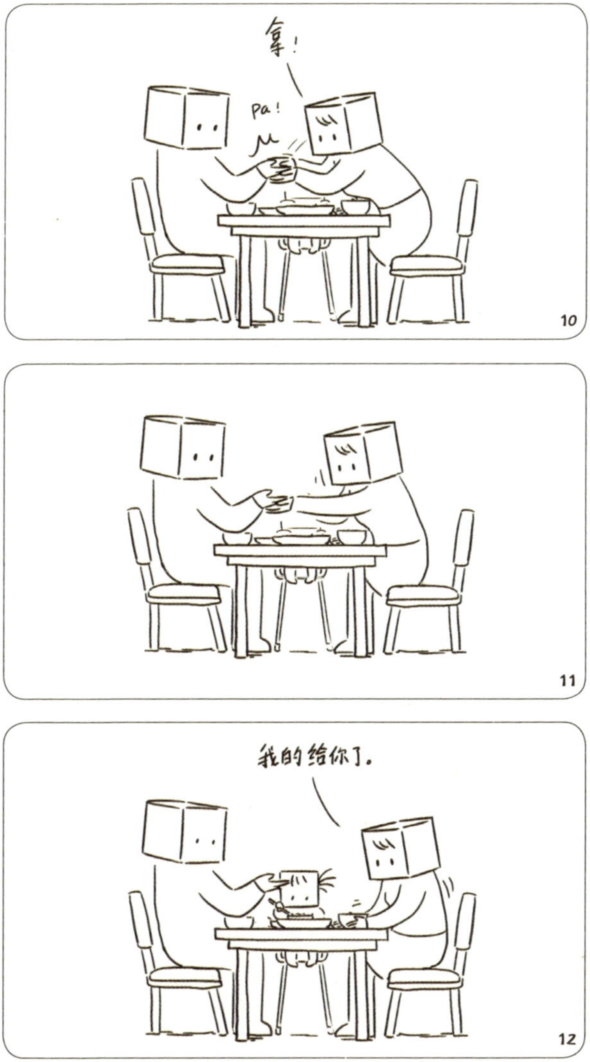
拿！
Pa!
10
11
我的给你了。
12

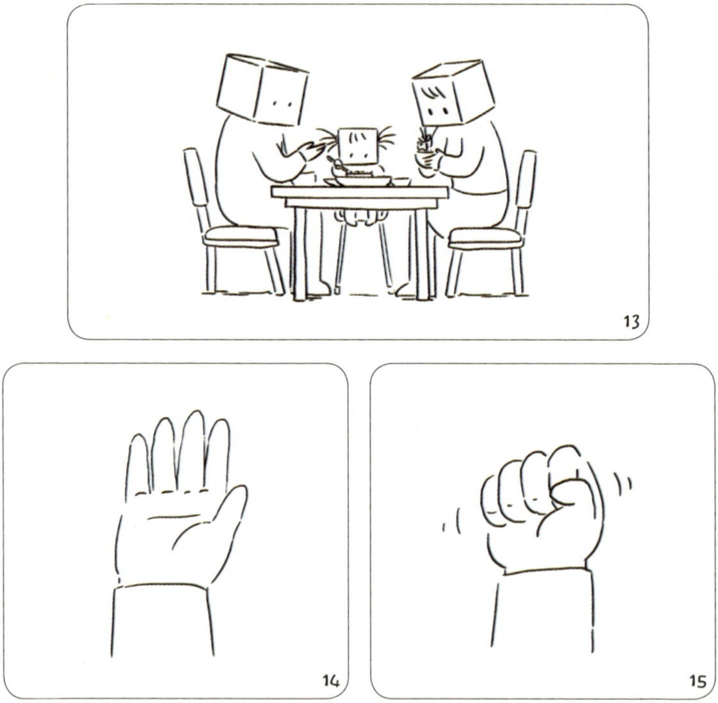

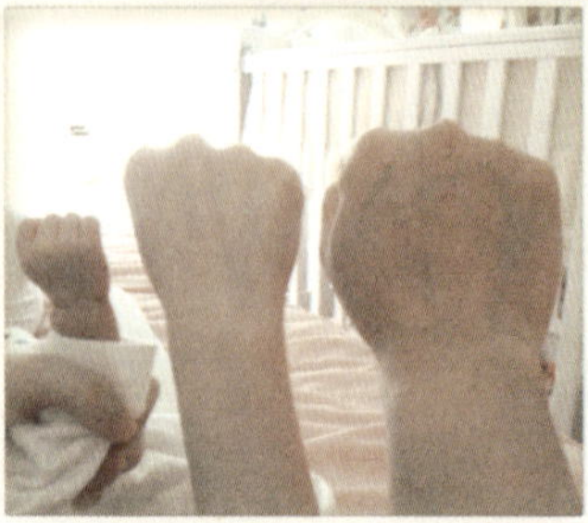

2013年
10月10日

Part 9

糙汉子也有颗柔软的心

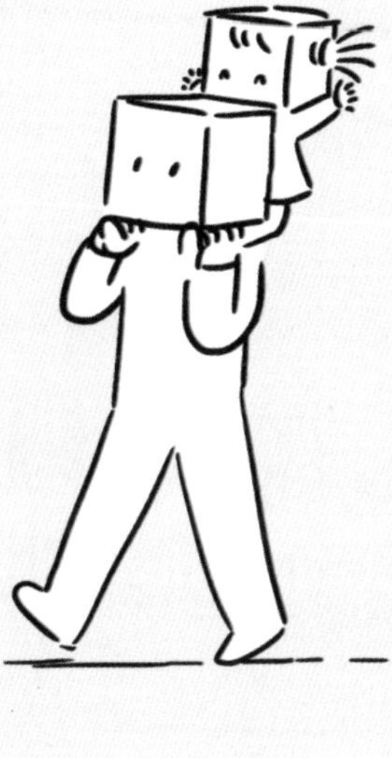

[1.滑梯还没干]

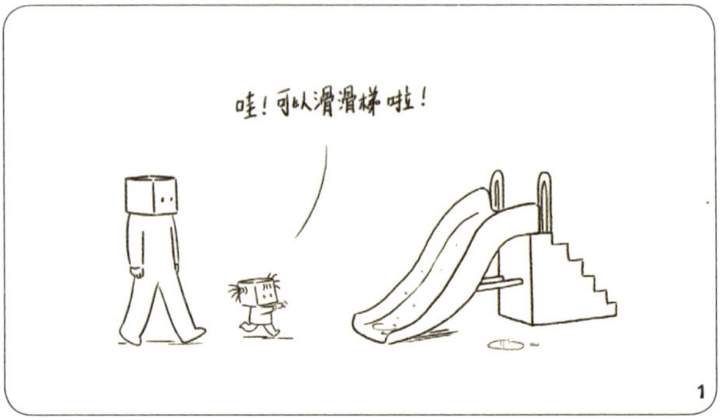

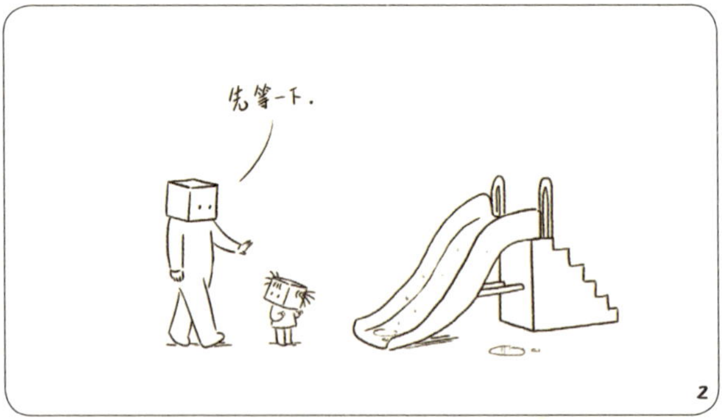

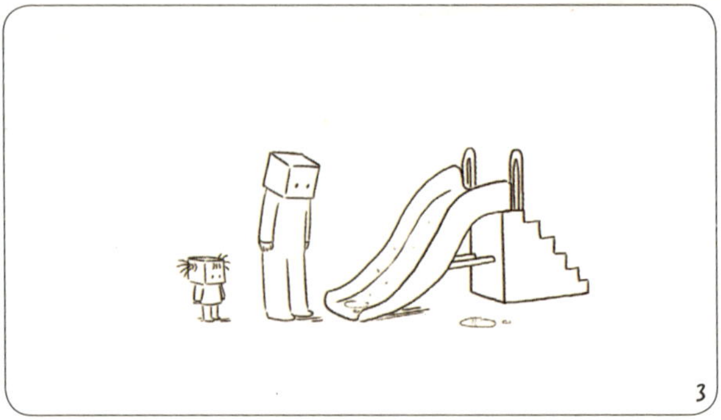

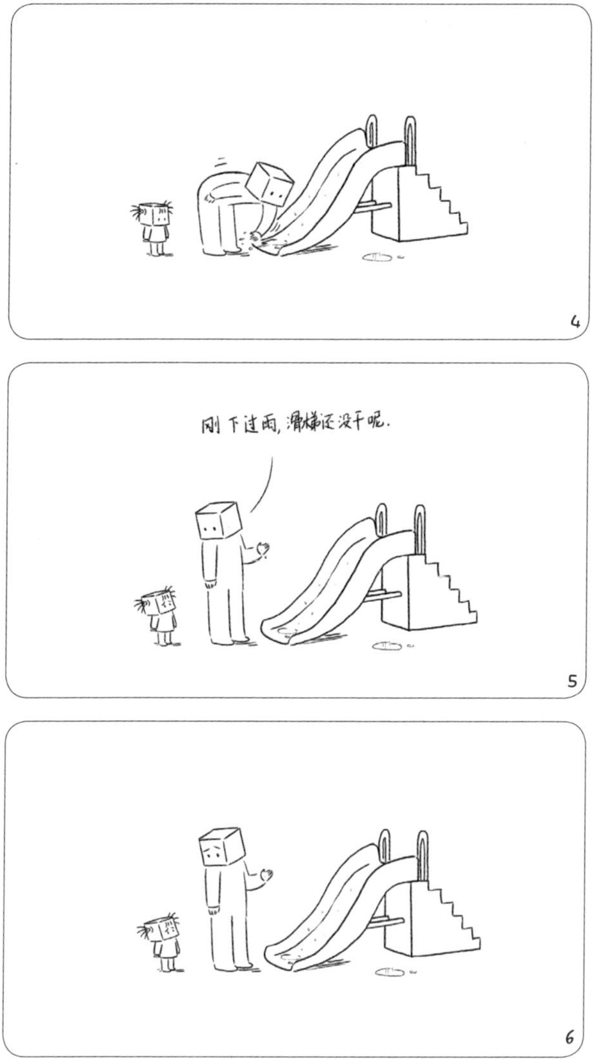
4
刚下过雨，滑梯还没干呢.
5
6

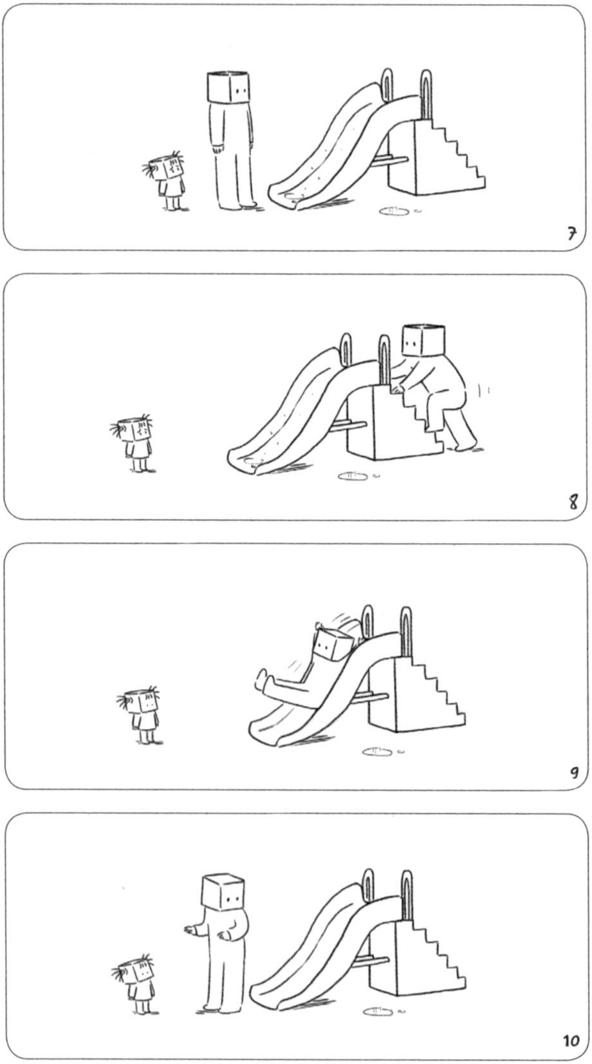
7
8
9
10

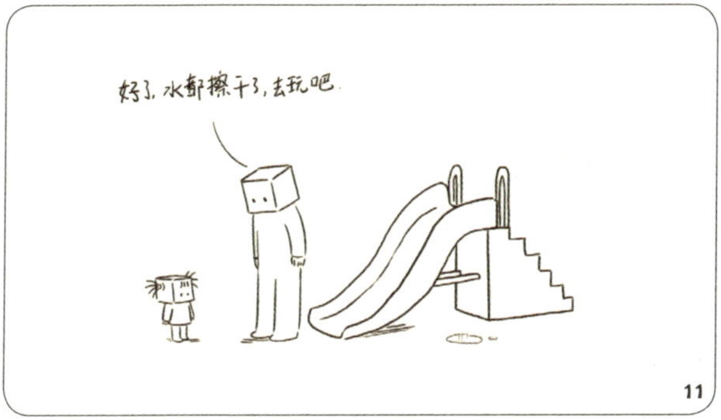
好了，水都擦干了，去玩吧
11

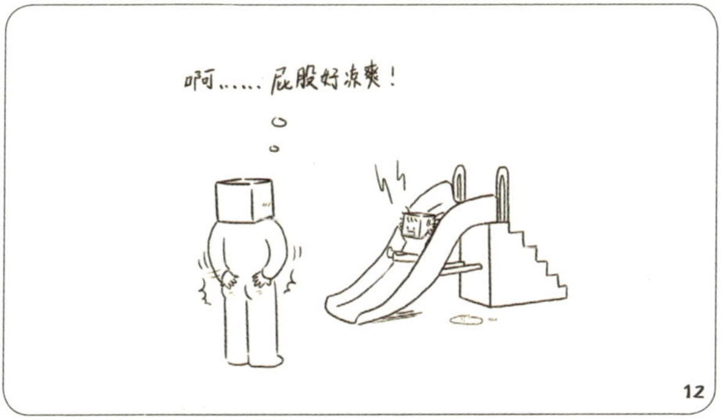
啊……屁股好凉爽！
12

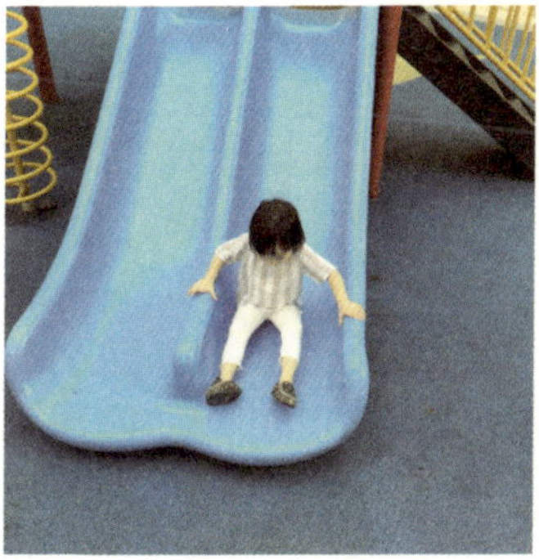

[2.轻浮的臭小子]

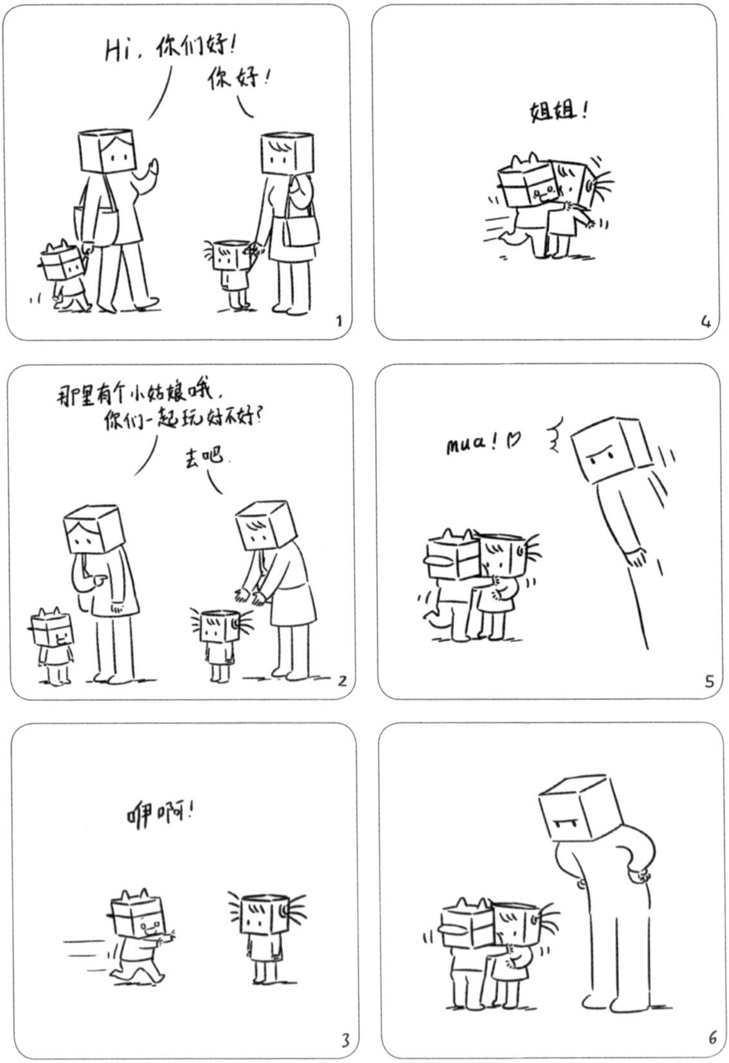

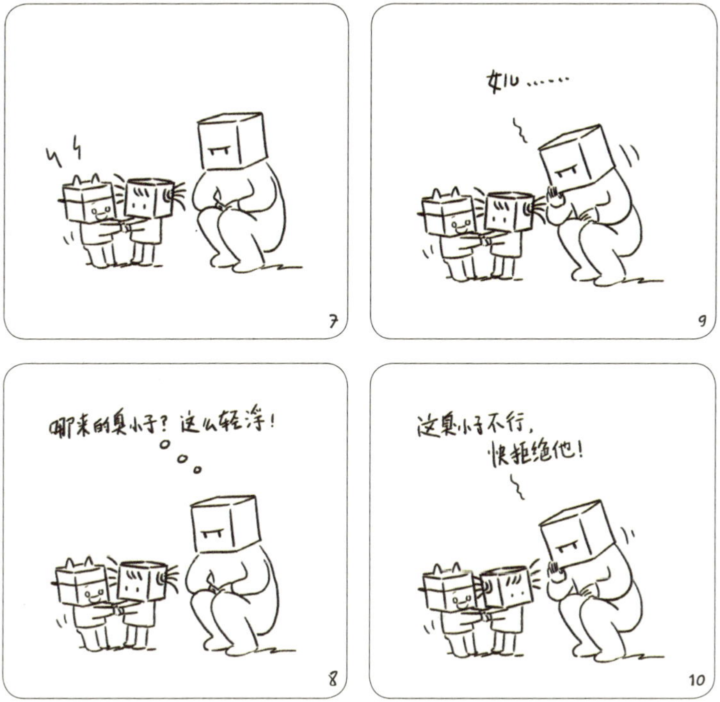
7
哪来的臭小子？这么轻浮！
8
妞……
9
这臭小子不行，
快拒绝他！
10

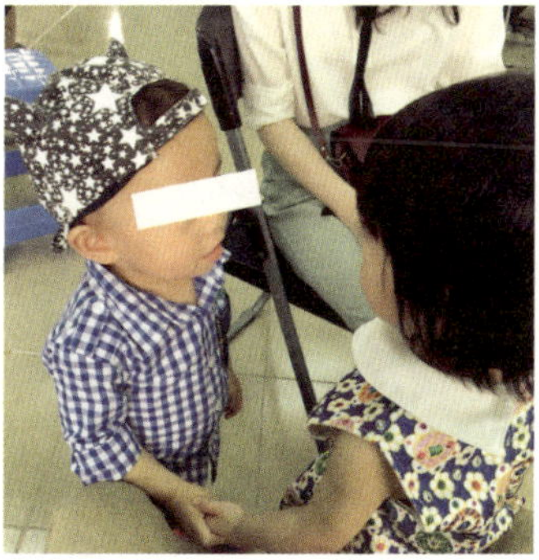

[3.想妈妈了]

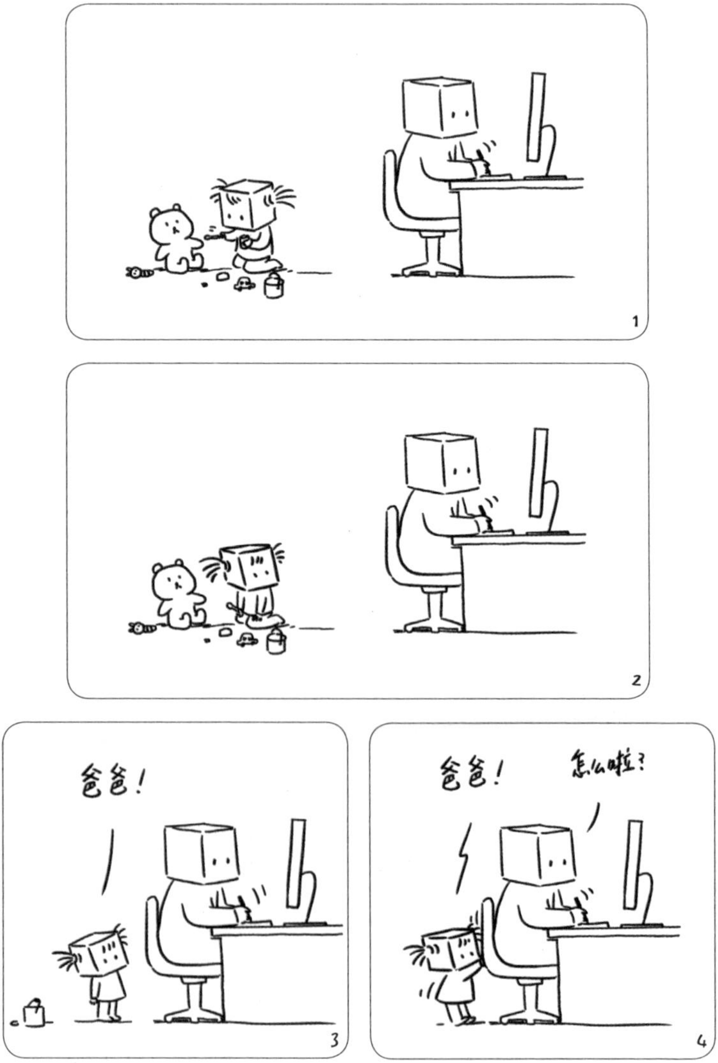

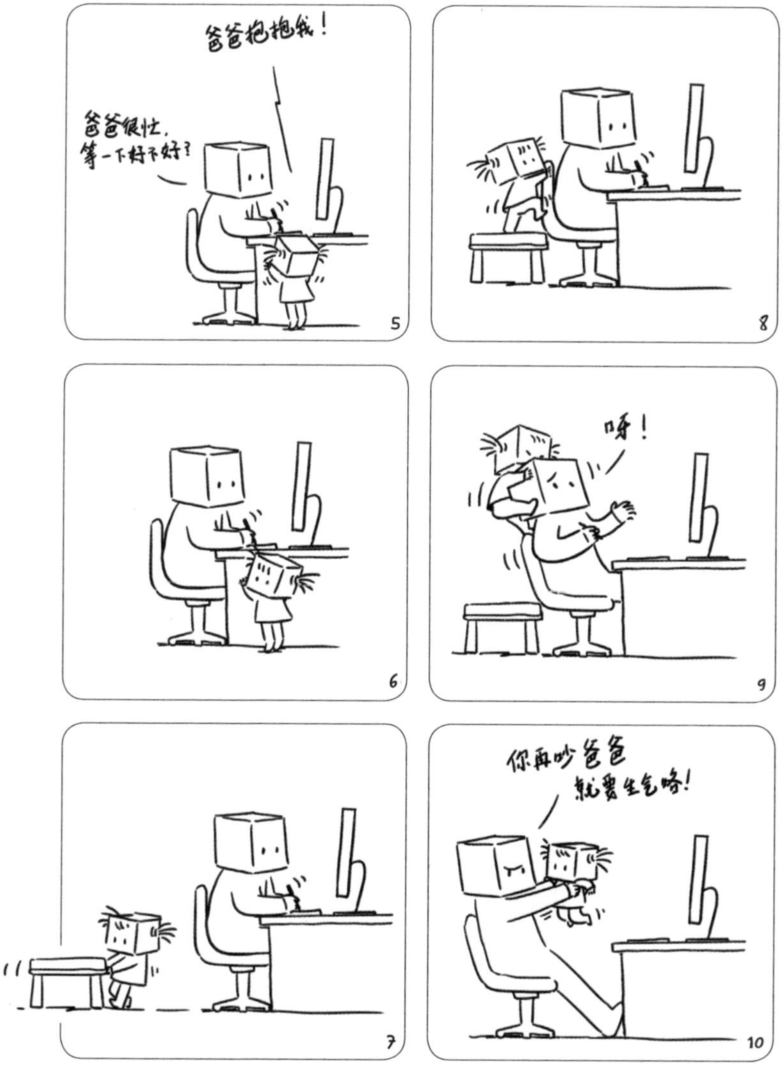
爸爸抱抱我！
爸爸很忙，等一下好不好？
5
6
7
8
呀！
9
你再吵爸爸就要生气咯！
10

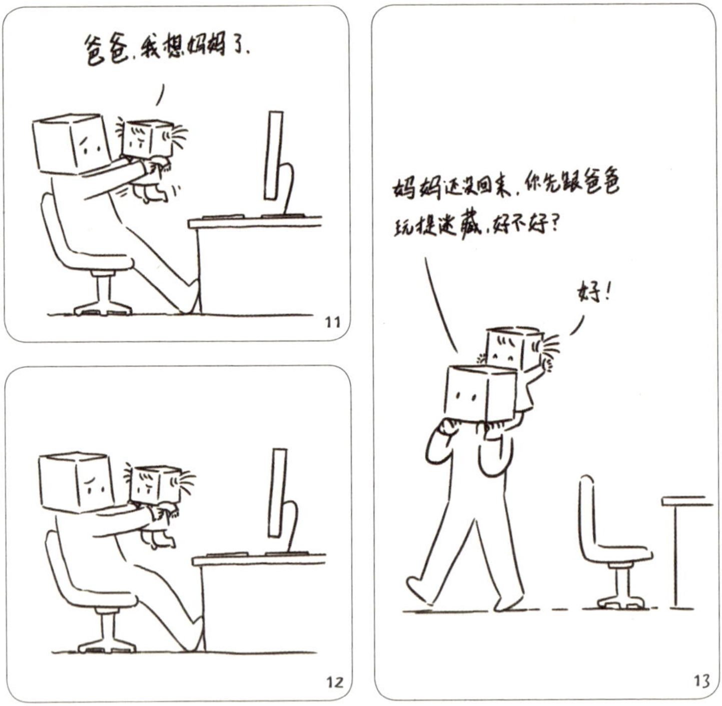
爸爸，我想妈妈了。
11
12
妈妈还没回来，你先跟爸爸
玩捉迷藏，好不好？
好！
13

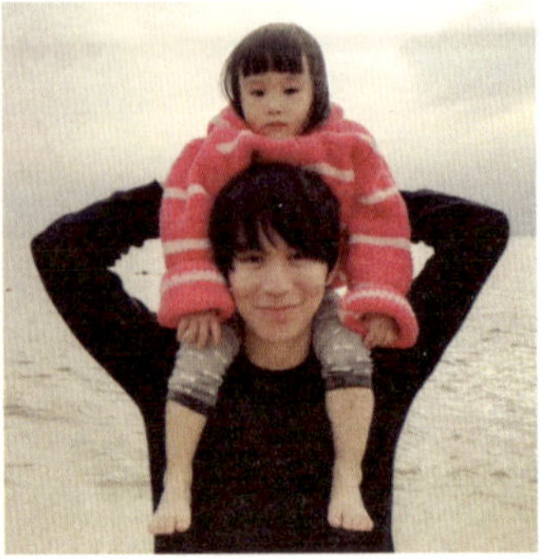

[4.翅膀]

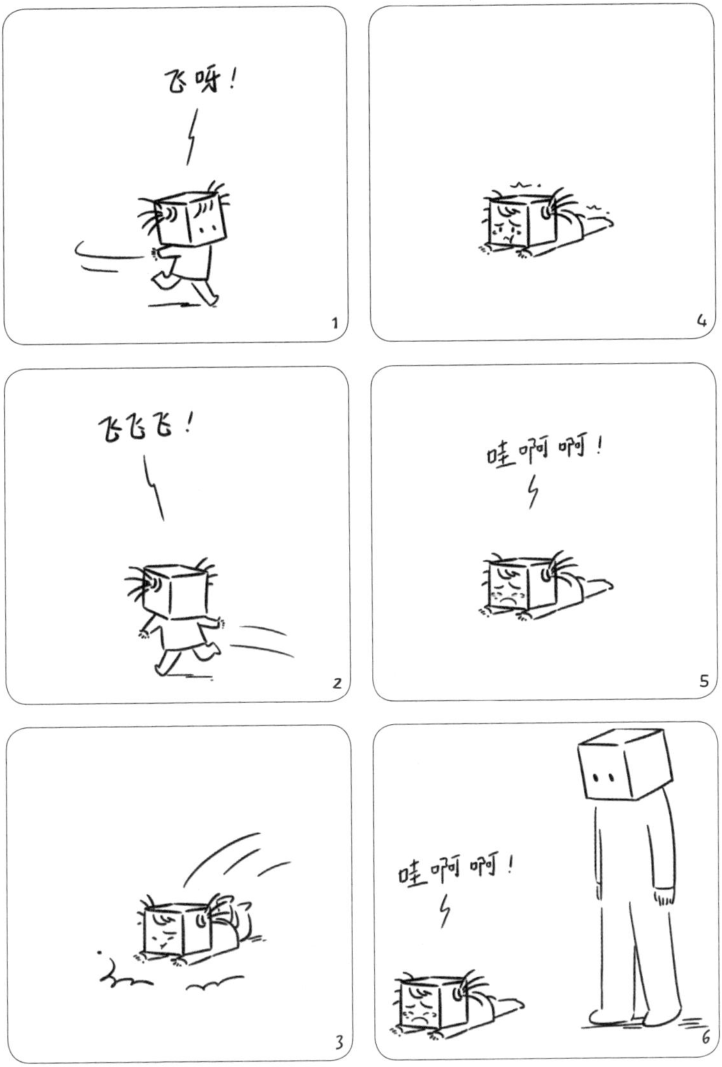

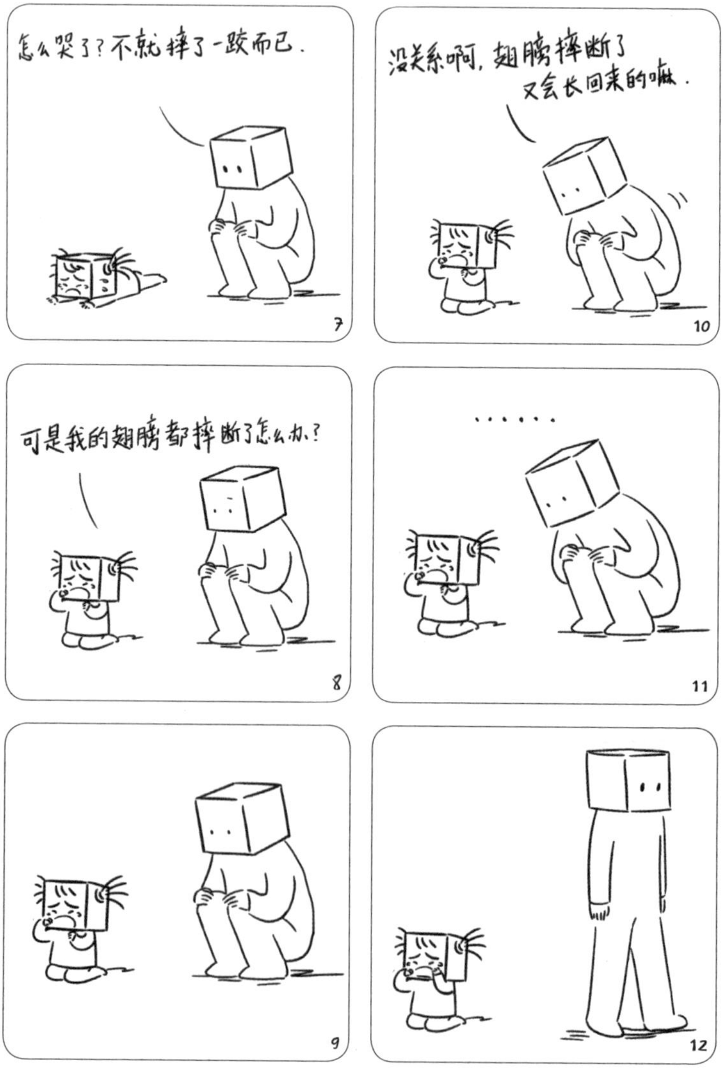
怎么哭了？不就摔了一跤而已。
7
可是我的翅膀都摔断了怎么办？
8
9
没关系啊，翅膀摔断了
又会长回来的嘛。
10
……
11
12

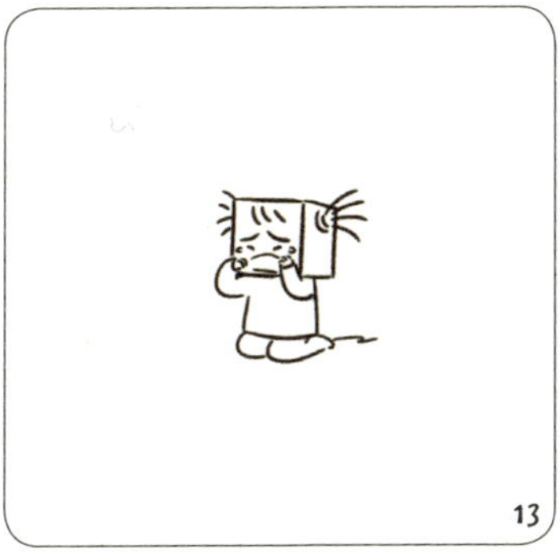
13

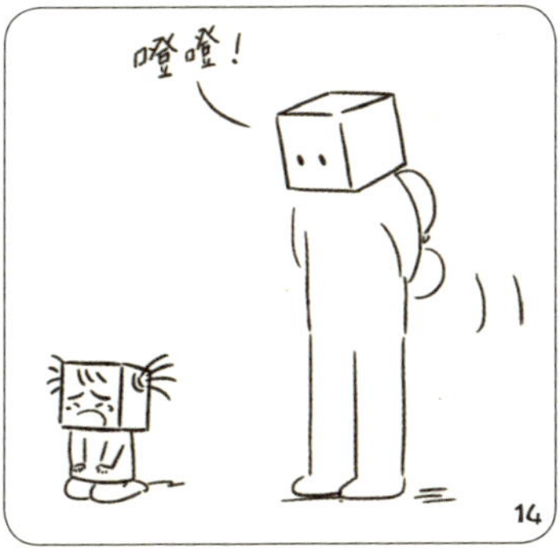
噔噔！
14

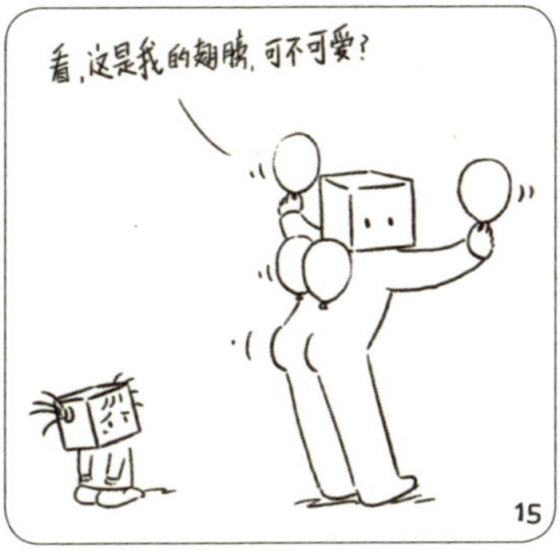
看，这是我的翅膀，可不可爱？
15

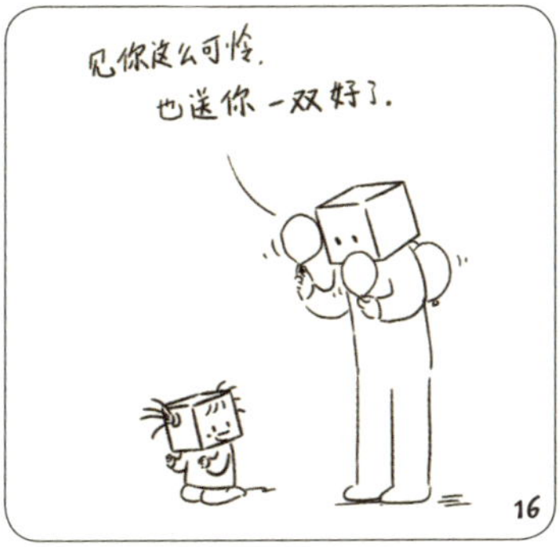
见你这么可怜，
也送你一双好了。
16

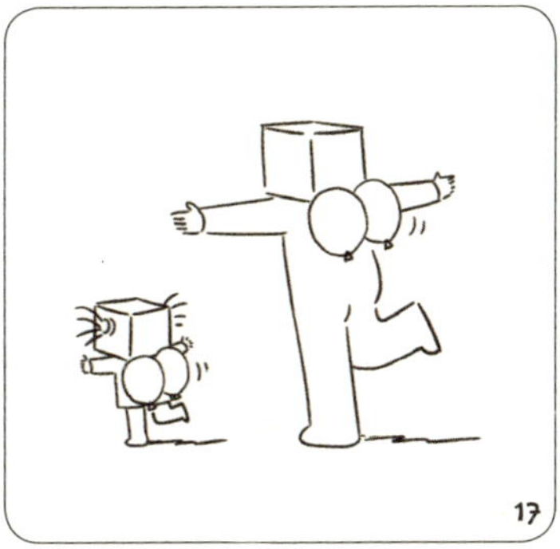
17

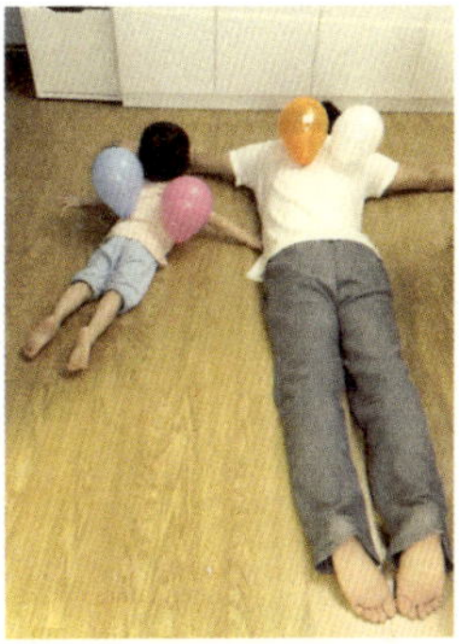

[5.打蚊子]

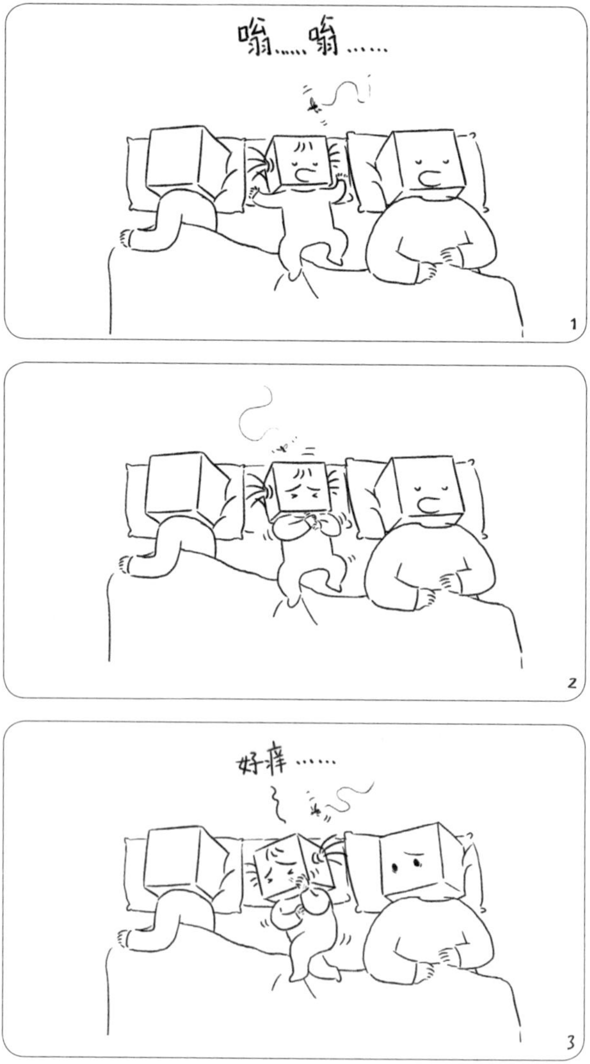

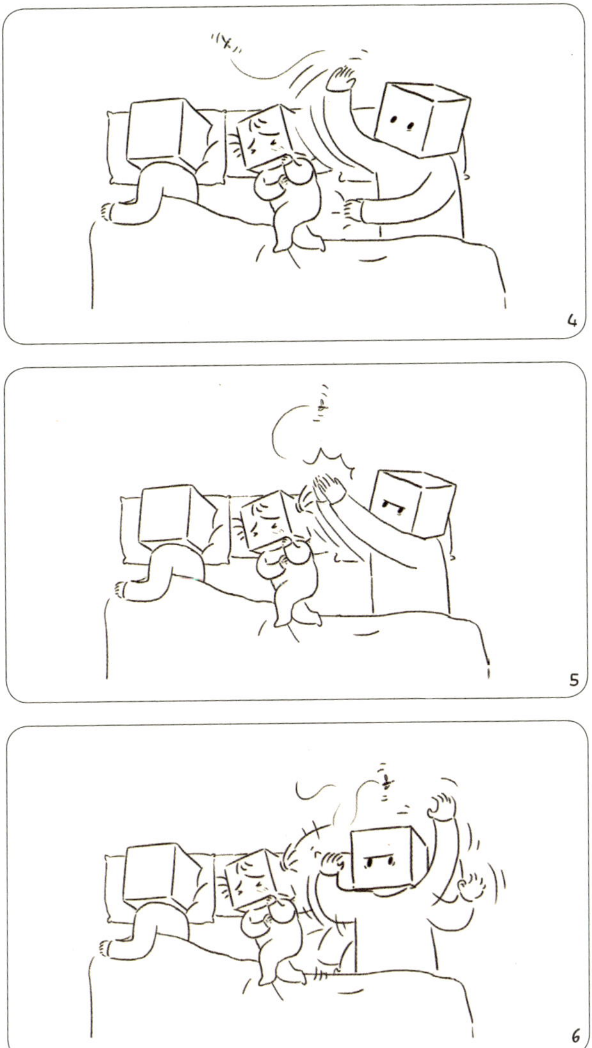
4
5
6

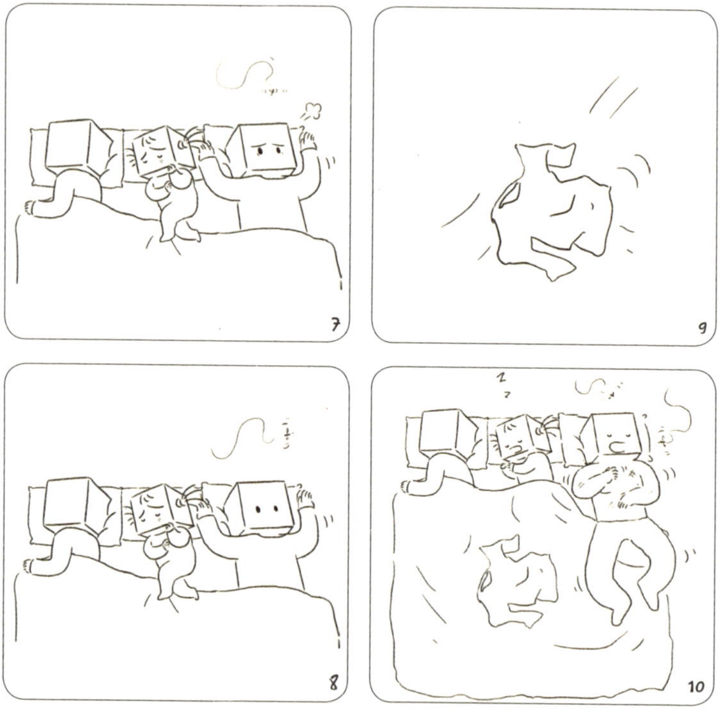
7
8
9
10

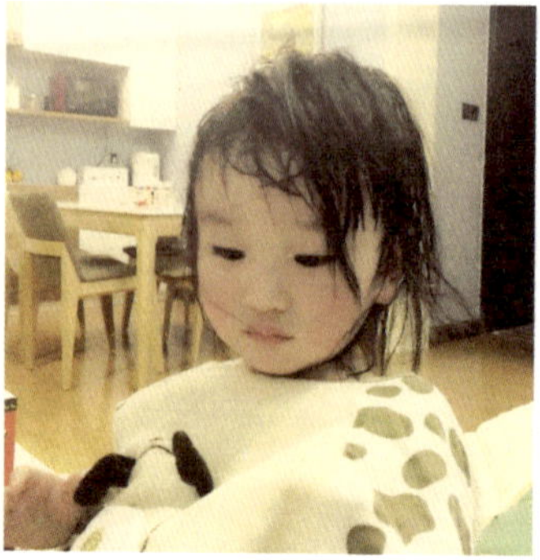

[6.化妆]

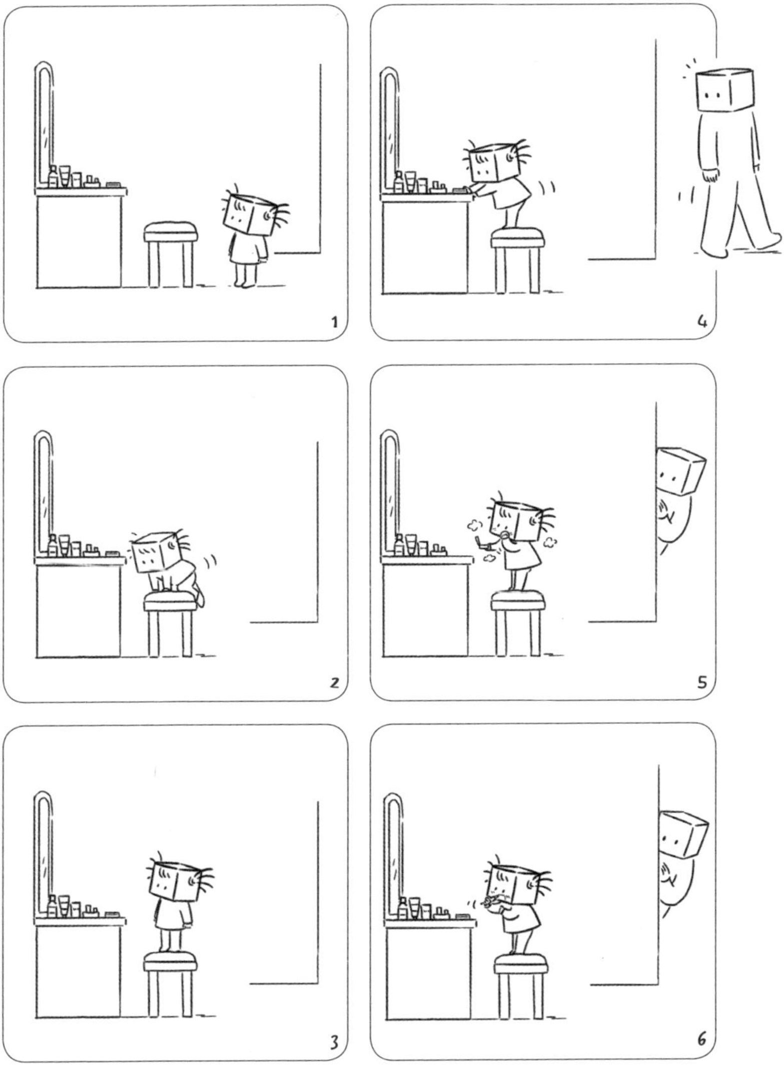

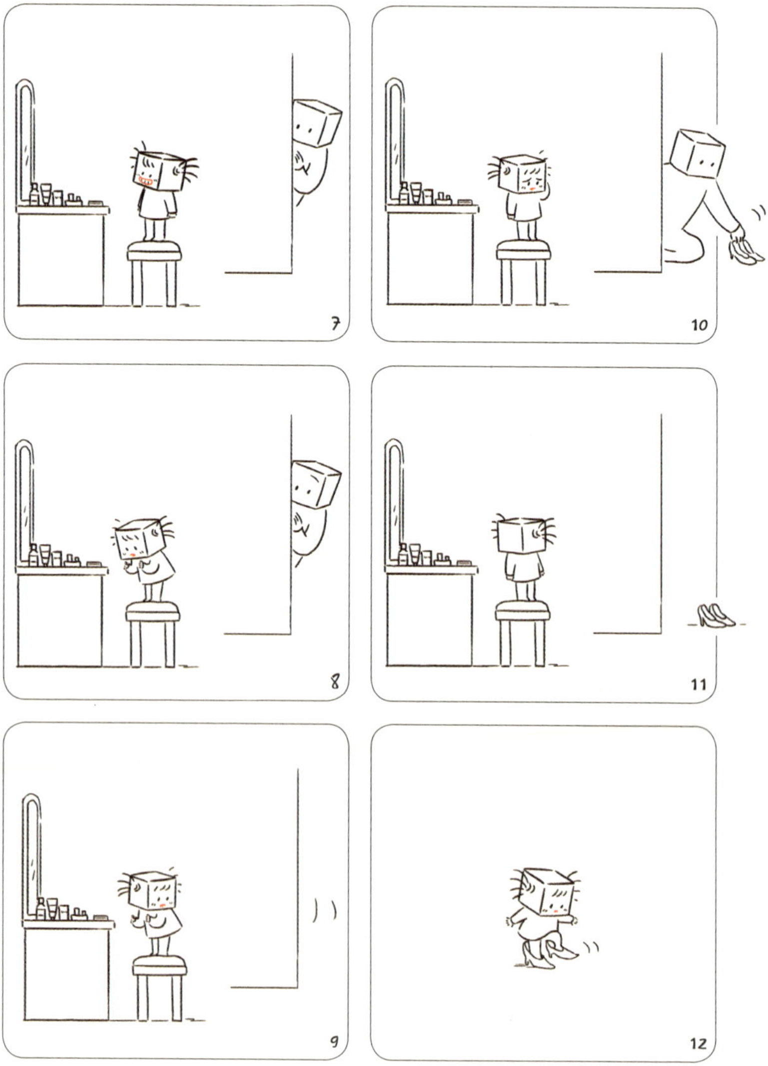
7
10
8
11
9
12

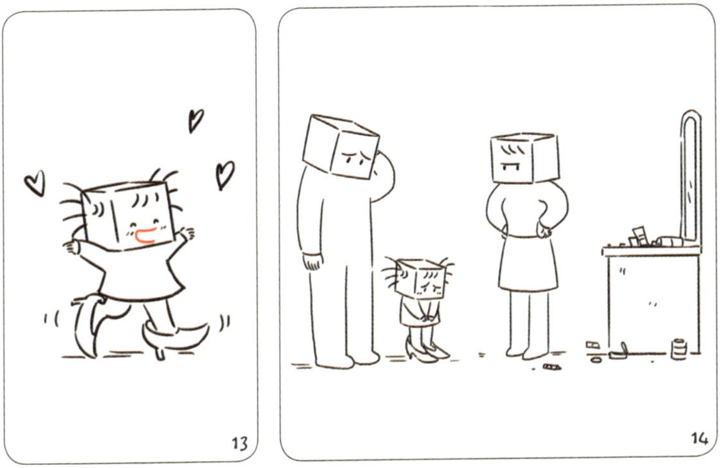
13
14

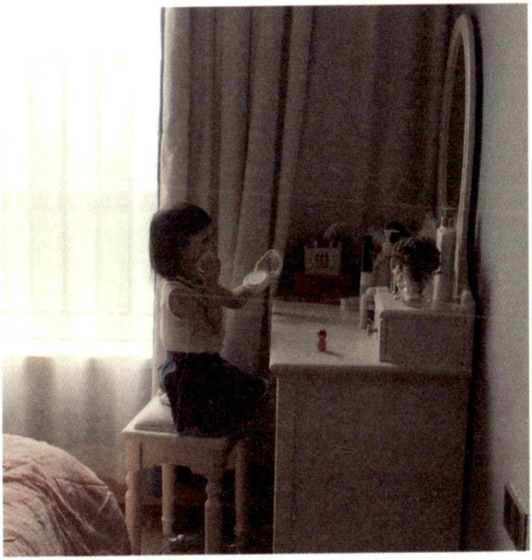

[7.谁在哭]

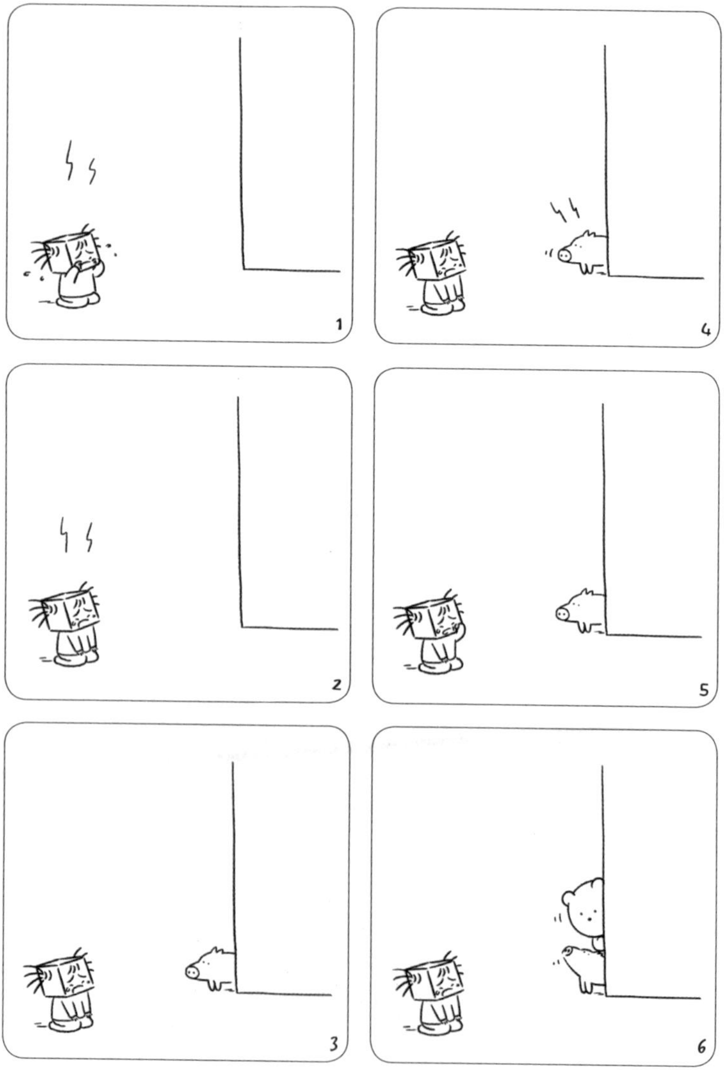

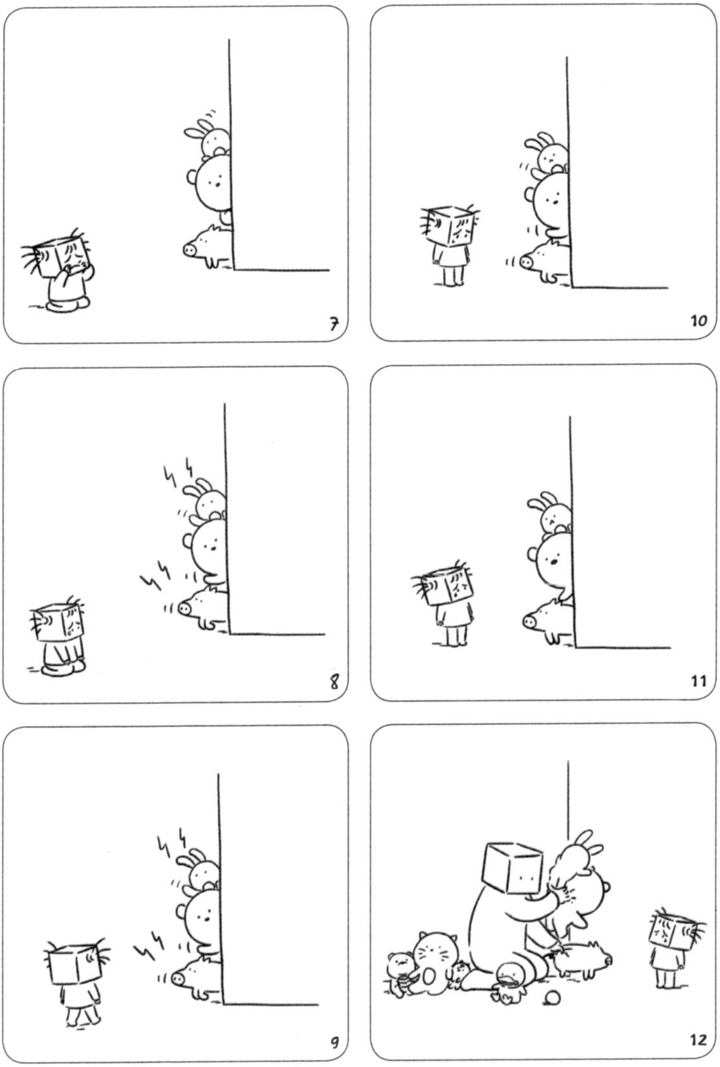
7
10
8
11
9
12

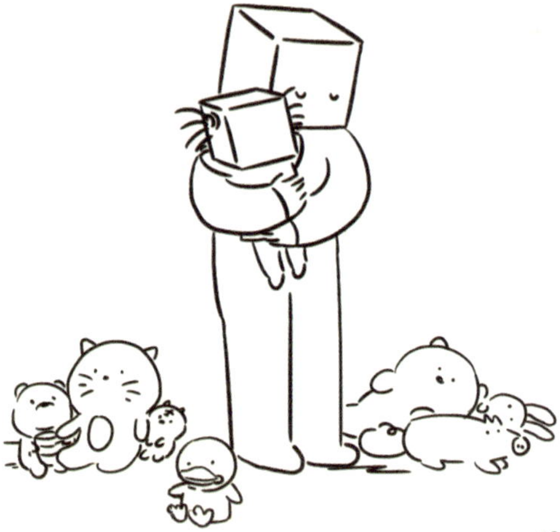

13

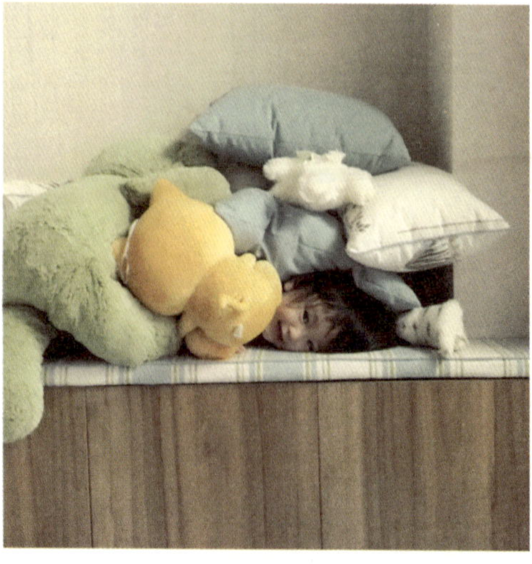

[8.蓝色小雨伞]

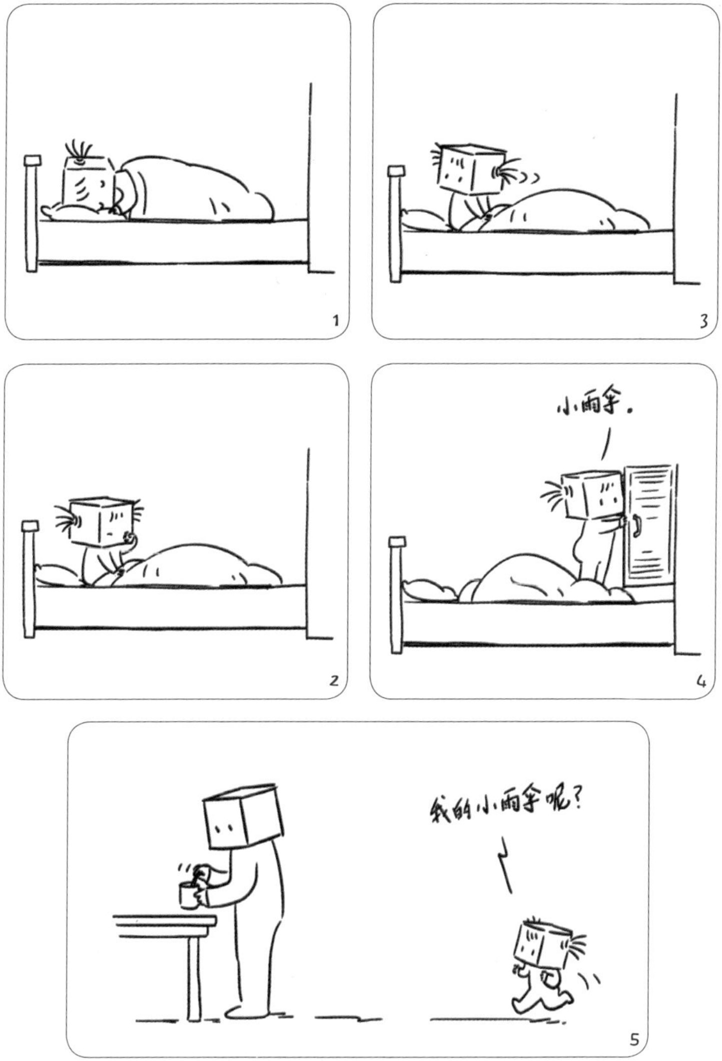

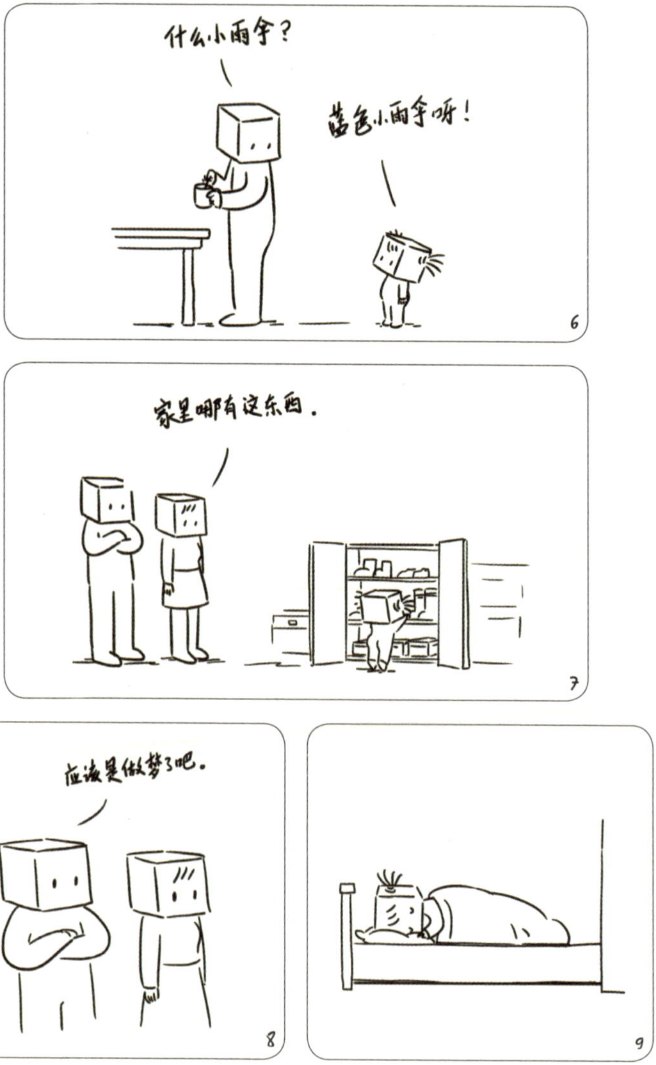
什么小雨伞？
蓝色小雨伞呀！
6
家里哪有这东西。
7
应该是做梦了吧。
8
9

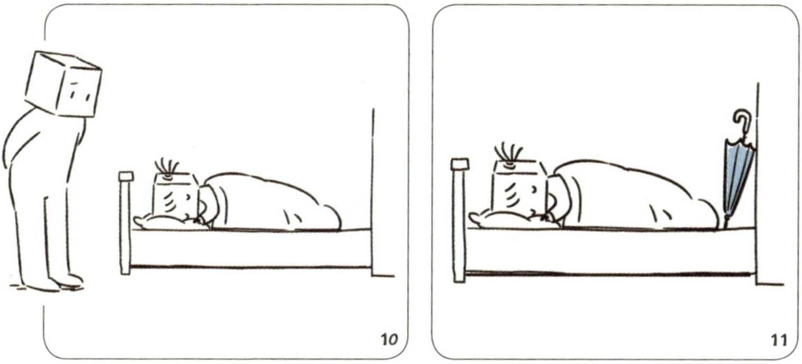
10
11

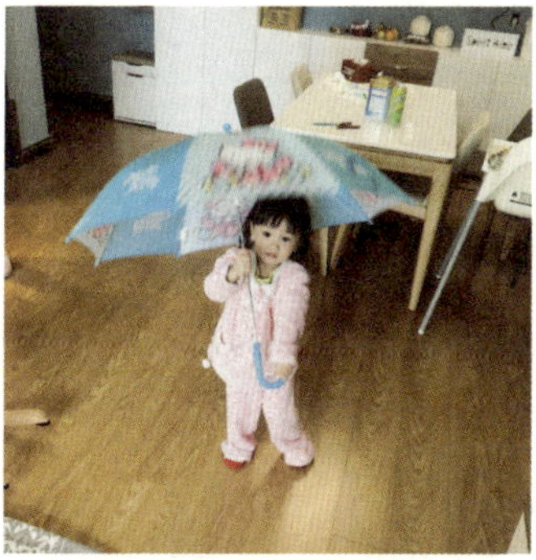

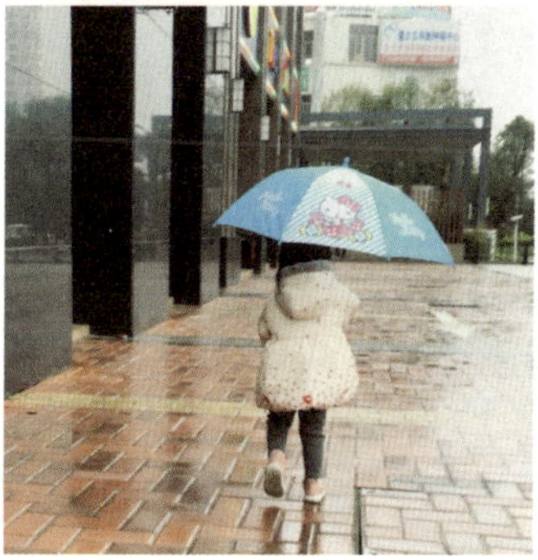

Part 10

世界就这么大了

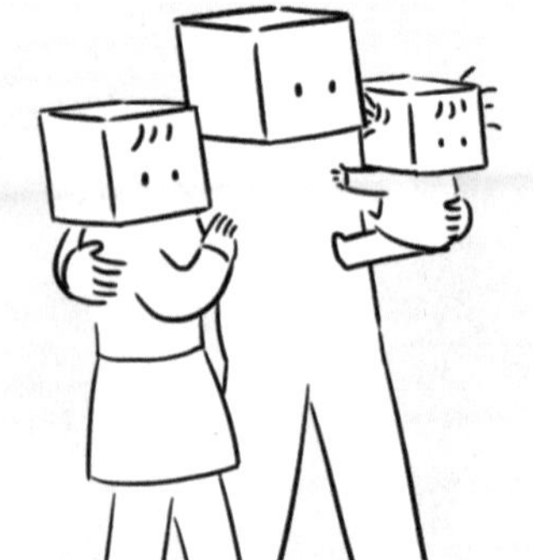

[1.对不起，不该让你感受孤独]

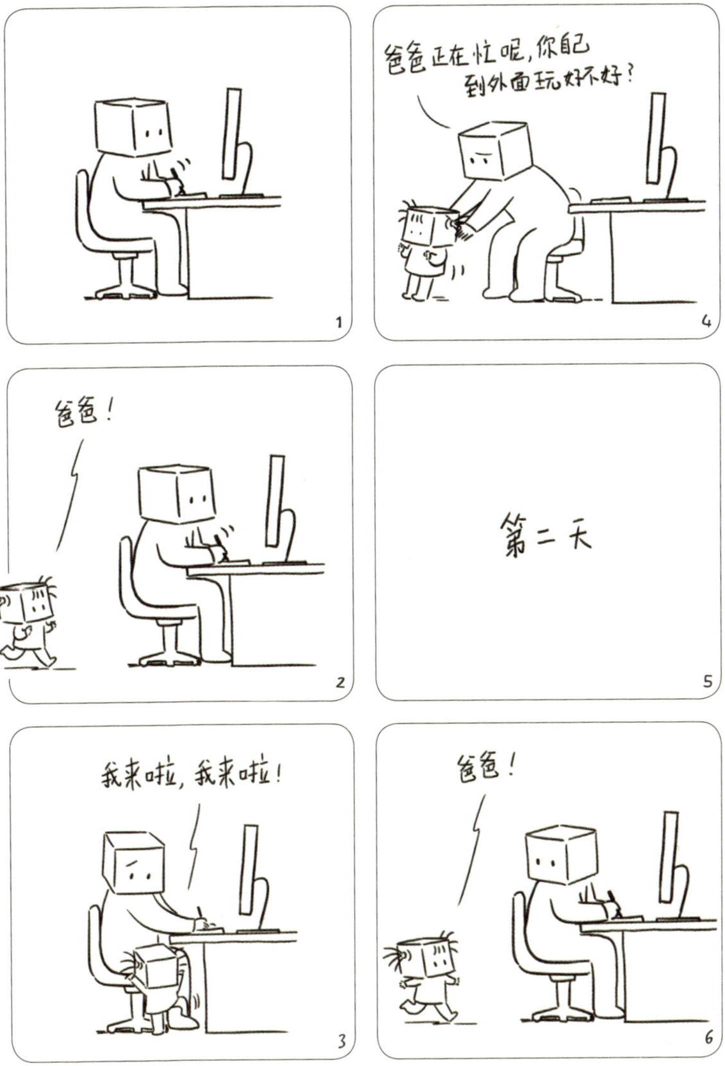

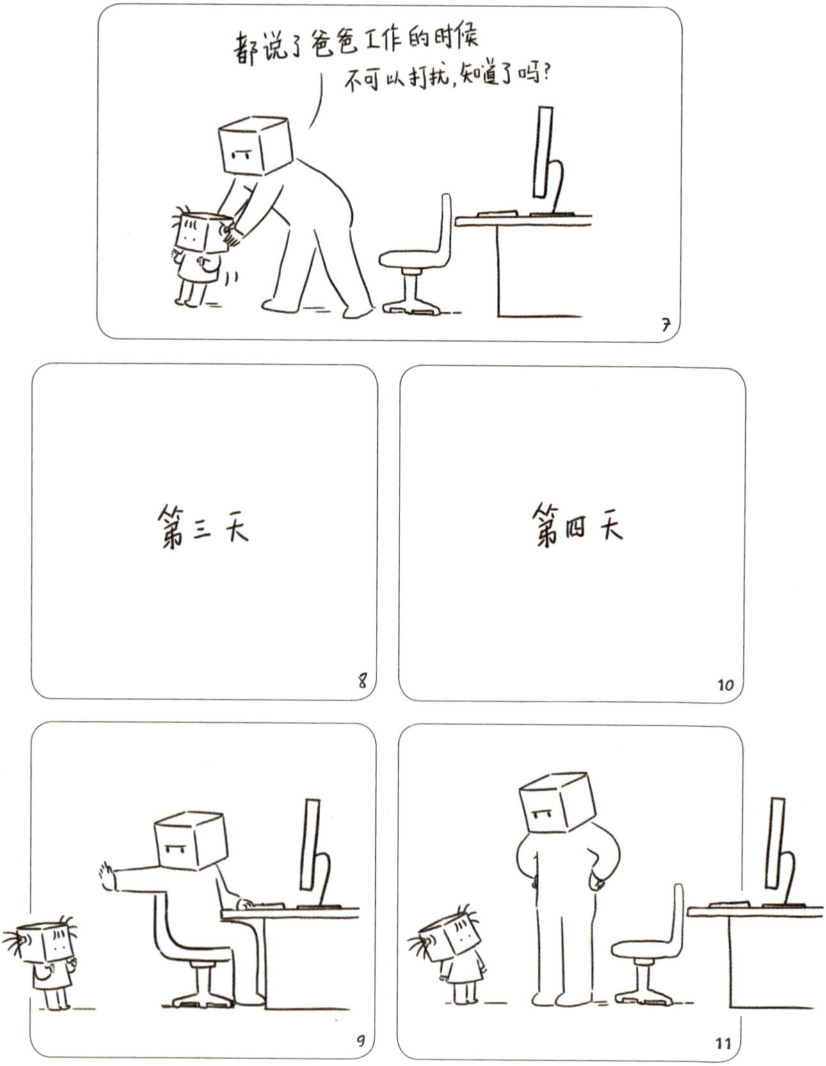
都说了爸爸工作的时候
不可以打扰，知道了吗？
7
第三天
8
9
第四天
10
11

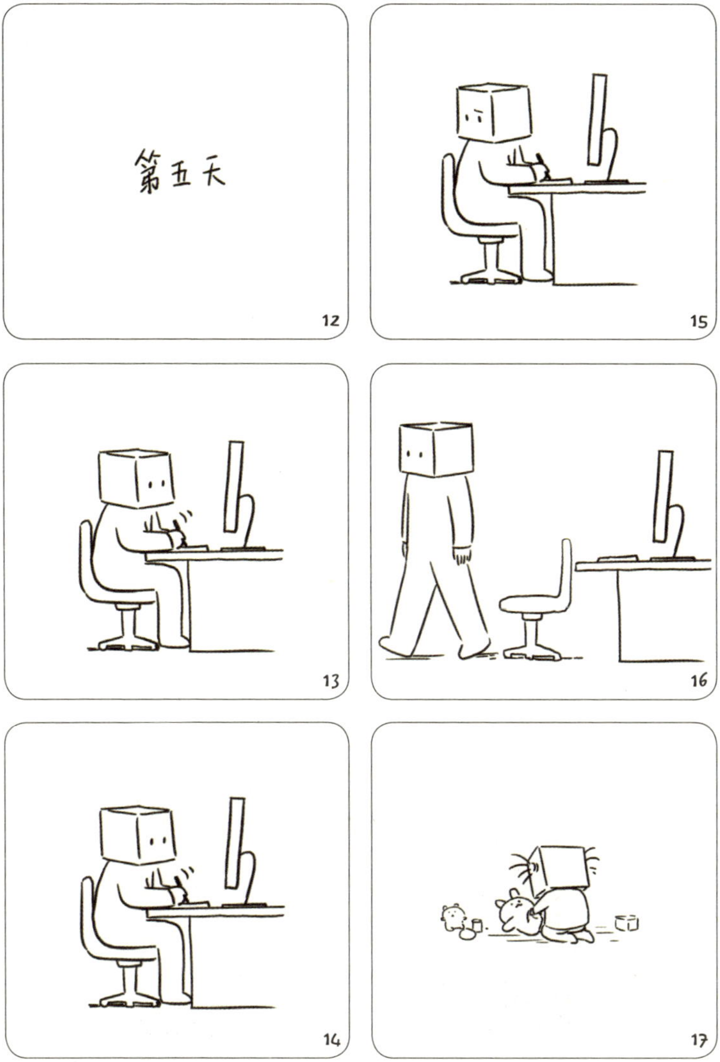
第五天
12
13
14
15
16
17

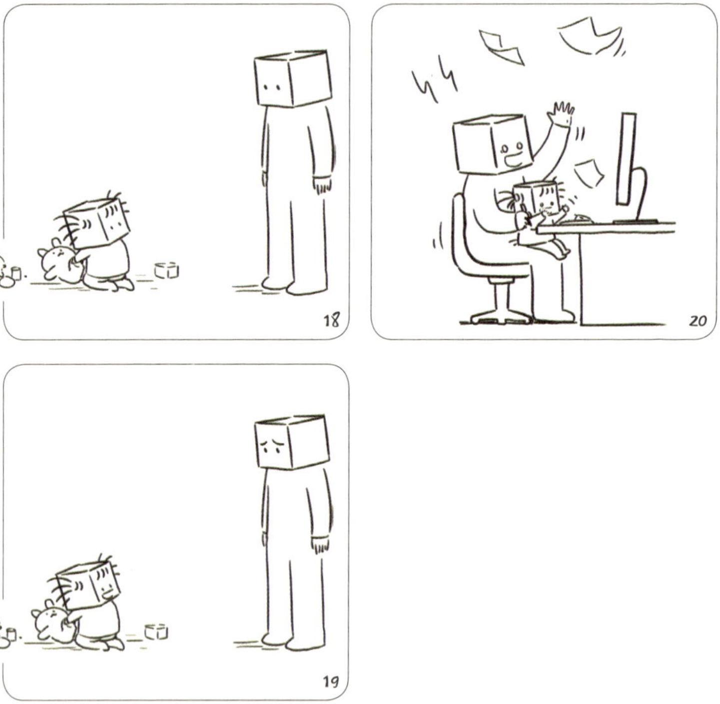
18
19
20

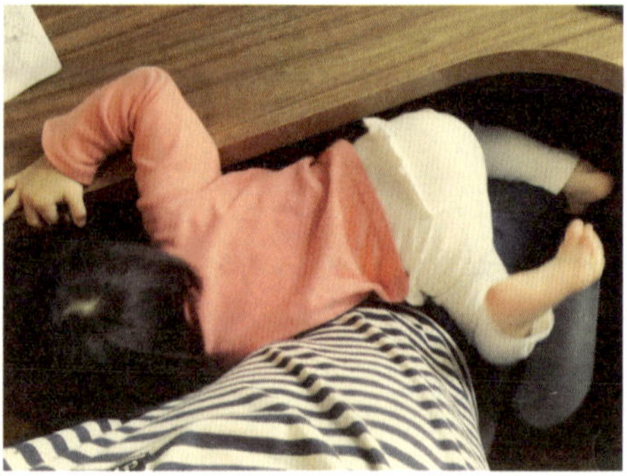

[2.不对起]

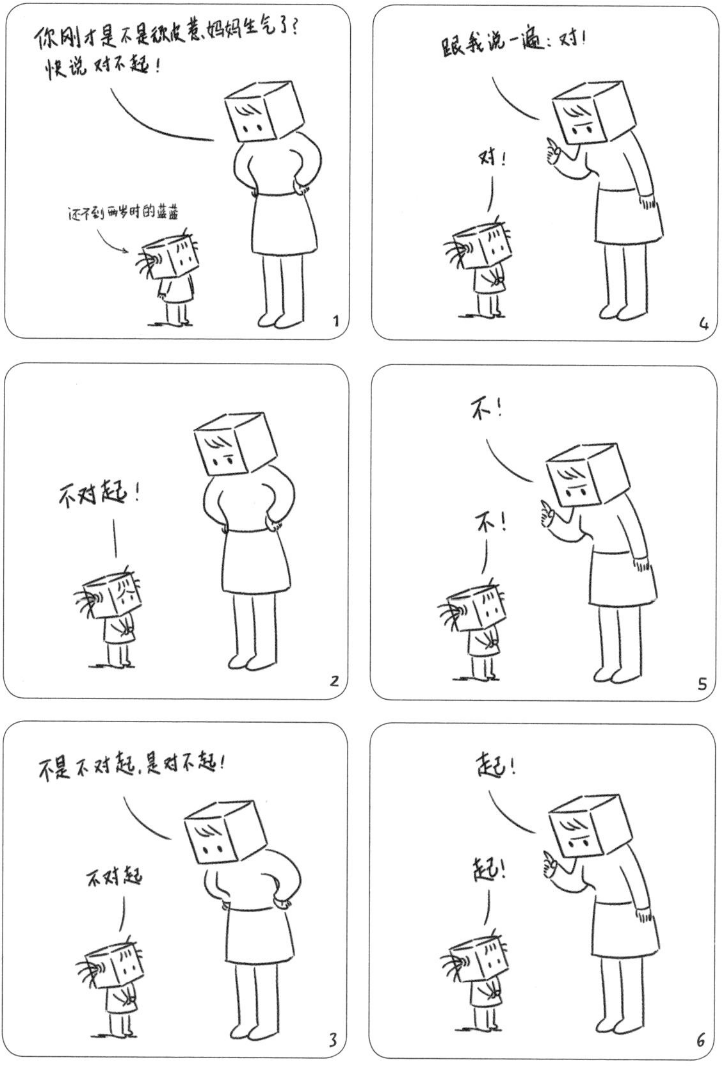
你刚才是不是调皮惹妈妈生气了？
快说对不起！
还不到两岁时的蓝蓝
1
不对起！
2
不是不对起，是对不起！
不对起
3
跟我说一遍：对！
对！
4
不！
不！
5
起！
起！
6

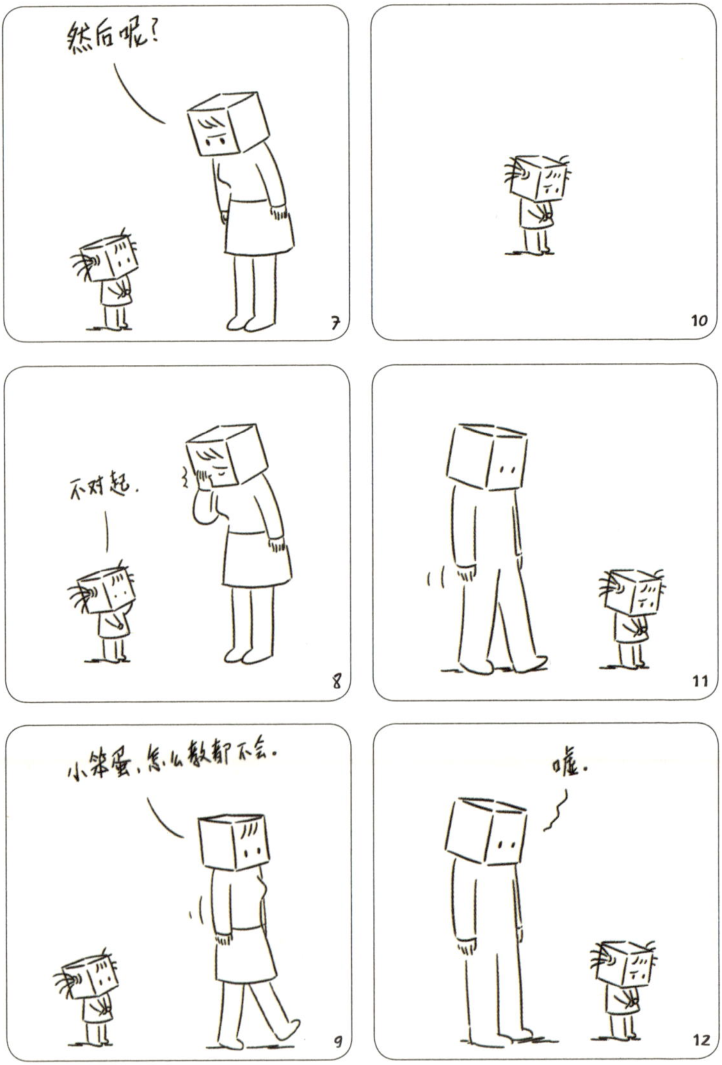
然后呢？
7
不对起。
8
小笨蛋，怎么教都不会。
9
10
11
嘘。
12

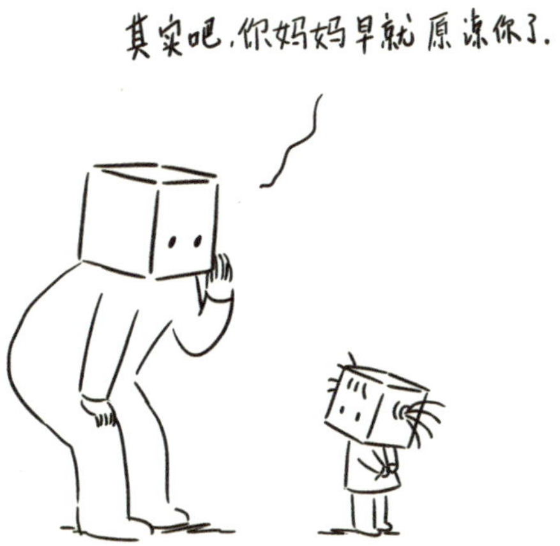

13

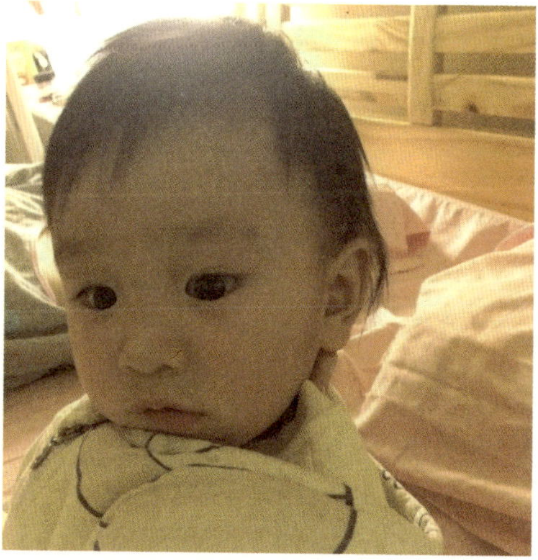

[3.以后吃不到了怎么办]

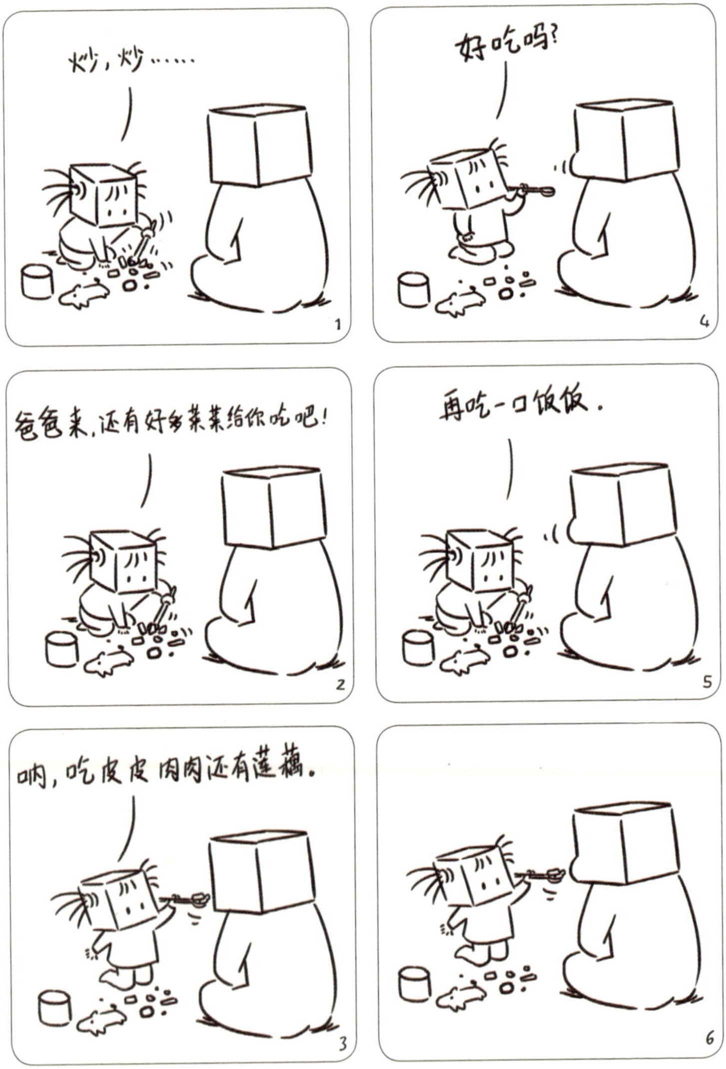

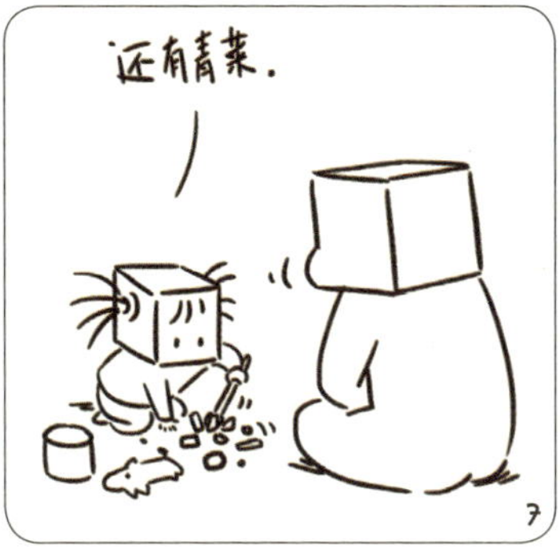
还有青菜.
7

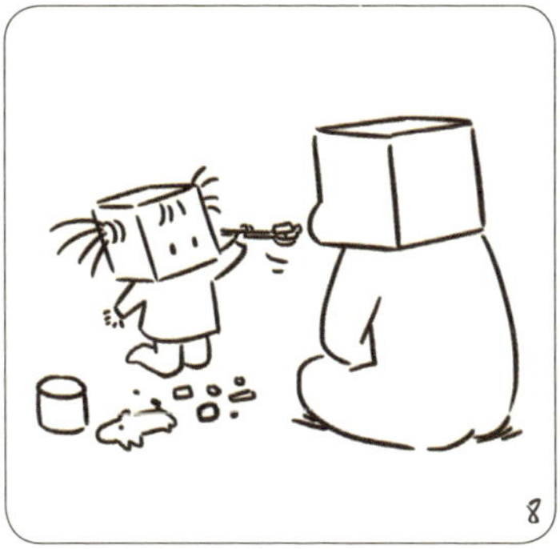
8

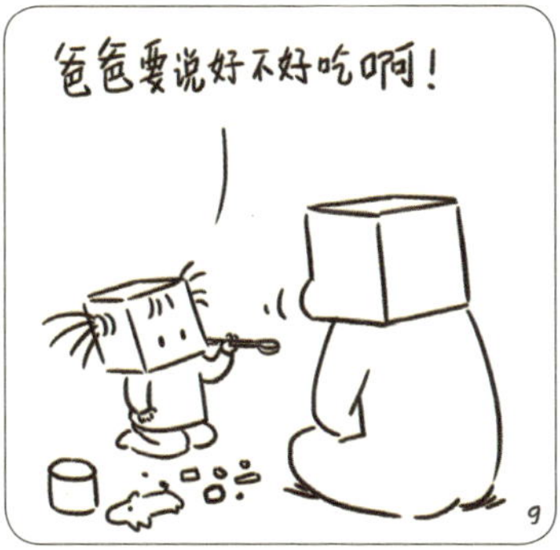
爸爸要说好不好吃啊!
9

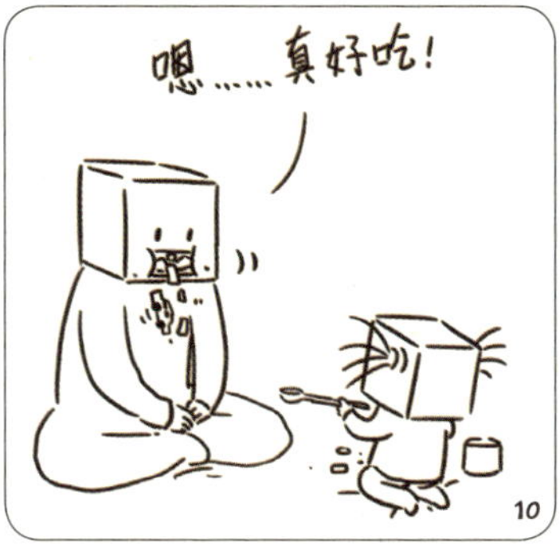
嗯……真好吃!
10

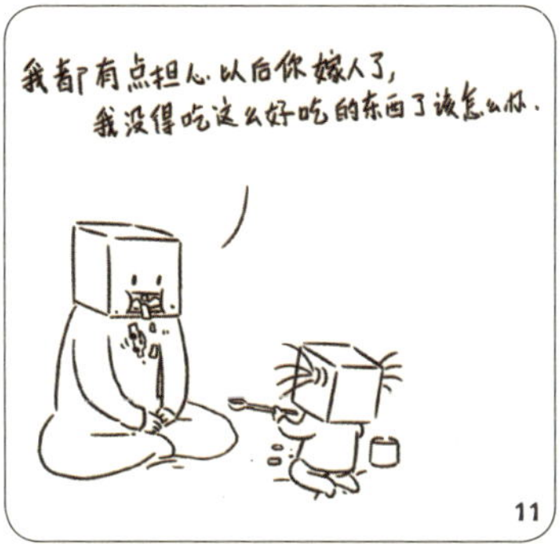
我都有点担心.以后你嫁人了,
我没得吃这么好吃的东西了该怎么办.
11

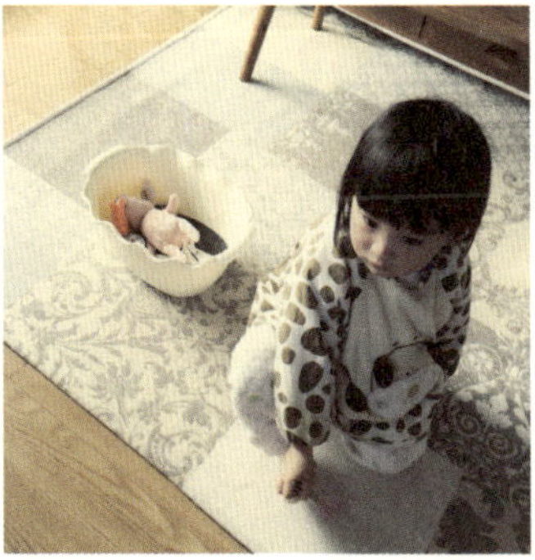

[4.还是和你做小朋友比较好]

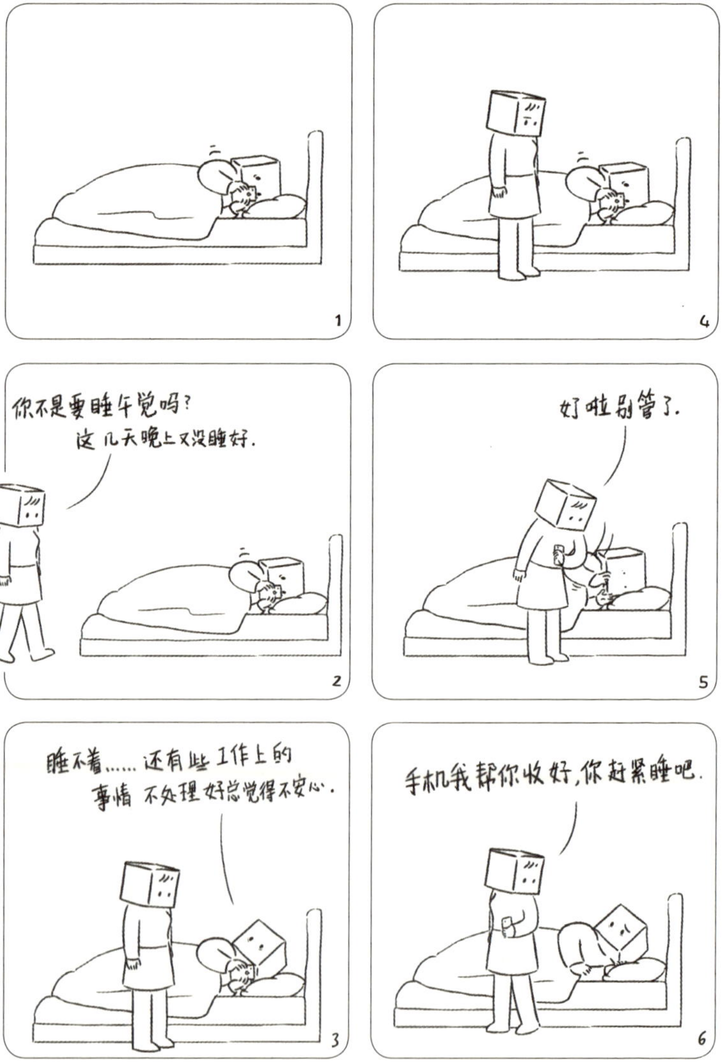

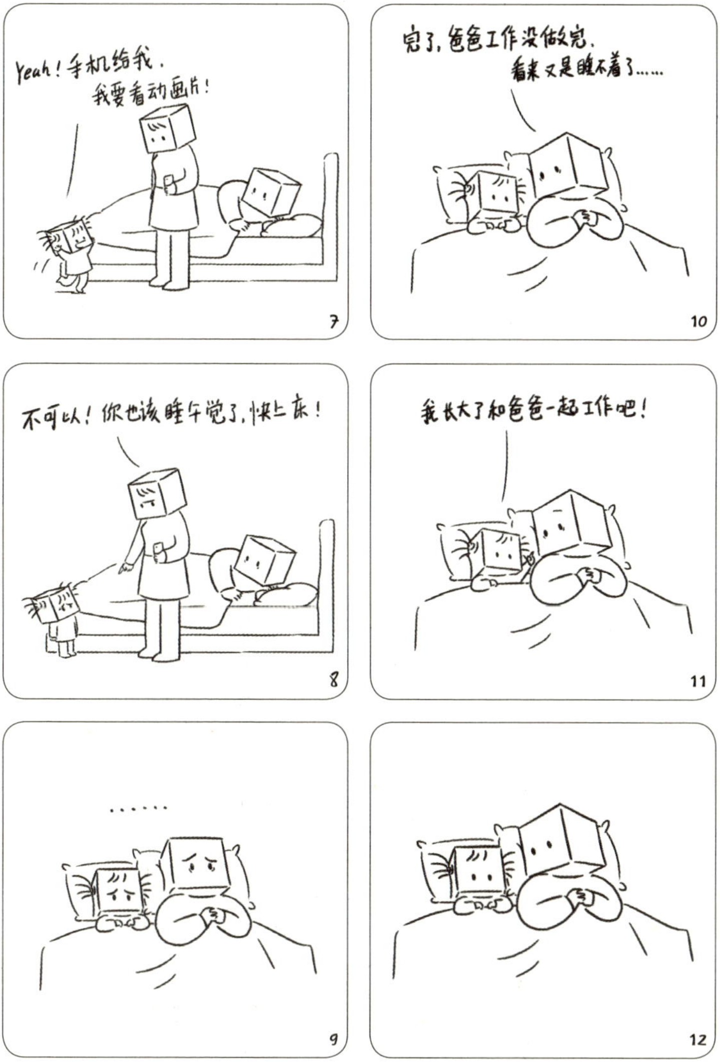
Yeah！手机给我，
我要看动画片！
7
不可以！你也该睡午觉了，快上床！
8
……
9
完了，爸爸工作没做完，
看来又是睡不着了……
10
我长大了和爸爸一起工作吧！
11
12

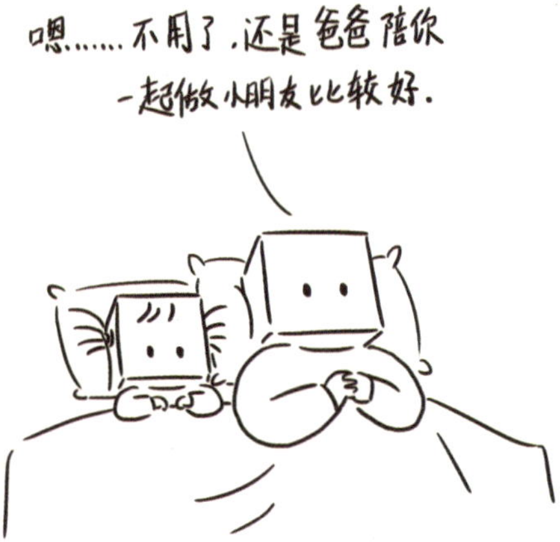

13

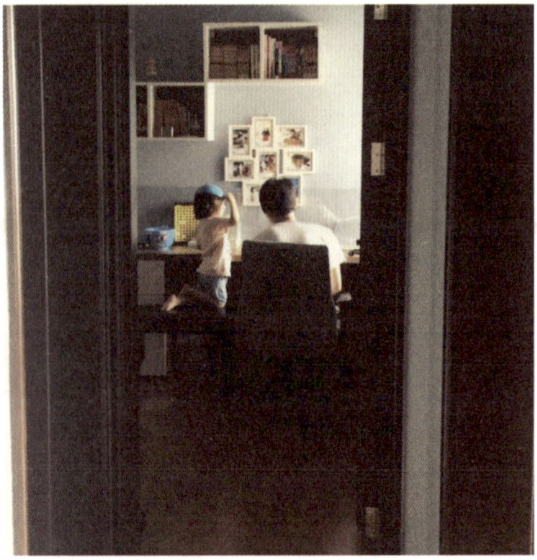

[5.世界就这么大了]

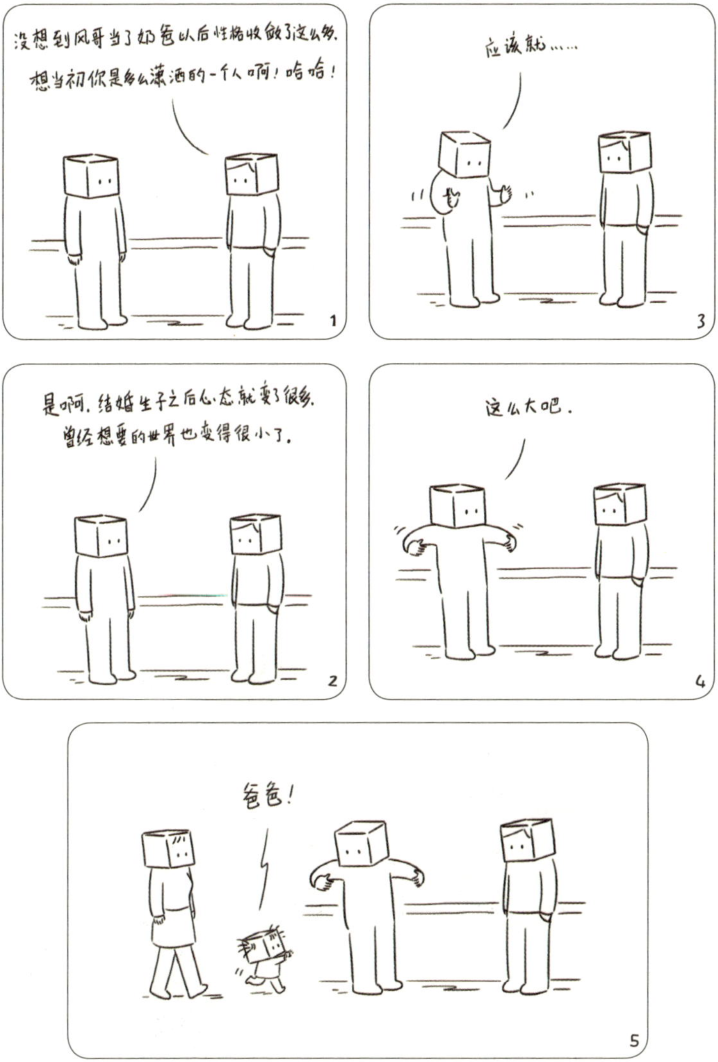
没想到风哥当了奶爸以后性格收敛了这么多。
想当初你是多么潇洒的一个人啊！哈哈！
1
是啊，结婚生子之后心态就变了很多。
曾经想要的世界也变得很小了。
2
应该就……
3
这么大吧。
4
爸爸！
5

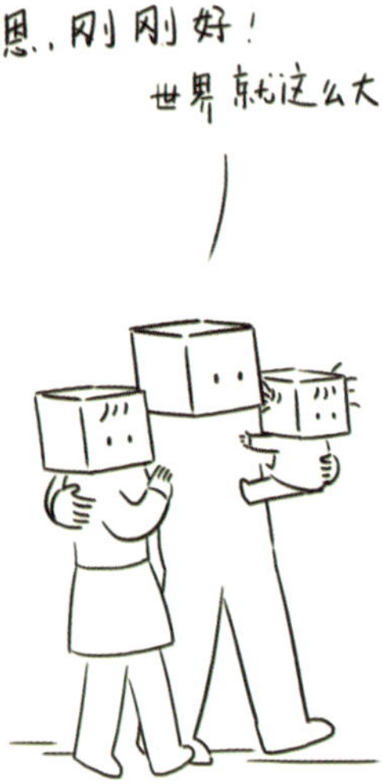

6

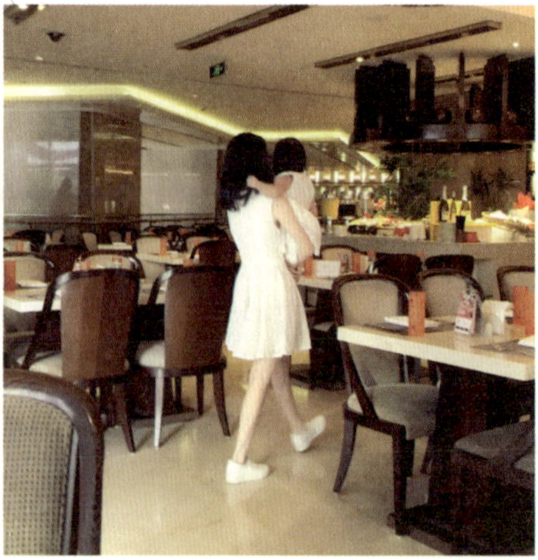

[6.未来也许就是这样了]

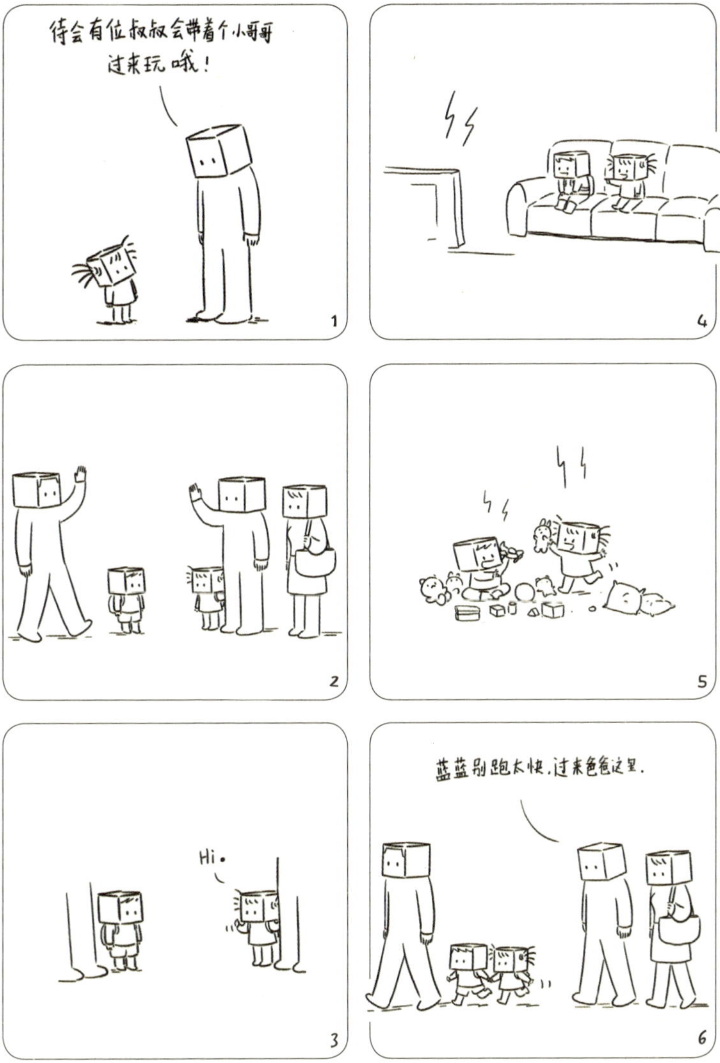

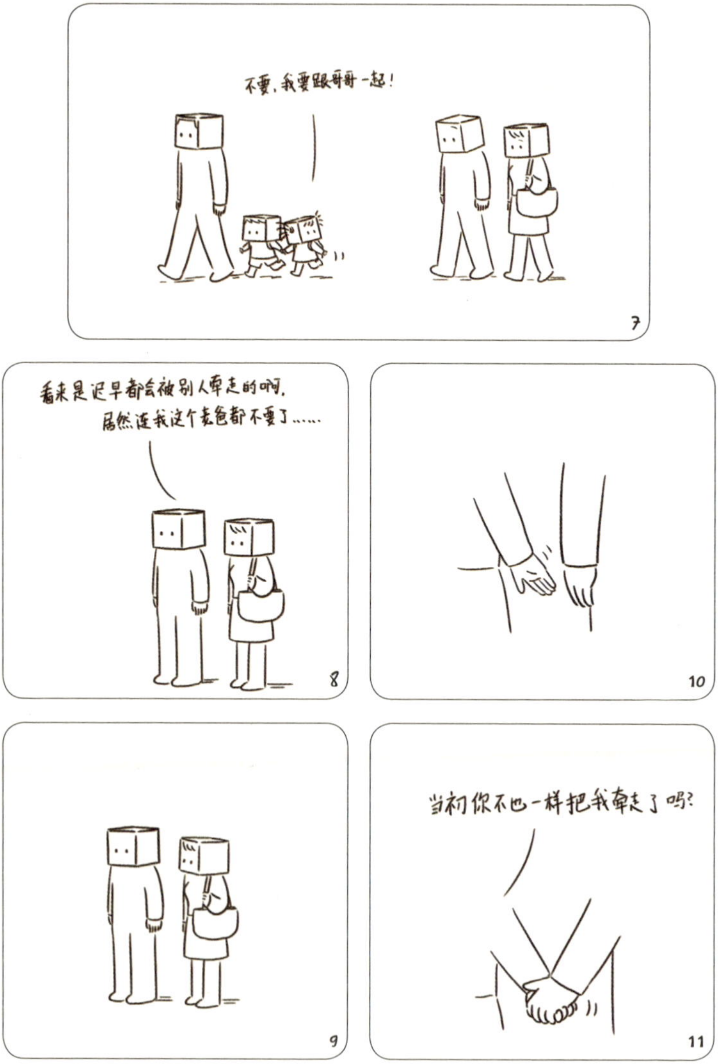
不要，我要跟哥哥一起！
7
看来是迟早都会被别人牵走的啊，
居然连我这个老爸都不要了……
8
9
10
当初你不也一样把我牵走了吗？
11

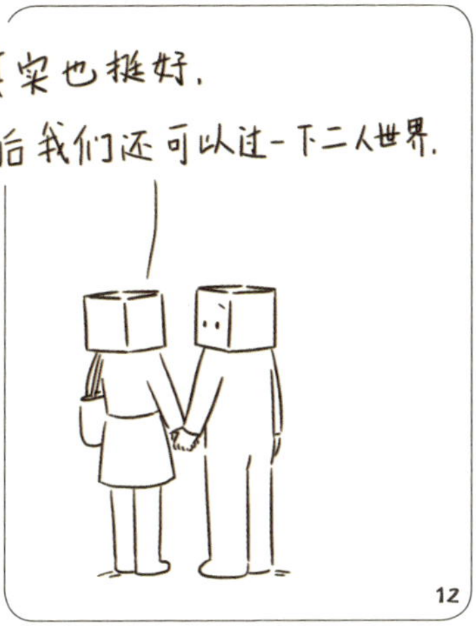
其实也挺好，
以后我们还可以过一下二人世界。
12

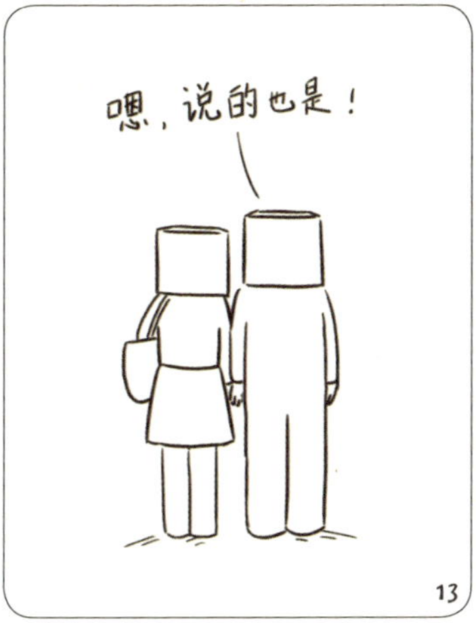
嗯，说的也是！
13

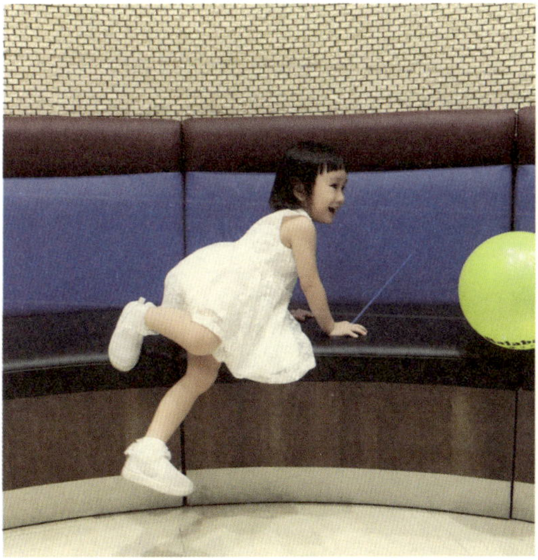

[7.情人节]

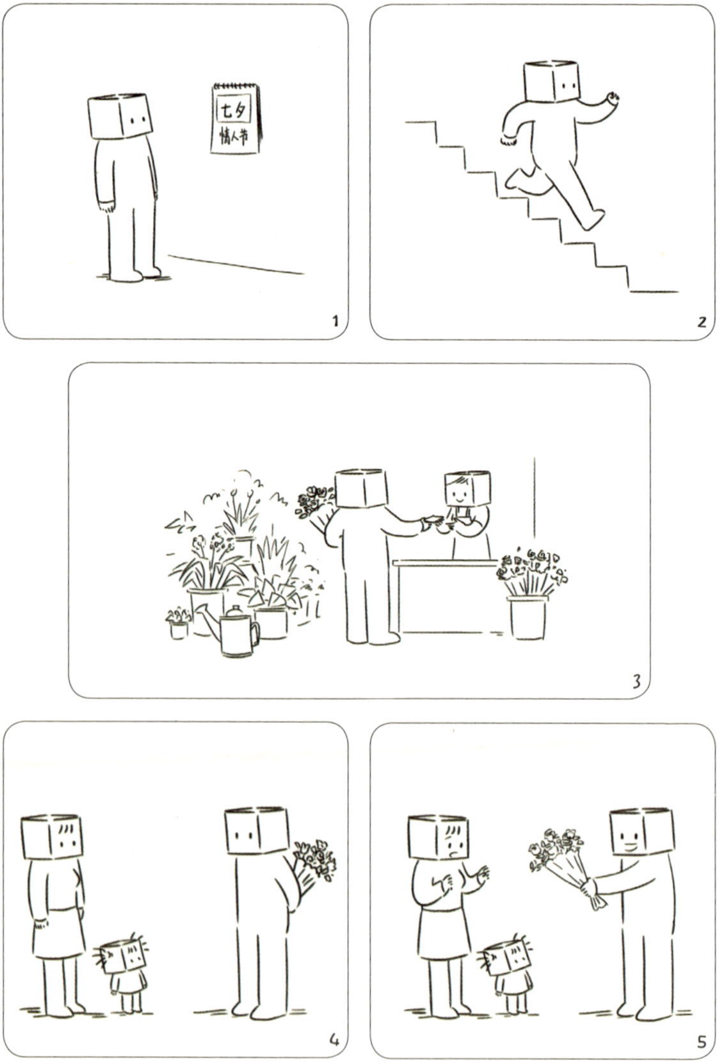

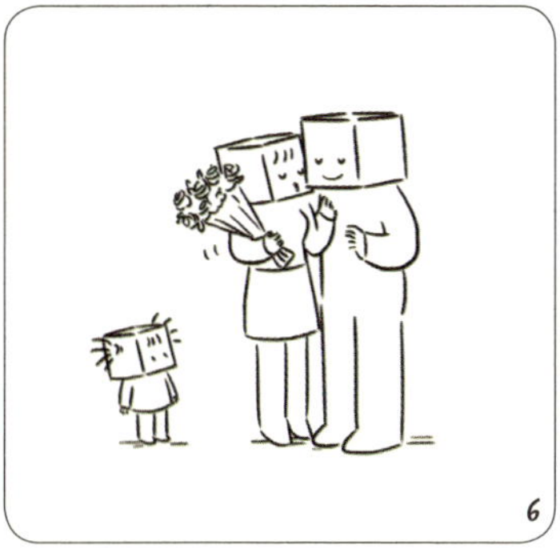
6

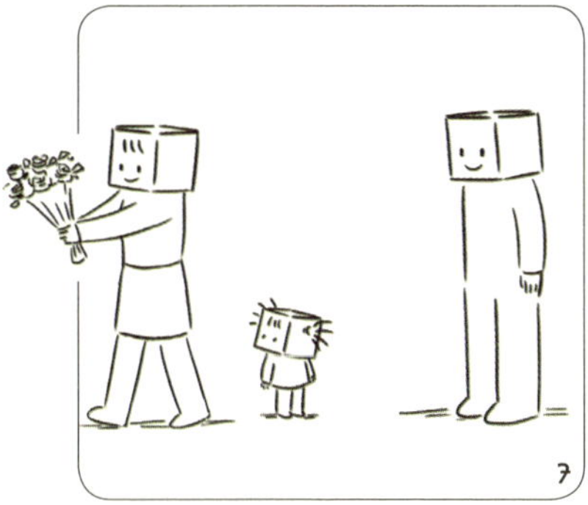
7

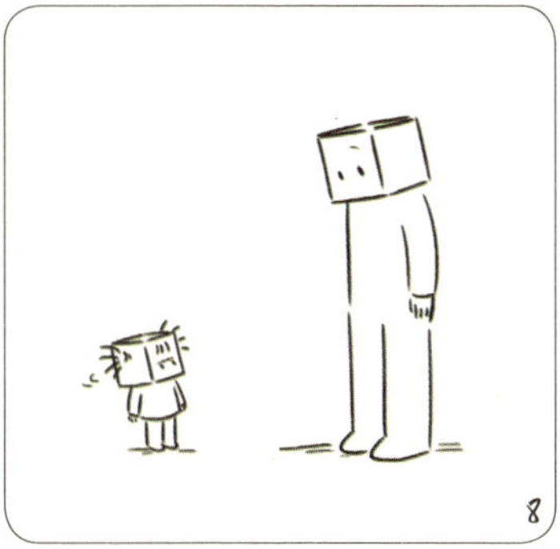
8

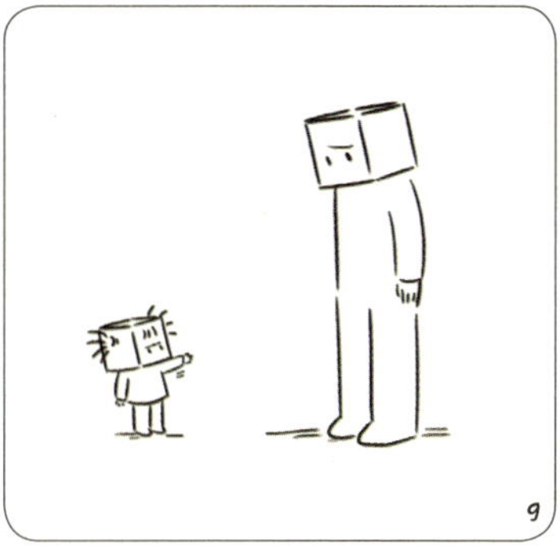
9

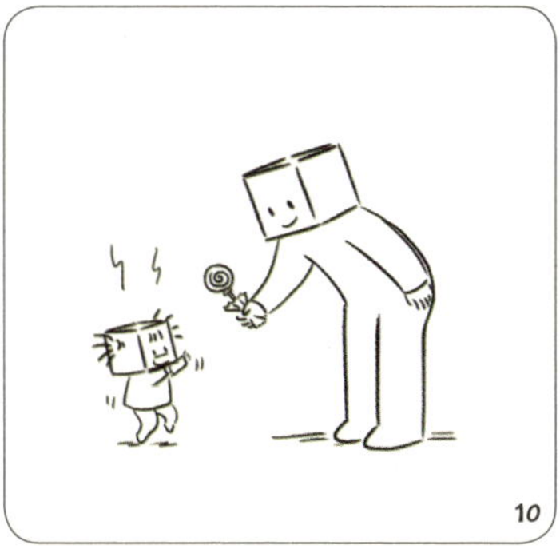
10

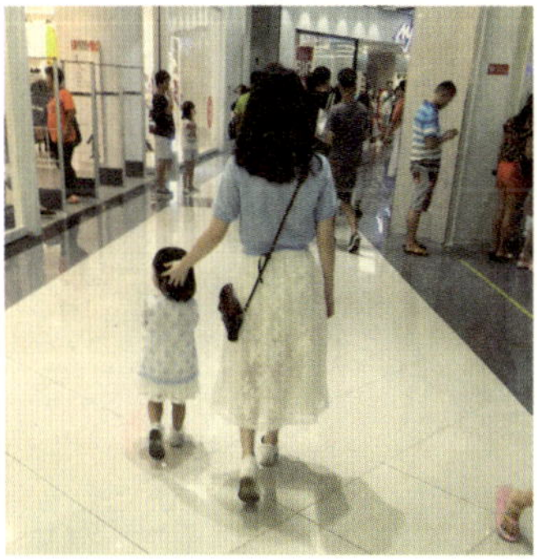

[8.看不懂]

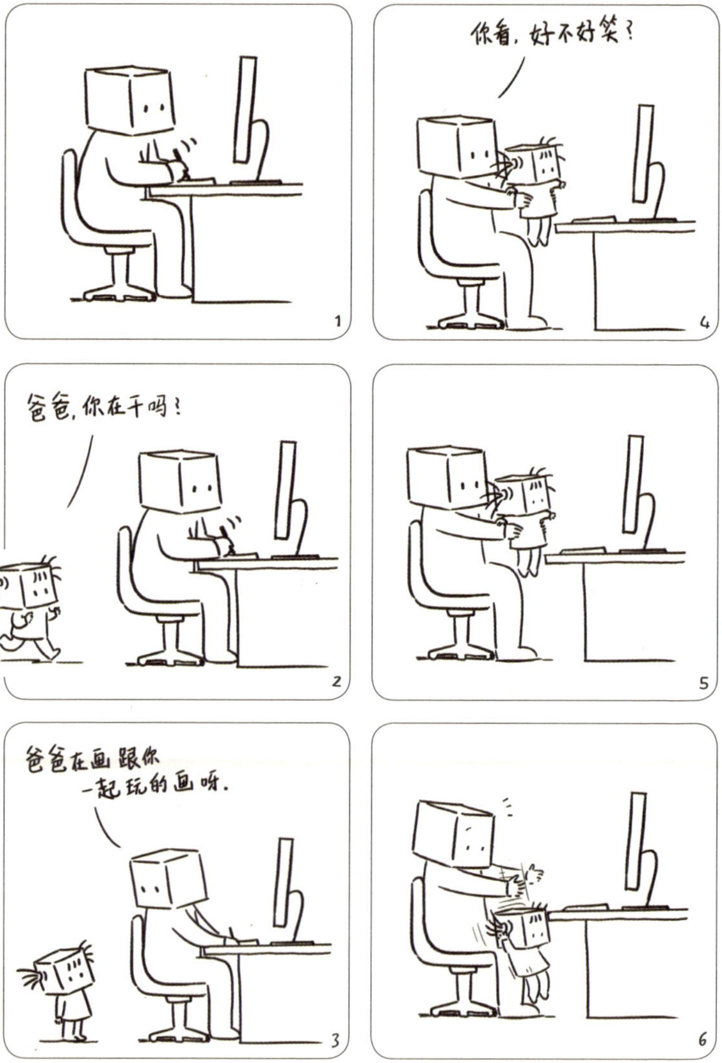

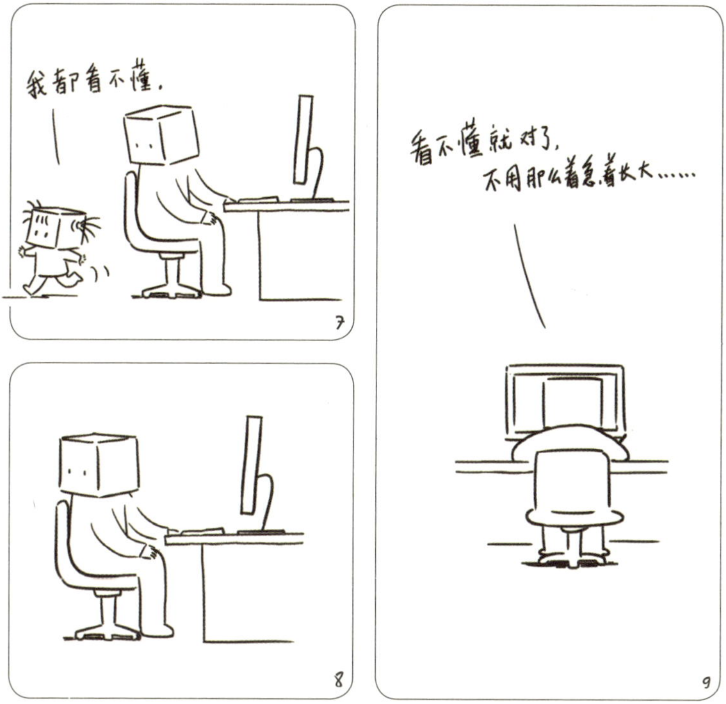
我都看不懂。
看不懂就对了，
不用那么着急着长大……

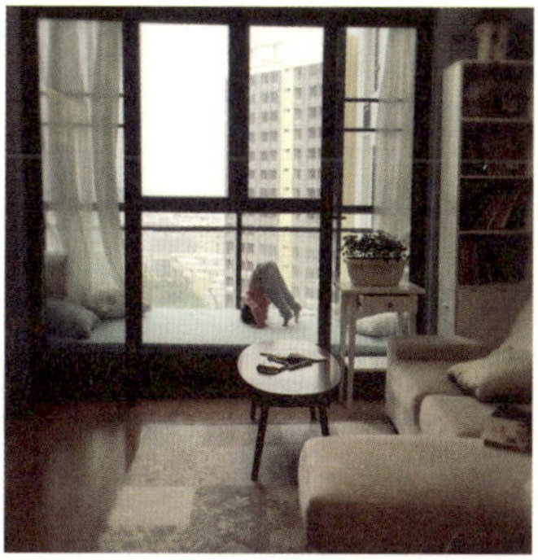

图书在版编目（CIP）数据

和女儿的日常/陈缘风著.--武汉：长江文艺出版社，2017.3
ISBN 978-7-5354-9351-4
I.①和… II.①陈… III.①漫画－连环画－中国－当代 IV.①J228.2
中国版本图书馆CIP数据核字(2016)第323384号

和女儿的日常

陈缘风 著

选题产品策划生产机构|北京长江新世纪文化传媒有限公司
选题策划|金丽红 黎 波 安波舜
特约策划|张钰良 许 菲
责任编辑|张 维 内文设计|刘玉珍 媒体运营|刘 峥
助理编辑|赵晨阳 责任印制|张志杰 法律顾问|张艳萍
总 发 行|北京长江新世纪文化传媒有限公司
电话|010-58678881 传真|010-58677346
地址|北京市朝阳区曙光西里甲6号时间国际大厦A座1905室 邮编|100028

出版|长江出版传媒 长江文艺出版社
地址|湖北省武汉市雄楚大街268号湖北出版文化城B座9-11楼 邮编|430070
印刷|北京盛通印刷股份有限公司
开本|889毫米×1194毫米 1/32 印张|7.5
版次|2017年3月第1版 印次|2017年3月第1次印刷
字数|50千字
定价|45.00元